Sébastien Juin 2005
acheté à la ronde des enfants.

LES MOTOS

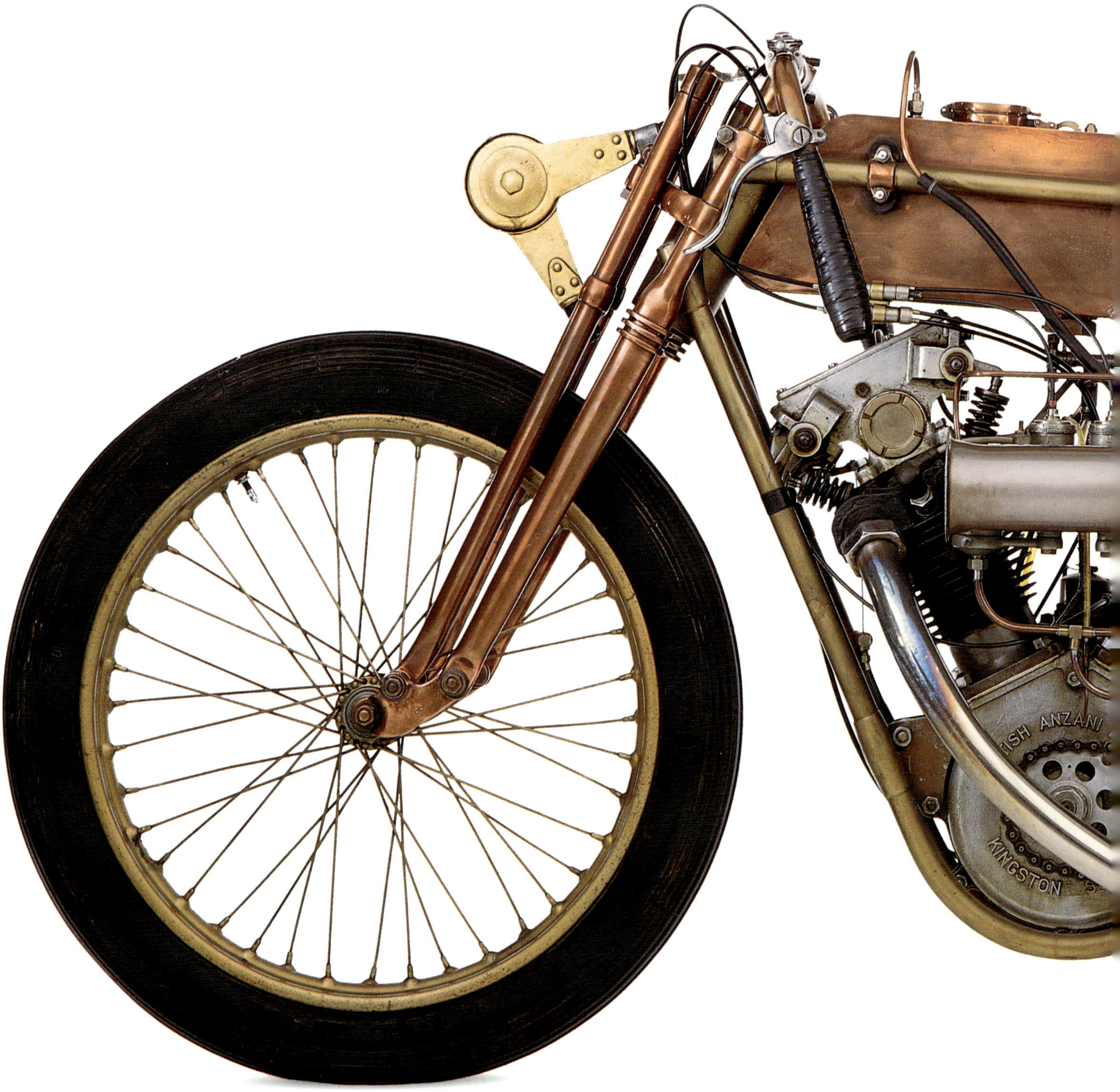
ANZANI
KINGSTON

LES MOTOS

HUGO WILSON

Photographies de Dave King

PRESTIGE
SOLAR

Titre original de cet ouvrage
THE ULTIMATE MOTORCYCLE BOOK

Traduction-adaptation
Odile Ricklin
Supervision
François-Marie Dumas

ISBN : 2-263-00035-6
Code éditeur : S00035
Dépôt légal : mai 1994

Photocomposition : Nord Compo
Villeneuve-d'Ascq
Imprimé en Chine

Sommaire

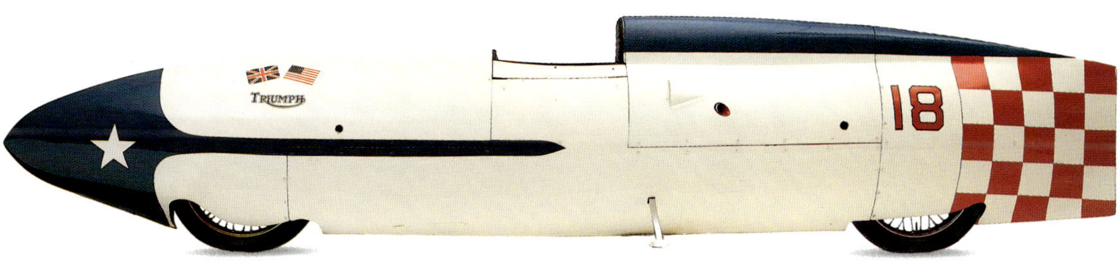

JAP
J.A.P
J.A.P

Avant-propos

LA MOTOCYCLETTE est un mariage parfait entre deux roues et un moteur à explosion. Depuis plus d'un siècle déjà, on construit, on perfectionne et on conduit des motos. Les machines Daimler, faites de bois, de cuivre et d'acier, ont ainsi évolué jusqu'à devenir les motos sophistiquées d'aujourd'hui. Çà et là de par le monde, l'imagination fertile des constructeurs a donné naissance à toute une gamme de deux-roues, de l'incroyable Böhmerland à trois places à la futuriste Bimota Tesi, des très méritantes 49 cm^3 de Soichiro Honda aux triomphantes MV Agusta Grand Prix des années 50 et 60.

Mais les motos représentent plus qu'une simple machine : elles sont l'odeur du méthanol à une rencontre de speedway, le paysage savouré à vitesse de croisière, le rugissement d'un V-twin lâché sur la piste de Daytona, et la profonde satisfaction de mettre en marche l'engin que l'on vient de remonter du premier au dernier boulon. Les motos sont ce que l'on veut qu'elles soient, un moyen de transport pour se rendre à son travail, une manière de partir pour le bout du monde, le frisson de l'un des sports les plus passionnants de la planète. Elles sont avant tout une source de plaisir. Des millions de motards ne s'y trompent pas lorsqu'ils enfourchent leur machine, que ce soit pour faire un simple déplacement ou pour brûler l'asphalte d'un anneau de vitesse à 300 kilomètres à l'heure.

A des motos de prestige, il fallait un écrin prestigieux : au fil de ces pages, le lecteur pourra découvrir quelques-unes des machines les plus impressionnantes et les plus rapides, mais aussi les plus modestes et les plus paisibles. Cent années d'histoire et de technologie sont ici offertes à tous les passionnés de moto.

Les Premières Motocyclettes

La moto conjugue deux éléments : un moteur et une partie cycle. Elle a dû attendre, pour voir le jour, que ces deux constituants aient atteint un degré de sophistication qui leur permette d'être associés. L'évolution parallèle de la bicyclette, avec son cadre rigide en losange, et du moteur à explosion a abouti à point nommé pour que le cycle motorisé devienne une réalité. Tant en Europe qu'aux États-Unis, les deux-roues n'ont pas tardé à gagner la faveur du public.

Le vélocipède Michaux-Perreaux
Il s'agissait d'un petit moteur à vapeur et d'une bicyclette à pédales et cadre de bois.

Le deux-roues
Les premiers cycles à deux roues en ligne ont fait leur apparition à la fin du XVIIIe siècle ; dépourvus d'organes de direction, ils étaient propulsés par les pieds de leur « cavalier ». En 1817, l'ingénieur allemand Drais von Sauerbronn adapta un système de direction sur la roue avant, et sa « draisienne » remporta un grand succès. Par la suite, un forgeron écossais, Kirkpatrick Mac Millan, créa une machine dotée de pédales et d'un système de transmission agissant sur la roue arrière, avec laquelle il parcourut 225 km en 1842. En France, la production du vélocipède de Michaux débuta vingt ans plus tard. Pierre Michaux adapta un pédalier sur la roue avant d'un cycle, augmentant par la suite le diamètre de la roue afin d'améliorer le développement. Des innovations telles que roues métalliques à rayons, roulements à billes, bandages en caoutchouc, roue libre et pignons rendirent les cycles plus pratiques, et l'avènement en 1885 de la bicyclette « Safety » (de sécurité, p. 9) Rover inspira le dessin du futur cadre de motocyclette.

La « grand bi » à vapeur Copeland
Elle fut construite à Philadelphie par les frères Copeland, en 1894. Après avoir produit de nombreux prototypes de deux-roues, les constructeurs se tournèrent vers le marché des tricycles.

La propulsion
Le moteur à vapeur fut inventé au XVIIIe siècle ; en 1770, Cugnot fabriqua avec son fardier le premier engin à traction non animale. Le moteur à vapeur convenait mal aux véhicules routiers, à cause du rapport défavorable poids/puissance et de l'encombrement du combustible. En 1869, le fabricant de cycles Pierre Michaux s'associa à l'ingénieur Louis-Guillaume Perreaux pour créer un vélocipède équipé d'un monocylindre chauffé à l'alcool, supposé avoir atteint 15 km/h.
Devant la faible autonomie de la machine (moins de 16 km) résultant du volume d'eau à emporter, les constructeurs se concentrèrent sur les trois- et quatre-roues à vapeur. La même année, en Amérique, Sylvester Roper inventait lui aussi un deux-roues à vapeur. En 1884, l'Américain Lucius Copeland commercialisa une grand bi à vapeur entraînée par courroie. Au nombre des autres inventions amusantes, le Cynophère français était propulsé par deux chiens enfermés dans des cages tournantes reliées aux roues arrière d'un tricycle. Un autre véhicule utilisait un mouvement d'horlogerie, ce qui obligeait à en remonter le ressort au bout de quelques centaines de mètres. En 1897, enfin, Humber construisit un tandem à propulsion électrique, mais le poids des batteries était trop élevé.

Le moteur à explosion
De l'idée du moteur à vapeur découla celle d'utiliser un gaz sous pression, libéré par une explosion contrôlée pour produire un mouvement circulaire au moyen d'un cylindre, d'un piston, d'une bielle et d'un vilebrequin. Le concept de moteur à explosion avait déjà fait son chemin lorsqu'en 1876 le

Gottlieb Daimler
Après avoir quitté la firme Deutz, Daimler créa dans son atelier de Bad Cannstatt son propre moteur à quatre temps et produisit en 1885 la première motocyclette. Il poursuivit avec les quatre-roues prestigieuses qui lui ont valu sa renommée.

docteur Nikolaus Otto déposa le brevet du moteur à quatre temps. A l'époque, une voiture rudimentaire avait déjà été construite à Dresde. Le moteur à essence était encore loin de devenir une réalité, mais l'idée était lancée. Les systèmes d'allumage étaient des plus rustiques. Il s'agissait dans de nombreux cas d'un tube métallique traversant le haut du cylindre et dont la partie externe était chauffée au rouge par une flamme. Lorsque le piston comprimait la charge à l'intérieur du cylindre, une partie du mélange passait dans le tube incandescent, où il s'enflammait. Les carburateurs étaient plus rudimentaires encore ; pour réaliser le mélange air/carburant, on faisait passer de l'air dans le réservoir de carburant ; celui-ci s'évaporait et le mélange était aspiré dans le cylindre.

La bicyclette Safety Rover
Il est clair que le cadre de la motocyclette est issu de la bicyclette Safety Rover construite en 1885 par J. K. Starley. La transmission à chaîne à la roue arrière autorisait des roues de même taille, entre lesquelles se trouvait la selle.

La première motocyclette
Otto avait un assistant du nom de Gottlieb Daimler, qui le quitta en 1883 pour produire son propre moteur à explosion. En 1885, Daimler adapta son moteur sur un cadre en bois à quatre roues, mais dont deux servaient de stabilisateurs, ce qui le fit considérer comme la première moto. Le moteur était installé verticalement au centre de la machine. La transmission s'opérait par une courroie reliée à une poulie-relais qui entraînait la roue arrière par engrenage, puis par un engrenage sur la roue arrière. Une poignée tournante commandait le frein arrière. La soupape d'échappement était commandée par came, alors que celle d'admission s'ouvrait automatiquement par la dépression créée par la descente du piston. Le moteur atteignait 700 tr/mn. Le 10 novembre 1885, le fils de Daimler, Paul, pilota l'Einspur de Bad Cannstatt à Untertürkheim et retour (9,5 km), et devint le premier motocycliste du monde. L'assistant de Daimler, Maybach, inventa le carburateur à pulvérisation, tandis que l'Anglais Edward Butler construisait en 1887 un tricycle motorisé (Petrol-Cycle) à allumage électrique et carburateur à flotteur.

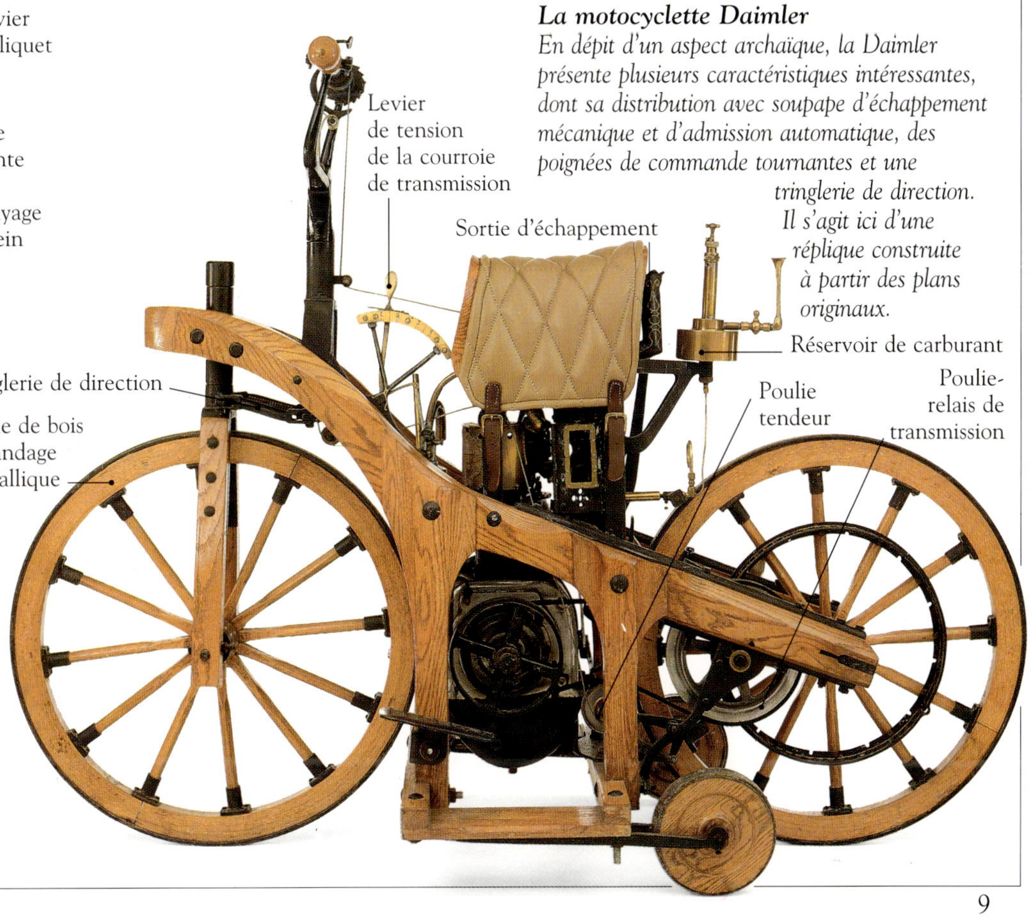

La motocyclette Daimler
En dépit d'un aspect archaïque, la Daimler présente plusieurs caractéristiques intéressantes, dont sa distribution avec soupape d'échappement mécanique et d'admission automatique, des poignées de commande tournantes et une tringlerie de direction. Il s'agit ici d'une réplique construite à partir des plans originaux.

De Nouveaux Moteurs

LES ANNÉES 1880 ET 1890 virent se poursuivre les expérimentations de moteur à explosion, sur des véhicules à deux, trois ou quatre roues. Les premières motocyclettes étaient bien loin d'être parfaites : si l'on s'accordait sur le dessin du cadre issu de la bicyclette Safety, la position du moteur n'était pas encore fixée. Le moteur réclamait, lui aussi, des perfectionnements et, surtout, plus de puissance.

Les pionniers français du motocycle
Les fabricants Rochet et Clément ont été lancés par le moteur De Dion, avant de fabriquer leurs propres mécaniques.

La naissance d'une industrie
Les frères Hildebrand et leur associé Wolfmüller avaient déjà construit, puis abandonné, des moteurs à vapeur et des deux-temps quand ils lancèrent, en 1894, leur moto animée par un bicylindre quatre temps. Le cadre de bicyclette classique s'étant avéré trop fragile, ils conçurent une partie cycle spécifique pour recevoir leur moteur, et, ainsi améliorée, leur moto atteignit 38,6 km/h. Elle fut commercialisée à Munich et produite sous licence en France sous le nom de « La Pétrolette ». La Hildebrand offrait certaines caractéristiques particulièrement novatrices pour l'époque, comme son refroidissement par eau et ses deux cylindres, mais elle souffrait aussi de graves défauts de conception. La roue arrière jouant le rôle de vilebrequin était directement reliée aux pistons par les bielles et l'entraînement était plutôt chaotique aux basses vitesses, voire impossible en dessous de 8 km/h. En l'absence de volants d'inertie, les pistons ne parvenaient à accomplir leur cycle complet que grâce à l'assistance de courroies de caoutchouc. La production fut rapidement interrompue, la machine étant dépassée par les innovations françaises.

Le moteur De Dion
Après avoir expérimenté la vapeur, le comte Albert de Dion et son partenaire Georges Bouton se tournèrent en 1884 vers l'essence et fabriquèrent un moteur basé sur celui de Daimler. Ils réalisèrent d'abord un monocylindre de 120 cm^3, doté d'une soupape d'admission à dépression et d'une soupape d'échappement à commande mécanique. Le carburateur était muni d'un allumeur à bobine. Les carters étaient en alliage léger, le cylindre et la culasse, en fonte. Le vilebrequin était couplé à un volant d'inertie et le tout formait un moteur simple et compact atteignant 1 800 tr/mm, soit plus du double du Daimler (p. 9), mais qui, du fait d'un refroidissement peu efficace, s'usait rapidement. C'est de lui, toutefois, que sont issus les quatre-temps modernes. Les moteurs De Dion furent utilisés sur tricycles, avec transmission par engrenage aux roues arrière.

Le Hildebrand et Wolfmüller
Sa conception trahit l'influence de la bicyclette de sécurité. Le De Dion se chargea bientôt de démoder son moteur bicylindre à refroidissement par eau.

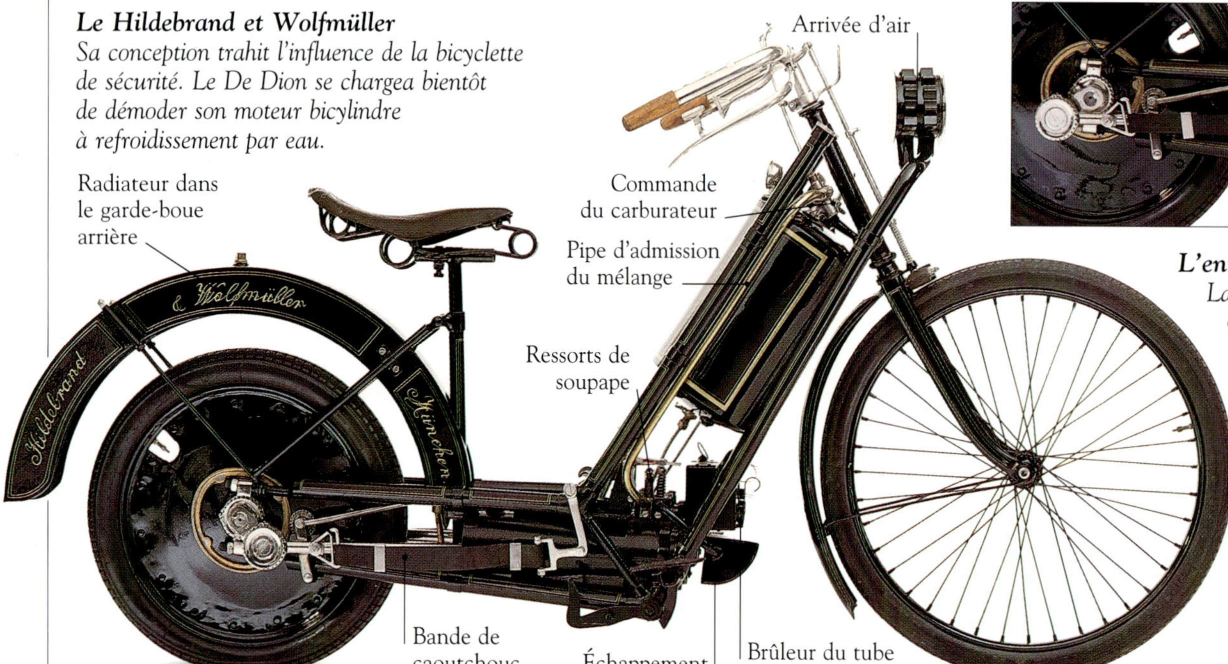

L'entraînement
La roue arrière fait office de vilebrequin et intègre l'arbre à cames. Les bielles sont reliées à des manetons fixés sur le moyeu, l'ouverture des soupapes est assurée par une came excentrique en laiton sur le moyeu arrière.

La Werner de 1897
Dans un premier temps, le moteur de la Werner était monté devant le guidon, ce qui posait alors d'évidents problèmes de maniabilité, surtout sur les routes glissantes. Malgré ce défaut, cette motocyclette devançait très largement les meilleures machines de l'époque.

Les Pneumatiques

John Boyd Dunlop sur l'une des premières bicyclettes. En inventant les pneumatiques en 1888, John Boyd Dunlop a notablement amélioré le confort des premiers motocyclistes.

Le moteur fut commercialisé dans différentes cylindrées. Plusieurs firmes, françaises pour la plupart, produisirent, outre une gamme de tricycles, un deux-roues équipé du fameux moteur, tandis que d'autres copiaient allégrement, parfois totalement, le De Dion. Pendant quelques années, les moteurs De Dion et leurs imitations furent montés dans des positions diverses sur une large gamme de motos et de tricycles.

La motocyclette Werner
Deux émigrés russes, Michel et Eugène Werner, étaient parmi ceux qui faisaient des recherches sur les motocycles, dans un Paris qui était alors le berceau de l'industrie automobile. En 1897, les deux frères eurent l'idée d'une machine dans laquelle un petit De Dion était installé au-dessus de la roue avant, entraînée par une courroie de cuir torsadée – un système plus souple que les engrenages des tricycles De Dion. Le poids du moteur portait sur la fourche avant, ce qui posait des problèmes de maniabilité et de stabilité, surtout par temps de pluie. L'allumage se faisait toujours par tube incandescent, mais la Werner n'en fut pas moins, au tournant du siècle, la motocyclette de référence.
Les fabricants se bousculaient désormais pour adapter des moteurs De Dion et autres sur des bicyclettes, ouvrant l'ère de l'industrie motocycliste. On installait le moteur dans le moyeu des roues, derrière la roue arrière ou sous la selle. En 1901, les frères Werner innovèrent en ouvrant le triangle inférieur du cadre pour y loger le moteur, en renforçant ce cadre par un tube horizontal sous le réservoir. Cette nouvelle disposition améliorait grandement la répartition des masses et donc la maniabilité de l'engin. Les Werner ajoutaient à leurs avantages un carburateur à gicleur et un allumage électrique.

La Werner de 1901
Il s'agissait déjà d'une véritable moto et non plus d'une bicyclette motorisée. Le moteur était installé en position très basse, au centre du cadre. S'ajoutaient à cela un carburateur très amélioré, des freins à patins et un véritable dispositif d'allumage électrique.

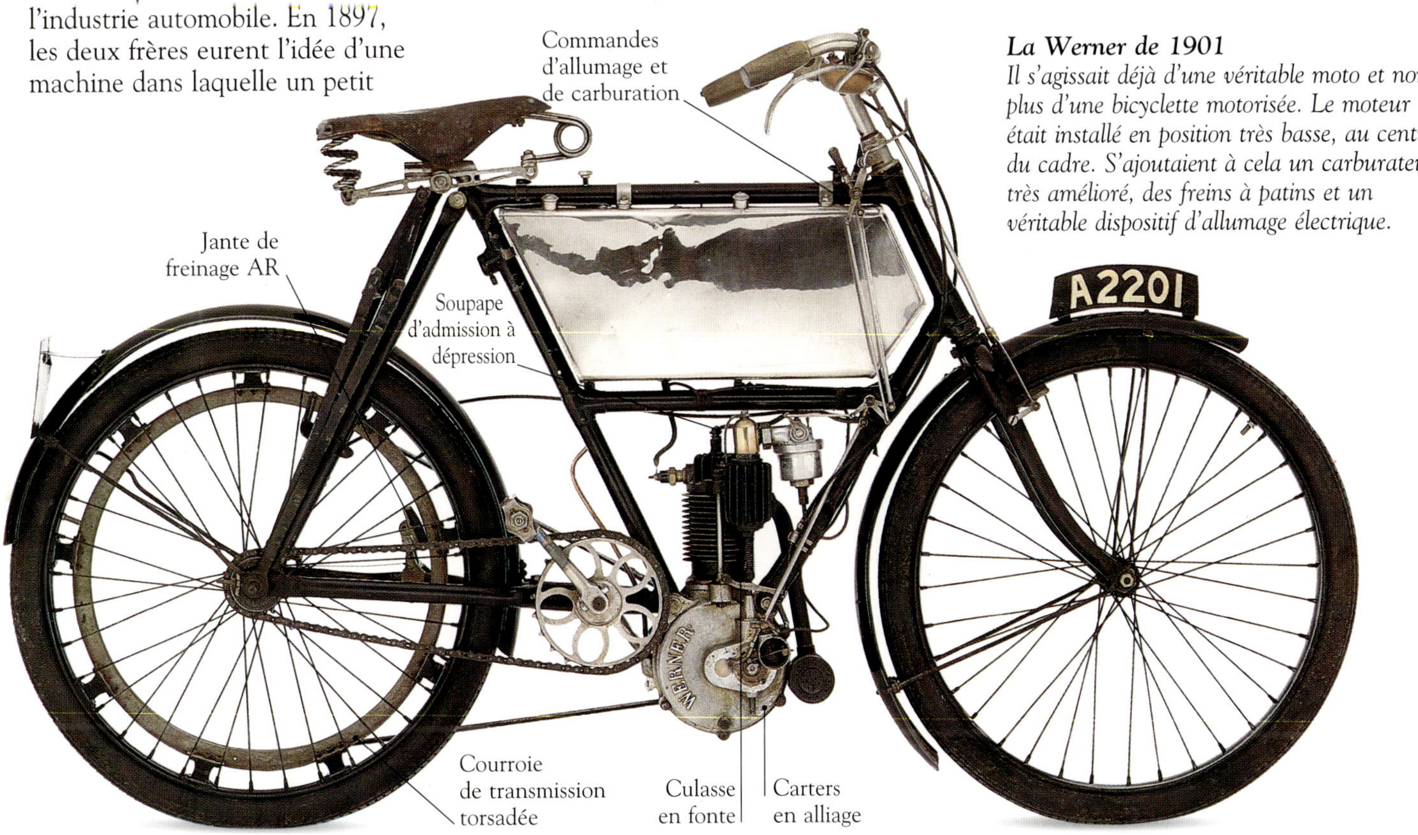

Sur la Route

LA WERNER DE 1901 fut le point de départ effectif de l'évolution qui devait conduire aux motos modernes. Son moteur constitua une référence en matière de performance et de construction, et son cadre définit une position véritablement viable du moteur. Un long processus d'expérimentations et d'améliorations restait à accomplir, mais déjà ce qui n'était qu'un aimable passe-temps s'était mué, en moins de quinze ans, en un véritable véhicule routier relativement commode.

Les courses de Brooklands
Au tout début du siècle, la compétition servait déjà à tester et à populariser les innovations. La Grande-Bretagne fit œuvre de pionnier en inaugurant son circuit de Brooklands en 1907, l'année qui suivit les premières courses sur route de l'île de Man.

La conduite des premières motos
La Werner de 1901 représentait un progrès sur ses devancières, mais elle restait difficile à conduire. Du fait de l'absence d'embrayage, le moteur calait inévitablement à l'arrêt. Les freins étaient des plus rudimentaires et le manque de puissance imposait au conducteur un pénible pédalage dans les côtes. La moto n'avait pas de suspension, ce qui laisse imaginer les vibrations auxquelles étaient soumis l'homme et la machine. Les soupapes d'admission se bloquaient, les courroies sautaient... L'état des routes était déplorable, et l'approvisionnement en carburant, problématique. L'éclairage, qui restait celui des bicyclettes, était nettement insuffisant pour la conduite de nuit. Dans les treize années qui suivirent, si l'état des routes s'améliora quelque peu, la moto, elle, effectua un grand bond en avant. En 1903, on concevait et on fabriquait des motos en Amérique et un peu partout en Europe. Certains constructeurs créaient leurs propres mécaniques, mais la plupart utilisaient des moteurs adaptables. Le développement ne suivait aucun schéma logique. Certains problèmes fondamentaux étaient communs à toutes les machines ; les fabricants y apportaient leurs propres solutions ou les empruntaient. La plupart adoptèrent la suspension avant, mais beaucoup considérèrent la suspension arrière inutile et soumettant la transmission à des contraintes excessives.

Des progrès décisifs
Un certain nombre de progrès essentiels furent accomplis au cours de cette période et jusqu'en 1914 Batterie et allumage par batterie remplacèrent le tube à incandescence utilisé auparavant, à l'inconvénient près qu'en 1900 les batteries n'étaient guère fiables. En 1898, Boudeville inventait la magnéto haute tension. Bien que la mise au point du dispositif ait réclamé cinq ans, il était presque unanimement adopté dès 1906.

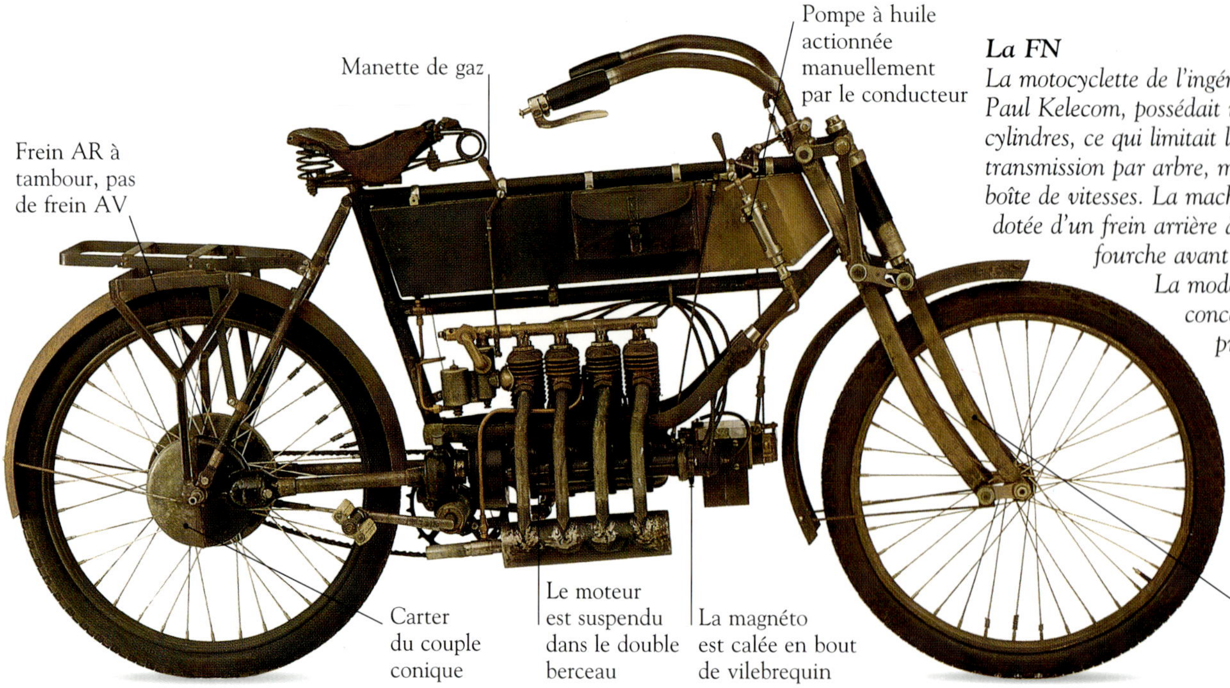

La FN
La motocyclette de l'ingénieur de la firme FN, Paul Kelecom, possédait un moteur à quatre cylindres, ce qui limitait les vibrations, une transmission par arbre, mais ni embrayage ni boîte de vitesses. La machine était également dotée d'un frein arrière à tambour, d'une fourche avant à roue poussée. La modernité de sa conception permit sa production en série durant vingt ans. Embrayage et boîte deux vitesses apparurent en 1913.

La deux-temps Scott
Scott, dans le Yorkshire, créa ses premières motocyclettes en 1905. Saluée pour son extraordinaire bicylindre à deux temps refroidi par eau, la Scott était dotée d'une fourche télescopique, d'une transmission à chaîne, d'une boîte à deux rapports et d'un kick. Elle pouvait parfaitement se passer de pédales.

Sélecteur de vitesses
Les premières boîtes de vitesses étaient des merveilles d'ingéniosité. Scott, pour sa part, avait opté pour une boîte à deux rapports, dont la sélection se faisait au moyen d'une pédale.

Le carburateur à pulvérisation, alimenté par une cuve à niveau constant, fut amélioré à cette époque, mais la plupart des constructeurs ne fabriquaient pas ces composants spécialisés qu'ils achetaient à l'extérieur. Faute de carburateurs sophistiqués, maints constructeurs contrôlaient le régime du moteur en jouant sur l'allumage ou l'ouverture des soupapes. Une suspension avant rudimentaire était souvent simplement rajoutée sur la fourche rigide d'origine. La fourche télescopique, adaptée sur les Scott, constitua un progrès notable. Tout le monde s'accordait sur la nécessité d'améliorer la transmission. L'embrayage permit le remplacement des courroies par des chaînes, moins souples mais plus fiables ; beaucoup de constructeurs adoptèrent la boîte de vitesses, tandis que Terrot (p. 137) et Rudge (p. 87) mettaient au point des transmissions par courroie et poulies à diamètre variable. Quelques rares machines étaient dotées d'une transmission par arbre. Dans les domaines des commandes, Bowden popularisa poignées de gaz tournantes et manettes au guidon. Enfin, les moteurs gagnant en puissance allaient mettre en évidence les insuffisances d'autres composants et induire de nouveaux progrès des parties cycle.

Un regard vers le futur

Dès 1914, les constituants essentiels de la moto moderne avaient été mis en œuvre, avec des succès divers ; quelque quatre-vingts ans plus tard, on est surpris de constater à quel point les motos sont restées proches de ce qu'elles étaient à l'origine.

La glorieuse Sunbeam de 1913
Sunbeam (p. 86) créa ses premières machines en 1913, et, la même année, il remporta un succès retentissant dans l'épreuve annuelle des Six Jours internationaux (p. 157).

L'Indian V-twin de 1914
Motos bien construites, les Indian présentaient plusieurs innovations. Même les toutes premières machines étaient équipées de poignées tournantes, et la transmission se faisait entièrement par chaîne. Ce modèle de 1914 est doté d'une suspension arrière, d'une boîte à deux vitesses, d'un tachymètre et d'un dispositif d'éclairage électrique. La marque créa même un modèle à démarreur électrique.

MOTOR
HARLEY-DAVIDSON
CYCLES

Motos du Monde Entier

DU BRÉSIL A LA BIÉLORUSSIE et de l'Allemagne au Japon, partout dans le monde on construit des motos. Au fils des quelque cent années de son histoire, l'industrie motocycliste a connu des hauts et des bas, mais, pour une bonne part, les modèles qu'elle a créés ont été préservés dans les musées ou grâce à des collectionneurs privés.

Indian
20 0 20
CHARGE
DISCHARGE
Indian
50 60 70 80
Indian

Les États-Unis

Pendant plus de quatre-vingts ans, l'industrie motocycliste américaine a été dominée par un type de moteur : le bicylindre en V.

Aux États-Unis comme en Europe, devant le succès des moyens de transport motorisés, une foule de petits constructeurs se lancèrent dans la création de deux-roues. De qualité très variable, les premiers motocycles américains firent leur apparition vers 1900. Il fallait aux audacieux motocyclistes des machines capables de couvrir de longues distances sur des chaussées défoncées. L'industrie répondit en proposant des machines simples et robustes, à gros réservoir. La technologie progressant rapidement, 1902 vit sortir la Royal, à deux vitesses et transmission à chaîne. Indian (pp. 34-39) lança la suspension arrière en 1913, l'année même où Cyclone mettait au point son twin en V à arbres à cames en tête. A la veille de la Grande Guerre, le marché proposait plus de trente modèles, les ventes allaient bon train et l'avenir de l'industrie se parait de couleurs claires. Premier fabricant mondial, Indian s'exportait partout sur la planète.

L'emblème d'ACE.

Le trophée Ace.

Le twin en V américain classique

Adopté par Indian, Harley-Davidson (pp. 18-27), Excelsior et autres, le twin en V était en 1914 le moteur de motocyclette le plus répandu aux États-Unis, et conserve aujourd'hui sa réputation. A la compétition féroce que se livraient les constructeurs de motos s'ajouta de plus en plus la concurrence de l'automobile, ne serait-ce que celle du Model T de chez Ford, sorti en 1908. Produit en série, le Model T devint, en quelques années, moins cher que bien des motos. Au milieu des années 20, le nombre des constructeurs significatifs s'était réduit à trois par ordre d'importance, Indian, Harley-Davidson et Excelsior, dont les machines étaient construites à Chicago par le fabricant de cycles Schwinn. La crise de 1929 interrompit en 1931 la production d'Excelsior. Harley-Davidson et Indian se retrouvèrent seuls en compétition. Toujours sous contrôle de ses fondateurs, Harley-Davidson n'était pas soumis aux exigences d'actionnaires extérieurs. Indian, au contraire, poursuivait le profit à court terme et investissait beaucoup moins dans l'innovation. A la fin des années 30, Harley s'était adjugé la première place sur le marché intérieur, et, vers la fin de la Seconde Guerre mondiale, la réussite commerciale de l'entreprise avait définitivement consolidé son avantage.

Enjoliveur lumineux de garde-boue Indian.

La concurrence étrangère

A la fin des années 40, les motos anglaises, plus légères, plus rapides, plus sportives, commencèrent à envahir le marché américain. Indian, qui avait changé de mains, s'efforça alors de renouer avec le succès en imitant le style anglais. Mais ses machines n'étaient ni compétitives ni fiables, et en dépit d'investissements massifs la tentative se solda par un désastre. Pire, après l'interruption de la production aux États-Unis, le nom d'Indian évoquait surtout des machines construites à l'étranger. A partir de 1959, les motos japonaises et anglaises déferlèrent sur le marché américain. Le Japon concentrait son effort sur des motos de petite cylindrée, faciles à vendre. Harley releva le défi en prenant des parts de la marque italienne Aermacchi, dont elle commercialisa sous son nom les petites cylindrées. Entre 1960 et 1977, la firme Aermacchi construisit également des Harley de petite cylindrée.

Manomètre Schrader pour pneus ballons.

L'héritage de Harley-Davidson

1969 vit la fusion de Harley-Davidson avec l'American Machine & Foundry Inc. ; AMF disposait de capitaux, mais contrôlait mal la qualité de sa production, de sorte qu'en 1981 la marque Harley reprit sa liberté. Une décennie de difficultés financières s'ensuivit, assortie d'une augmentation de la demande et d'une avancée technologique. A la fin des années 80, Harley avait opéré un redressement spectaculaire, fondé sur sa réputation et sur la mode « rétro » : avec chaque machine, le client achetait quatre-vingts ans d'histoire de la moto !

Harley-Davidson Duo-Glide, 1960.

La Première Harley

C'est en 1901 que William Harley et son ami d'enfance Arthur Davidson commencent à expérimenter le moteur à explosion. Harley a travaillé comme dessinateur dans une usine de moteurs, Davidson est modeleur. Ensemble, ils construisent un monocylindre de 400 cm³ monté sur un cadre de bicyclette, dont le prototype est achevé en 1903. Hélas, la machine manque de puissance et son cadre est trop fragile. L'équipe redessine le moteur et pousse sa cylindrée à 475 cm³. La Harley-Davidson Motor Company entame sa production en 1904 avec la Silent Gray Fellow. Pendant les quatorze années qui vont suivre, l'entreprise continuera à augmenter la cylindrée du moteur et à renforcer le cadre, puis adoptera des soupapes opposées commandées.

Les fondateurs de la compagnie Harley-Davidson : William Davidson, Walter Davidson père, Arthur Davidson et William S. Harley. Ils avaient installé leur premier atelier dans un appentis de la maison des Davidson.

La Harley-Davidson Silent Gray Fellow de 1912
Compagne (Fellow) loyale, silencieuse (Silent) grâce à un pot d'échappement efficace, grise (Gray) du fait de sa peinture austère, cette machine se tailla une réputation de routière fiable.

Sur la Silent Gray Fellow, une courroie de cuir assurait la transmission entre le moteur et la roue arrière. Peu fiable, la transmission par courroie à tendeur fut bientôt abandonnée, et en 1919 Harley-Davidson équipa toutes ses machines d'un embrayage, d'une transmission à chaîne et d'une boîte de vitesses.

La poulie de tension fait office d'embrayage rudimentaire.

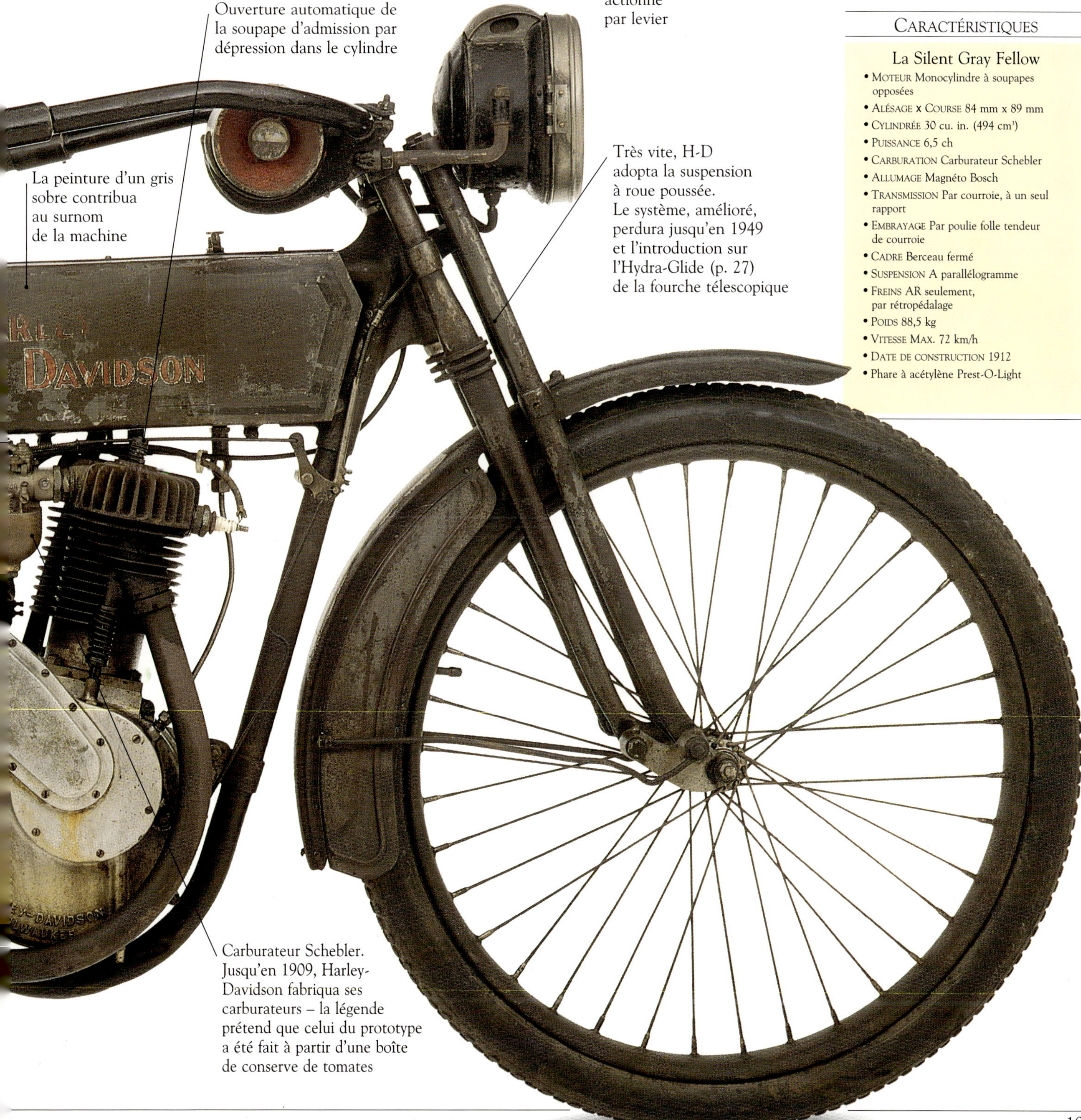

Caractéristiques

La Silent Gray Fellow

- Moteur Monocylindre à soupapes opposées
- Alésage x Course 84 mm x 89 mm
- Cylindrée 30 cu. in. (494 cm³)
- Puissance 6,5 ch
- Carburation Carburateur Schebler
- Allumage Magnéto Bosch
- Transmission Par courroie, à un seul rapport
- Embrayage Par poulie folle tendeur de courroie
- Cadre Berceau fermé
- Suspension A parallélogramme
- Freins AR seulement, par rétropédalage
- Poids 88,5 kg
- Vitesse Max. 72 km/h
- Date de construction 1912
- Phare à acétylène Prest-O-Light

Harley-Davidson

Harley-Davidson construisit son premier bicylindre en V en 1907. De nombreux constructeurs avaient alors expérimenté le V-twin. Il était en effet relativement facile de transformer ainsi un monocylindre de façon à doubler la puissance du moteur. Le cadre pouvait être conservé, et il suffisait de redessiner le carter du moteur. Le succès de cette configuration lui valut d'être adopté à long terme par Harley-Davidson, qui continue à construire des bicylindres à 45°, au point que le V twin est désormais considéré comme le moteur traditionnel des motos américaines.

Caractéristiques

La Harley-Davidson J-11 de 1915

- Moteur Bicylindre en V à soupapes opposées semi-culbutées
- Cylindrée 60 cu. in. (989 cm^3)
- Puissance 11 ch à 7 200 tr/mn
- Transmission Par chaîne, boîte à trois rapports
- Cadre Berceau fermé en acier
- Suspension A roue poussée
- Poids 148 kg
- Vitesse max. 95 km/h

La Harley-Davidson J-11 de 1915

A l'époque, Harley avait poussé la mise au point de son V twin. Les mono et les bicylindres présentent des ressemblances évidentes, sinon que le twin est équipé d'une soupape d'admission mécanique. Jusqu'en 1929, la marque conservera pour ses gros twins la culasse semi-culbutée à soupapes opposées.

Les bougies étaient montées dans la chapelle des soupapes

Fenêtre de contrôle du niveau d'huile

Ce modèle de 1915 a été le dernier à posséder des pédales

Boîte à trois rapports et commande manuelle introduite en 1915

Caractéristiques

La BA Peashooter de 1926

- Moteur Monocylindre à soupapes en tête
- Cylindrée 21 cu. in. (346 cm^3)
- Puissance 10 ch
- Transmission Par chaîne, boîte à trois rapports
- Cadre Berceau fermé en acier
- Suspension AV à parallélogramme
- Poids 119 kg
- Vitesse max. 95 km/h

La Harley-Davidson BA Peashooter de 1926

En 1926, H-D mit sur le marché une gamme de petites machines équipées de monocylindres pétaradants, à soupapes latérales ou en tête, dont la firme assura la production jusqu'en 1934.

« Le premier Yankee... » Ce cliché célèbre représente le caporal Holtz, premier soldat américain à pénétrer sur une Harley en Allemagne après la Première Guerre mondiale.

Le vert olive était la couleur standard pour le marché américain

Harley-Davidson WL de 1941
En 1928, Harley sortit une gamme de bicylindres en V de 737 cm³ (45 cu. in.) à soupapes latérales, afin de tenir tête à la Scout d'Indian (p. 36) et à l'Excelsior Super-X (p. 41). Elles furent surnommées les « Forty-fives » (les « 45 »), de façon à les différencier des « Big Twins » de 1 000 ou 1 203 cm³. Les Harley actuelles sont les descendantes de ces « Forty-fives ».

Feu de position AV

Réservoir d'huile jumelé avec celui de l'essence

Couleur « Skyway Blue »

Les roues plus petites à pneus larges amélioraient la tenue de route

Le moteur à soupapes latérales fut le dénominateur commun des racers de l'après-guerre

CARACTÉRISTIQUES

La Harley-Davidson WLD de 1941

- MOTEUR Bicylindre en V à soupapes latérales
- CYLINDRÉE 45 cu. in. (737 cm³)
- PUISSANCE 25 ch (environ)
- TRANSMISSION Par chaîne, boîte à trois rapports à commande manuelle
- CADRE Berceau tubulaire
- SUSPENSION AV à roue poussée
- POIDS 240 kg
- VITESSE MAX. 130 km/h (environ)

La Harley-Davidson WLA de 1942
Simple et rustique, la « Forty-five » convenait idéalement à une utilisation militaire. Adapté de la version civile, le modèle militaire était moins cher et plus robuste. Il fut produit à 90 000 exemplaires pour les forces alliées de la Seconde Guerre mondiale. Harley, qui avait emporté la majorité des contrats avec l'armée, sortit de la guerre avec de nouveaux atouts financiers et commerciaux.

CARACTÉRISTIQUES

La Harley-Davidson WLA de 1942

- MOTEUR Bicylindre en V à soupapes latérales
- CYLINDRÉE 45 cu. in. (737 cm³)
- PUISSANCE 23 ch à 4 600 tr/mn
- TRANSMISSION Par chaîne, boîte à trois rapports
- CADRE Berceau tubulaire
- SUSPENSION A roue poussée
- POIDS 262 kg
- VITESSE MAX. 105 km/h

Les feux arrière sont équipés de caches de « blackout ».

Impressionnante, la WLA vue de face !

Pare-brise et protège-jambes en toile

Mitraillette Thompson de calibre 45 mm

La selle est placée plus en avant, selon les spécifications militaires

Pompe

Phare de blackout

Sabot de protection rallongé

Les Racers Harley-Davidson

En 1909, Walter Davidson signait l'entrée de Harley-Davidson dans le sport motocycliste en s'illustrant dans la course d'endurance de Long Island. La publicité que ce succès valut à l'entreprise la convainquit des mérites de la compétition, et, dans les années qui suivirent, la marque fut présente dans tous les types d'épreuve, sur circuit ou sur route. L'opposition vint d'abord d'Indian et d'Excelsior, puis des motos britanniques pendant un certain temps. Aujourd'hui, les machines japonaises dominent la compétition, sauf sur les pistes américaines en terre (dirt track), où les Harley restent les meilleures.

Une épreuve de hillclimbing dans les années 30. Les fanions sont espacés de 50 pieds (15 m).

Le hillclimbing, ou montée impossible, consiste à arriver le plus haut dans la côte ou à réaliser le meilleur temps.

La Harley-Davidson Hillclimber de 1930
Un rapport de démultiplication court permet à la moto de gravir des pentes très raides. Le dessin du cadre abaisse le centre de gravité et fait porter le poids sur l'avant de la machine.

Pour une épreuve courte, un petit réservoir suffit

Des chaînes sur le pneu AR servent de crampons supplémentaires

Les repose-pieds inclinés font porter le poids du pilote vers l'avant

Moteur de la série J, spécialement préparé pour le hillclimbing

CARACTÉRISTIQUES

La Harley Hillclimber de 1929

- MOTEUR Bicylindre en V, doubles soupapes en tête
- CYLINDRÉE 74 cu. in. (1 213 cm³)
- PUISSANCE Non communiquée
- TRANSMISSION Boîte de compétition à rapport unique
- CADRE Berceau tubulaire
- SUSPENSION A parallélogramme à l'AV, rigide à l'AR
- POIDS 147 kg (estimation)
- VITESSE MAX. Déterminée par le rapport choisi pour la course

Drapeau du vainqueur des 200 Miles de Daytona, 1961.

Des guidons à bracelets sont utilisés dans les longues lignes droites, pour une meilleure aérodynamique

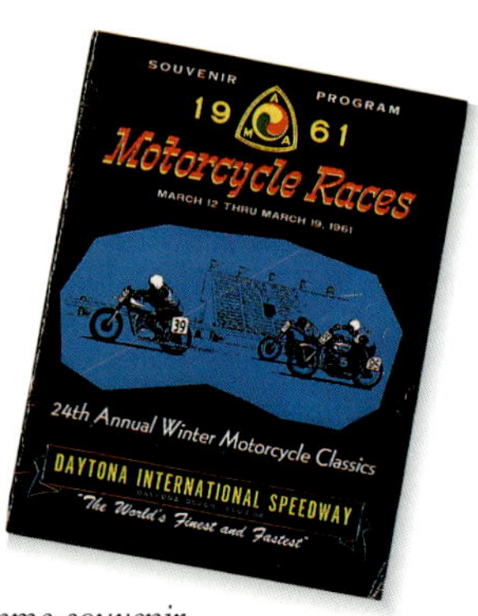

Programme-souvenir de la course de Daytona, 1961.

Caractéristiques

La Harley-Davidson XR 750 de 1968

- Moteur Bicylindre en V, soupapes en tête
- Cylindrée 750 cm³
- Puissance 62 ch (sans préparation)
- Transmission Par chaîne, boîte à quatre rapports
- Cadre Berceau tubulaire
- Suspension Fourche télescopique à l'AV, bras oscillant à l'AR
- Poids 145 kg
- Vitesse max. 233,5 km/h à Daytona (1970)

La Harley-Davidson XR 750 de 1968
Outre que la XR 750 dominait la compétition de flat-track, elle devenait une merveilleuse routière une fois équipée d'un carénage et d'un frein avant. C'est sur cette machine que Cal Rayborn remporta la Transatlantic en 1972 et 1973.

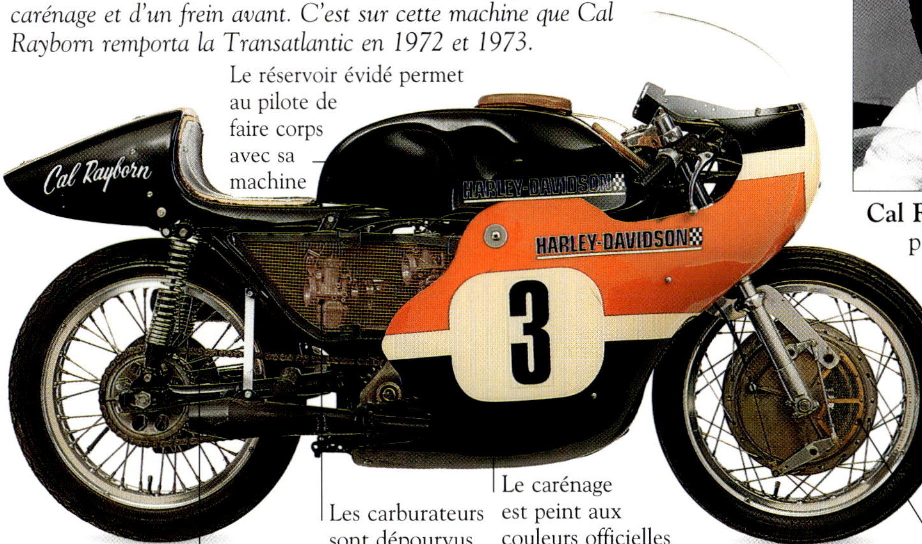

Le réservoir évidé permet au pilote de faire corps avec sa machine

Frein AR à disque comme sur la flat-track

Les carburateurs sont dépourvus de filtre à air, pour augmenter la puissance

Le carénage est peint aux couleurs officielles des H-D de course

Frein double came

Cal Rayborn, l'un des plus grands pilotes motocyclistes de son temps, s'est tué en 1973 en Nouvelle-Zélande alors qu'il courait sur une Suzuki.

Aux 200 Miles de Daytona de 1961, le drapeau salue la victoire de Roger Reiman.

La Harley-Davidson KR 750 de 1961
La KR a été la Harley de course de 1952 à 1968. Pilotée par Roger Reiman, elle a remporté les 200 Miles de Daytona en 1961. Alors que depuis 1955 les moteurs à soupapes latérales n'équipaient plus les motos de tourisme, la KR y est restée fidèle sur les circuits jusqu'à une modification de règlement qui a forcé la firme à opter en 1968 pour la XR à soupapes en tête.

Caractéristiques

La Harley-Davidson KR 750 de 1961

- Moteur Bicylindre en V, soupapes en tête
- Cylindrée 750 cm³ • Puissance 50 ch
- Transmission Par chaîne, boîte à quatre rapports
- Cadre Berceau tubulaire
- Suspension Fourche télescopique, bras oscillant à l'AR
- Poids 145 kg
- Vitesse max. 201 km/h

Moteur Harley classique à soupapes latérales

La pédale de frein est évidée, pour gagner du poids

Pour une sécurité renforcée, le pneu est vissé sur la jante

Trophée des 200 Miles de Daytona.

La Harley-Davidson 61E

Harley-Davidson construisait des motos robustes, qu'elle améliorait d'année en année. A partir de 1936, face à l'érosion des ventes, l'entreprise lança sur le marché une moto de conception entièrement nouvelle, à soupapes en tête actionnées par culbuteurs. Jusqu'alors, la distribution culbutée n'était qu'une variante (par changement du haut moteur) des soupapes opposées ou latérales. La nouvelle machine possédait un seul arbre à cames et des chambres de combustion hémisphériques. Elle disposait également d'un système de graissage à circulation d'huile, beaucoup plus efficace que l'ancien système à huile perdue et qui réduisait la consommation de lubrifiant. La ligne, elle aussi révolutionnaire, compacte, avec réservoir et garde-boue arrondis et tableau de bord, définissait le style des futures Harley. Avec la 61E, la firme prenait la tête des constructeurs américains.

En mars 1937, Joe Petrali, sur une 61 préparée, établit le record de vitesse au niveau de la mer, avec 219 km/h.

La 61E vue de face.

La Harley-Davidson Knucklehead 61E de 1936

La 61E a joué un rôle capital dans l'histoire des Harley, en tant que premier des gros twins à posséder des soupapes culbutées et un système de graissage à circulation d'huile. Tant par sa configuration que par ses performances, elle laissait loin derrière elle sa rivale, l'Indian Chief (pp. 38-39) ; si Indian survécut pendant quinze ans, jamais le constructeur ne recouvra sa position de leader. Moto à la technologie avancée, la 61E a servi, techniquement et esthétiquement, de modèle à toutes les futures Harley.

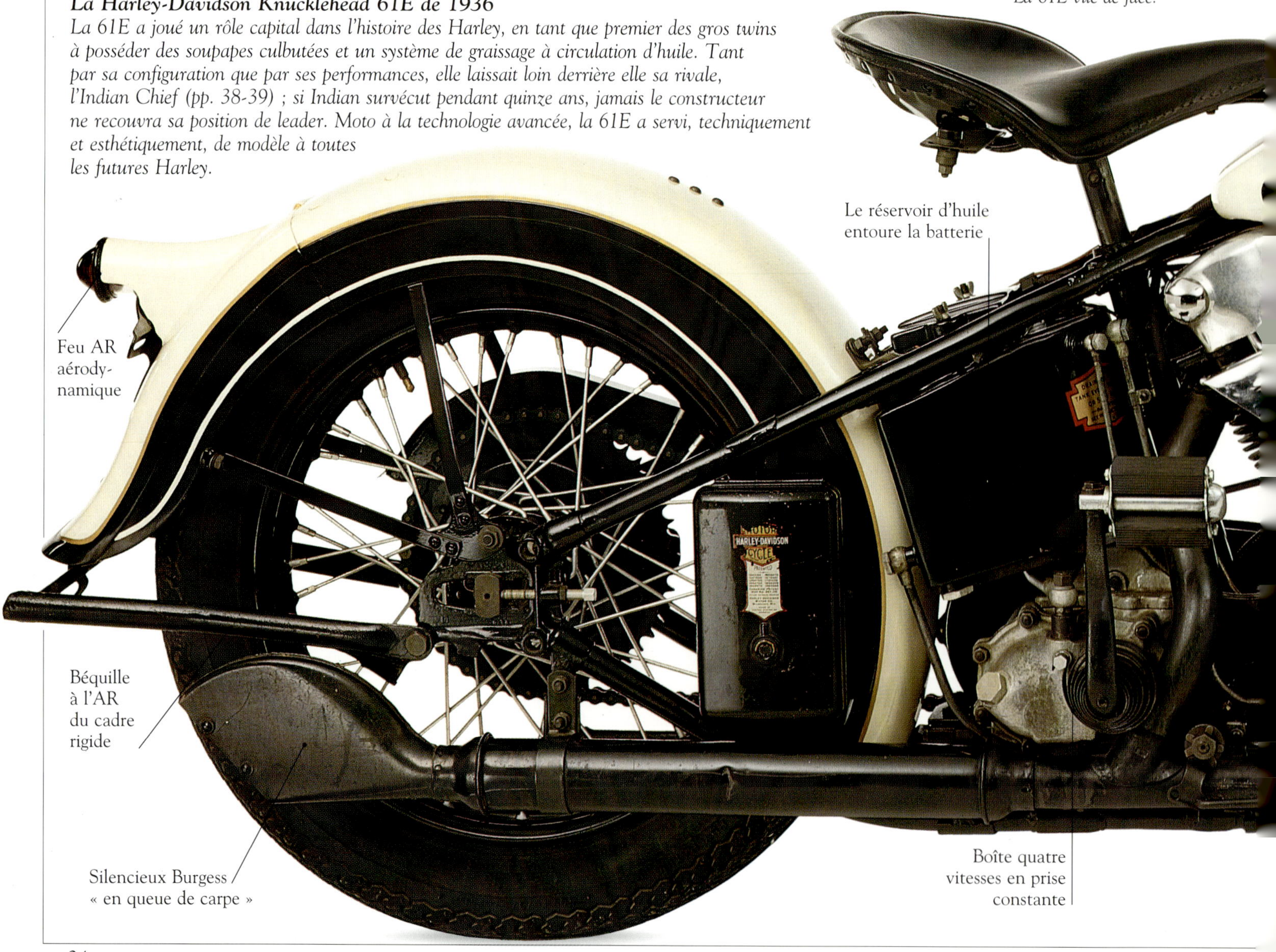

Le Saviez-Vous ?

Le moteur de la Harley-Davidson Model 61E fut rapidement surnommé « Knucklehead » en raison des protubérances de ses cache-culbuteurs, qui évoquaient plus ou moins les articulations d'un poing fermé (knuckle, « phalange »).

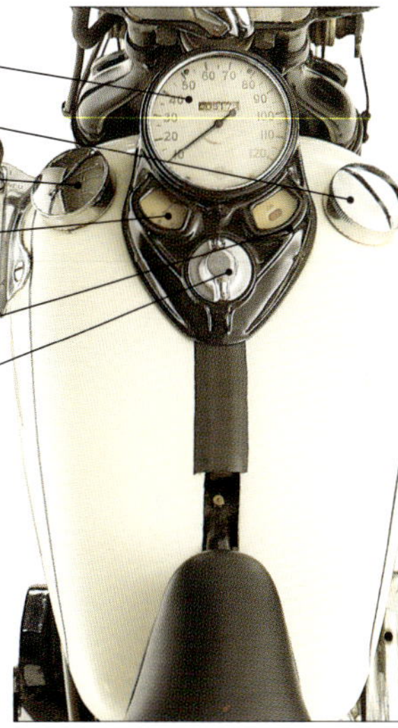

Le tableau de bord allie la clarté à l'efficacité.

Caractéristiques

La Harley-Davidson 61E

- Moteur Bicylindre en V à 45°, soupapes en tête
- Alésage x Course 83 mm x 89 mm
- Cylindrée 61 cu. in. (989 cm³)
- Puissance 37 ch à 4 800 tr/mn
- Carburation Carburateur Linkert
- Allumage Batterie et bobine
- Transmission Par chaîne, boîte à quatre rapports, commande manuelle
- Embrayage Multidisque à sec
- Cadre Double berceau tubulaire
- Suspension A parallélogramme
- Freins Tambour à l'AV et à l'AR
- Poids 234 kg
- Vitesse max. 160 km/h
- Date de construction 1936

Les Harley-Davidson Glide

Après la disparition d'Indian, en 1953, Harley-Davidson dut faire face à la concurrence des motos anglaises, plus légères, plus rapides et plus maniables. Dans les années 60, les machines japonaises rapides, puissantes et fiables prirent le relais et séduisirent les États-Unis. Harley répliqua en mettant en avant le charme « rétro » – une stratégie qui s'avéra payante et lui vaut de figurer aujourd'hui au petit nombre des constructeurs dont les parts de marché et la production sont en augmentation.

Caractéristiques

La FLH Duo Glide de 1960

- Moteur Bicylindre en V à 45°, soupapes en tête
- Cylindrée 74 cu. in. (1 213 cm³)
- Puissance 55 ch à 7 200 tr/mn
- Transmission Par chaîne, boîte à quatre rapports
- Cadre Double berceau tubulaire en acier
- Suspension Fourche AV télescopique, bras oscillants à l'AR
- Poids 304 kg
- Vitesse max. 160 km/h

La FLH Duo Glide de 1960

Puissante, luxueuse, la FLH Duo Glide incarna, dans le monde entier, l'image de « la » moto américaine de grand tourisme. La plupart des propriétaires de Harley les équipaient de sacoches et d'un grand pare-brise.

Bouchon de réservoir en étoile

Amortisseurs AR

Les sacoches étaient montées en option

Les gros pneus à flancs blancs participaient à la fois au confort et à l'esthétique de la machine

Échappement chromé

Ce splendide avertisseur était monté en série

La FLHS Electra Glide de 1987

L'Electra Glide a vu le jour en 1965. Cinquante ans après les premières tentatives faites par Indian, Harley-Davidson s'est enfin décidé à doter ses machines d'un démarreur électrique. L'entreprise continue à produire l'Electra Glide.

Sur bon nombre de Harley modernes, la transmission secondaire se fait par courroie crantée

Double disque à l'AV

Le Saviez-Vous ?

En octobre 1970, le pilote de Harley Cal Rayborn est devenu l'homme le plus rapide sur deux-roues. Sa machine en forme de cigare, équipée d'un moteur Sportster spécialement préparé, a atteint 427,2 km/h sur le lac salé de Bonneville.

Caractéristiques

La FL Hydra Glide de 1949

- Moteur Bicylindre en V à 45°, soupapes en tête
- Cylindrée 74 cu. in. (1 213 cm³)
- Puissance 55 ch à 7 200 tr/mn
- Transmission Par chaîne, boîte à quatre rapports
- Cadre Double berceau en acier
- Suspension Fourche télescopique
- Poids 268 kg
- Vitesse max. 164 km/h

La FL Hydra Glide de 1949
Pour l'Hydra Glide, H-D abandonna la fourche AV Springer qui équipait ses motos depuis 1907, au profit d'une fourche télescopique avec amortisseurs hydrauliques incorporés. Sur l'Hydra Glide, un moteur Panhead (en forme de gamelle) remplaçait le Knucklehead de la 61E (pp. 24-25).

Dans les années 60, la publicité mettait l'accent sur le plaisir et la liberté que procurait la moto.

On aperçoit ci-dessus la célèbre usine Harley-Davidson de Milwaukee.

Le manuel de l'utilisateur fourni avec la Duo-Glide délivrait tous les conseils d'entretien utiles et une liste des revendeurs.

La FLHS Electra Glide de 1988
Le moteur Evolution monté sur silentblocs ressemble aux types plus anciens, mais il est plus fiable et beaucoup plus aisé à entretenir. La ligne reste traditionnelle, mais la moto se montre moins exigeante envers son utilisateur.

Caractéristiques

La FLHS Electra Glide de 1987/8

- Moteur Bicylindre en V à 45°, soupapes en tête
- Cylindrée 82 cu. in. (1 340 cm³)
- Puissance 55 ch à 7 200 tr/mn
- Transmission Boîte à cinq rapports, transmission par courroie
- Cadre Double berceau tubulaire en acier
- Suspension AV télescopique, AR oscillante à 2 amortisseurs
- Poids 314 kg
- Vitesse max. 161 km/h

Les Motos de Police

Les Harley de la police pouvaient rattraper les motos rapides, y compris ce Big Twin de la marque.

LA VITESSE ET LA MANIABILITÉ d'une grosse moto en font un engin idéal pour la police et elle est l'arme la plus efficace pour poursuivre un autre véhicule en milieu urbain. Une bonne tenue de cap aux faibles allures est aussi un critère important pour la police, qui préfère souvent les twins plus légers aux quatre-cylindres plus puissants mais plus encombrants. Les motos de police sont spécialement adaptées pour recevoir radio, sirènes et phares additionnels. Les constructeurs se sont toujours livré une âpre concurrence pour s'approprier le lucratif marché policier : dans les années 70 et 80, les Européens ont préféré les BMW ; aujourd'hui, la police américaine renoue avec la Harley traditionnelle.

Démonstration acrobatique de la police.

Une unité de police au grand complet, avec motos et tricycle Servi-car (au centre).

Pendant trente-six ans, la police de Willowick, dans l'Ohio, a été équipée de cette Harley de 1951.

La Harley-Davidson FL de 1951

Cette machine dérivée de l'Hydra Glide (p. 27) est le type même des motos qui ont équipé la police américaine dans les années 40 et 50. Après avoir favorisé un temps d'autres marques, les services de police en reviennent à équiper leurs patrouilles de Harley. Cette marque de confiance a aidé Harley dans sa campagne de remise à l'honneur des lignes « rétro ».

La Triumph Saint de 1966
La Saint (initiales pour Stop Anything In No Time, « Arrête tout en un rien de temps ») était une version « police » de la 650 cm³ à monocarburateur. Ce modèle fut très prisé par la police britannique du début des années 50 au milieu des années 70, et remplacé ensuite par des BMW.

CARACTÉRISTIQUES

La Triumph Saint de 1966
- MOTEUR Bicylindre vertical à soupapes en tête
- CYLINDRÉE 647 cm³
- PUISSANCE 40 ch à 6 500 tr/mn
- TRANSMISSION Par chaîne, à quatre rapports
- CADRE Berceau d'acier tubulaire
- SUSPENSION Télescopique à l'AV, bras oscillant avec amortisseurs à l'AR
- POIDS 181 kg
- VITESSE MAX. 174 km/h

Le phare de police est installé en évidence au centre du carénage.

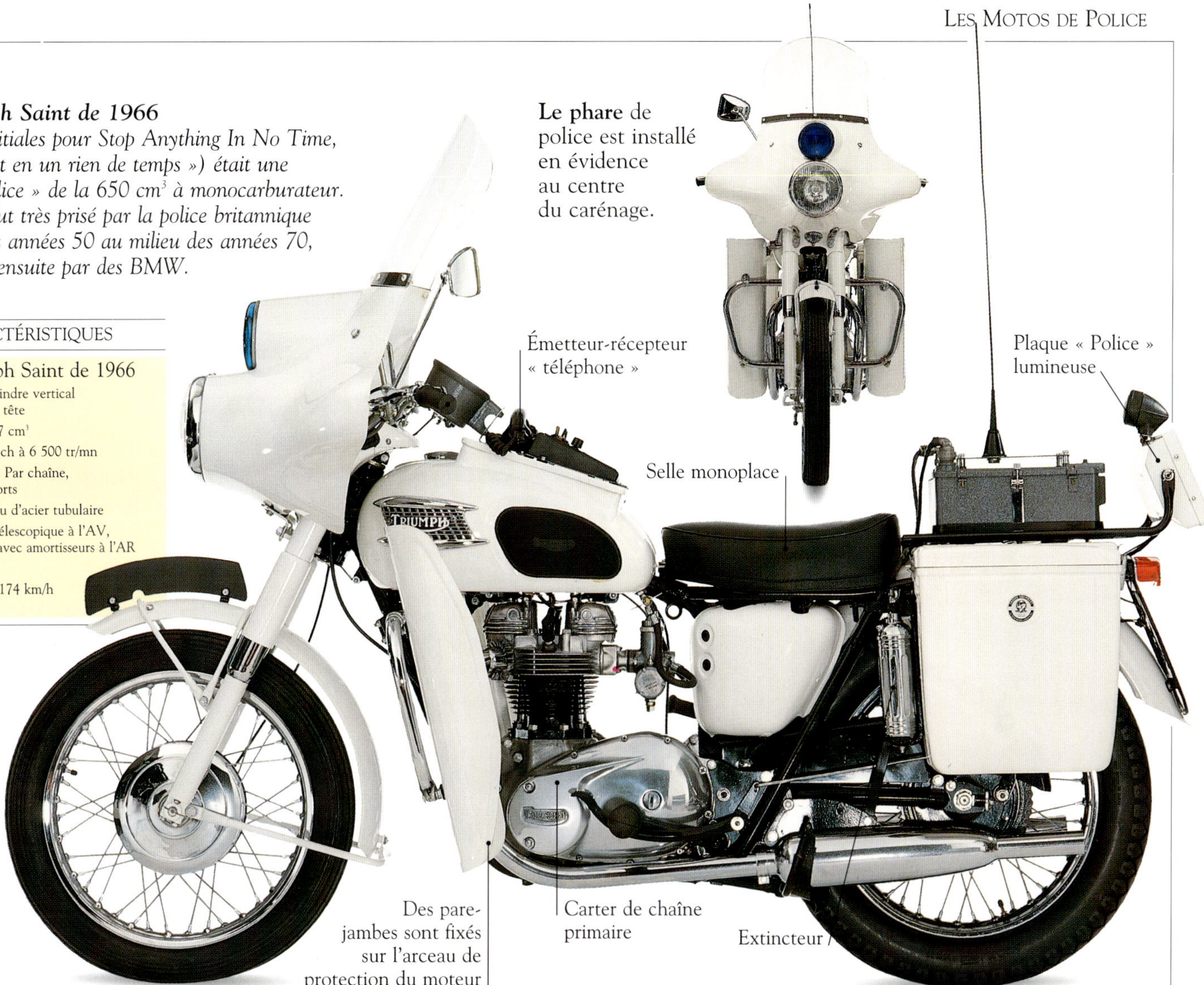

CARACTÉRISTIQUES

La Harley-Davidson FL de 1951
- MOTEUR Bicylindre en V à 45°, soupapes en tête
- CYLINDRÉE 74 cu. in. (1 213 cm³)
- PUISSANCE 55 ch
- TRANSMISSION Par chaîne, boîte à quatre rapports à changement manuel
- CADRE Double berceau tubulaire en acier
- SUSPENSION Télescopique à l'AV ; selle suspendue, rigide à l'AR
- POIDS 271 kg
- VITESSE MAX. 165 km/h (estimation)

« Appel à toutes les voitures ! » Un policier de la route est en train de transmettre une information. Sa moto est une ancienne version de la Triumph Saint, à cadre rigide.

Les motos de police servent souvent de véhicules d'escorte. Sur ce cliché datant des années 50, les motards attendent devant l'hôtel Claridges de Londres pour escorter une personnalité.

La police constitue un marché lucratif et valorisant. Harley a lancé de nombreuses campagnes pour la séduire.

Henderson

William Henderson, créateur de la moto qui porte son nom, a trouvé la mort en 1922 dans un accident de moto.

LA MARQUE HENDERSON FUT SYNONYME DE LUXE et de puissance, avec des machines permettant de couvrir confortablement de longues distances. En matière de performances et de raffinement, Henderson surclassa ses concurrents des années 20. En 1917, Ignatz Schwinn, fabricant de cycles et créateur de l'Excelsior (p. 41), racheta la firme, que William Henderson quitta pour fonder la marque ACE. En 1931, la crise contraignit Schwinn à abandonner la production, qui ne reprit jamais.

CARACTÉRISTIQUES

La Henderson de 1912

- MOTEUR Quatre cylindres en ligne, soupapes opposées
- CYLINDRÉE 56 cu. in. (920 cm^3)
- PUISSANCE 8 ch (estimation)
- TRANSMISSION Un seul rapport, secondaire par chaîne
- CADRE Double berceau tubulaire
- SUSPENSION Fourche à roue poussée et ressort central
- POIDS 134 kg
- VITESSE MAX. Env. 100 km/h
- Selle pour passager en option

La Henderson de 1912
Révolutionnaire, la Henderson possédait un empattement très long et proposait en option une selle passager, installée devant celle du conducteur.

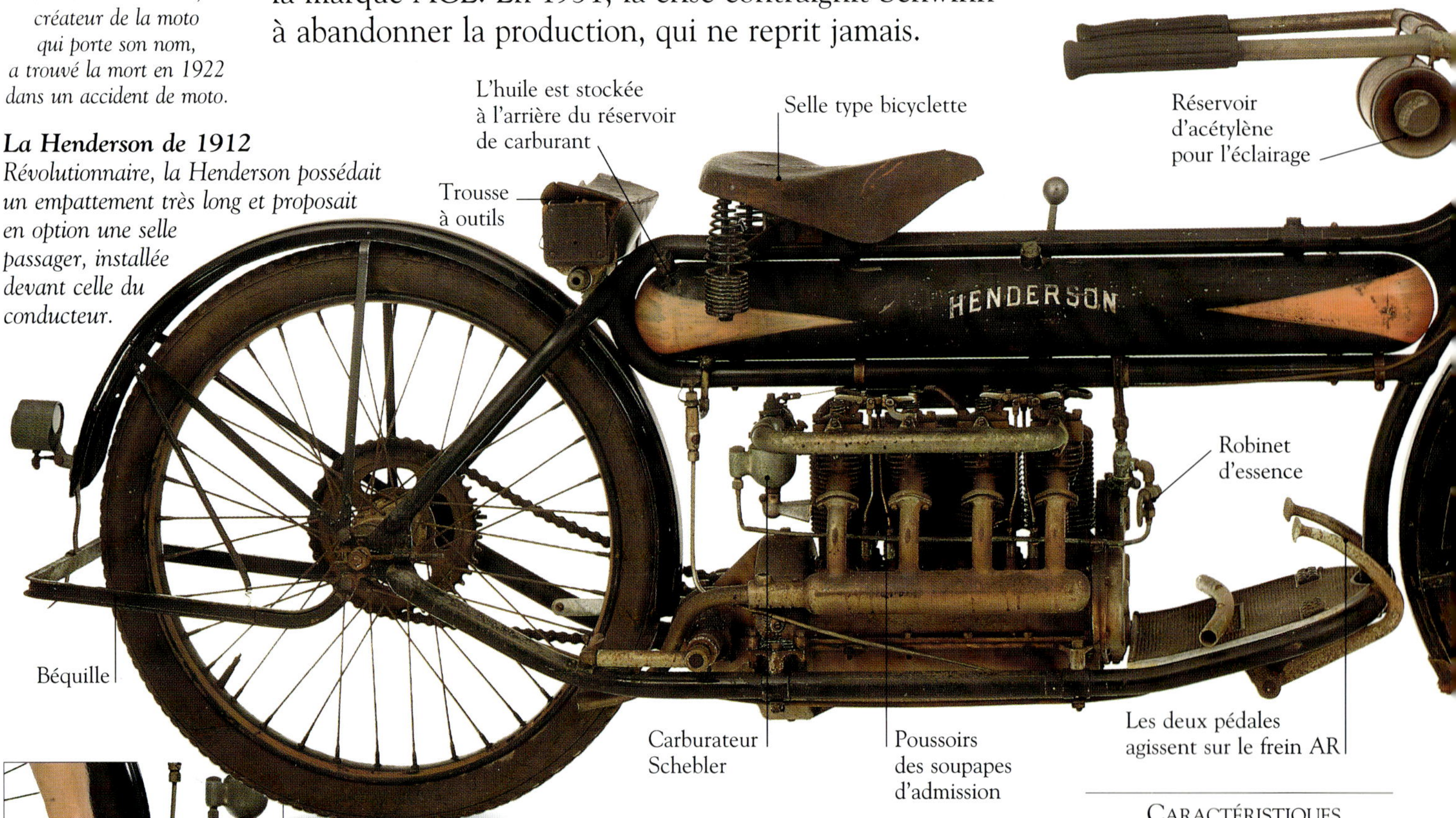

La manivelle de démarrage était une nouveauté. En 1912, il fallait, sur la plupart des motos, pédaler vigoureusement pour démarrer.

La Henderson K de 1920
Le modèle K comportait, entre autres nouveautés, un carter de chaîne et un système de lubrification sous pression. L'éclairage électrique était monté en série.

CARACTÉRISTIQUES

La Henderson K de 1920

- MOTEUR Quatre cylindres en ligne, soupapes opposées
- CYLINDRÉE 80 cu. in. (1 300 cm^3)
- PUISSANCE 28 ch à 3 400 tr/mn
- TRANSMISSION Par chaîne, boîte à trois rapports
- CADRE Berceau d'acier tubulaire
- SUSPENSION Fourche Excelsior Kushion
- POIDS 204 kg
- VITESSE MAX. 129 km/h
- Dessinée par Arthur O. Lemon

CARACTÉRISTIQUES

La Henderson KJ de 1929

- MOTEUR Quatre cylindres en ligne, soupapes opposées
- CYLINDRÉE 79,4 cu. in. (1 300 cm³)
- PUISSANCE 40 ch
- TRANSMISSION Par chaîne, boîte à trois rapports, marche AR
- CADRE Double berceau
- SUSPENSION A roue poussée
- POIDS 227 kg (estimation)
- VITESSE MAX. 160 km/h
- Conçue par A. R. Constantine

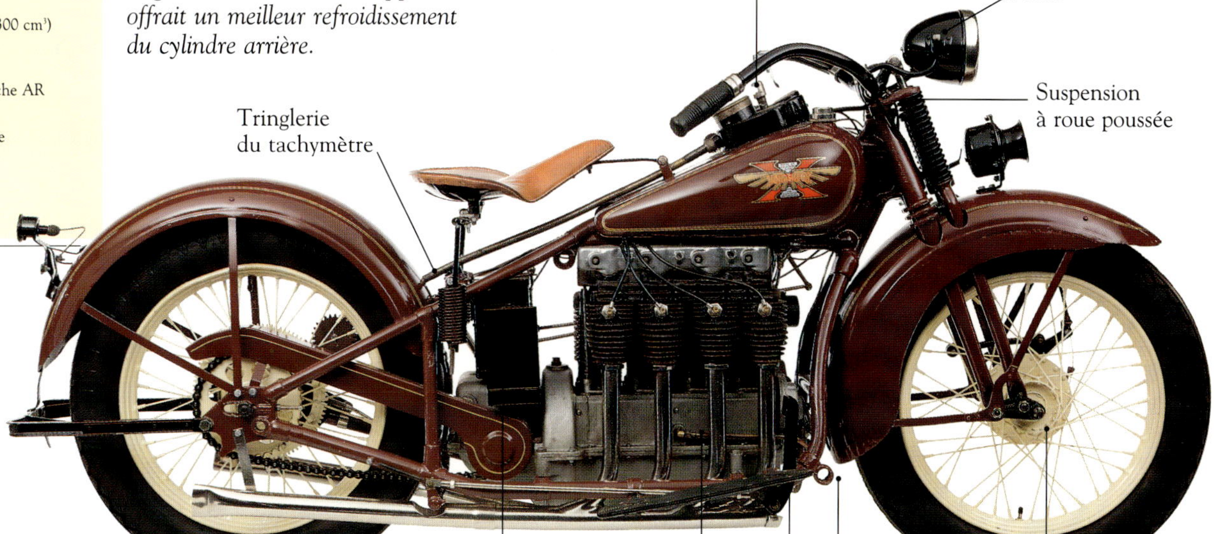

La Henderson KJ de 1929
Baptisée « Streamline », la KJ associait à une configuration familière une ligne originale. Le moteur à cinq paliers offrait un meilleur refroidissement du cylindre arrière.

L'ACE

Après avoir vendu sa marque à Schwinn en 1917, William Henderson ne demeura pas longtemps dans l'entreprise. Sous le label ACE, il créa un nouveau modèle de grosse cylindrée, un quatre-temps à transmission par chaîne dans la continuité des Henderson.

A la mort de William Henderson, tué accidentellement en 1922 alors qu'il essayait une moto, Arthur Lemon passa à ACE, lequel fut racheté par Indian en 1927 (p. 37). Des dérivées de l'ACE continuèrent à être produites jusqu'en 1943.

LE TROPHÉE ACE DU RECORD DE VITESSE
ACE mit ses concurrents au défi de battre le record de vitesse remporté en 1923 par sa XP-4, mais ni le trophée ni la prime ne furent jamais revendiqués !

L'EMBLÈME D'ACE
Un aigle aux ailes déployées survole le nom de la firme.

LA SPECIAL ACE XP-4 DE 1923
L'une des deux machines spécialement préparées par ACE, sur laquelle Red Wolverton établit en 1923 le record de vitesse de 210 km/h.

En son temps, la Henderson K était considérée comme « la motocyclette la plus perfectionnée jamais construite ».

Les Customs

Les propriétaires de motos se plaisent souvent à personnaliser (« customiser ») leur monture en fonction de leurs goûts ou de leurs besoins. Moto sportive ou moto de tourisme, les accessoires ne manquent pas ; l'ajout d'un carénage, par exemple, protège le conducteur et modifie radicalement la ligne de la moto. Certains motards vont plus loin et n'épargnent ni leur temps ni leur argent pour être le point de mire lors d'un rallye, d'une concentration ou dans la rue. Certains vont jusqu'à sacrifier le confort à l'apparence, et les plus audacieux créent d'extraordinaires machines customisées.

La ligne chopper classique exige le haut guidon en « cornes de vache ».

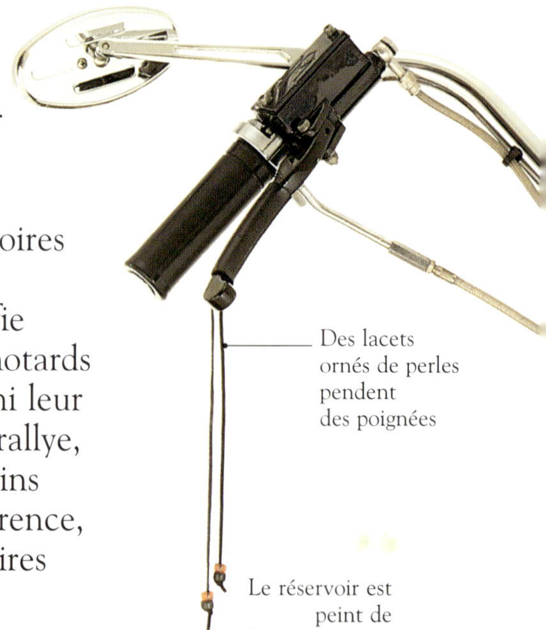

La Harley-Davidson Hydra Glide de 1951
Le chopper classique est construit autour d'un moteur Harley-Davidson. L'idée est née dans les années 50 et 60, lorsque quelques Américains « mordus » ont commencé à débarrasser leurs machines de tout ce qui n'était pas essentiel. Le style chopper a été rendu célèbre dans le film « Easy Rider ».

Tableau de bord chromé

Les customs sont souvent équipés de petits phares Bates

Fourche Harley standard empruntée à un modèle plus récent. Sur les premiers choppers, la fourche était très allongée

Le refroidissement de l'huile est assuré par un système de radiateur et de filtre

Cadre rigide d'Hydra Glide

Disques perforés et étriers à quatre pistons

Les jantes en alliage et les rayons en inox ont reçu une finition noire

Le moteur Panhead 1951 a été amélioré et sa cylindrée portée à 94,5 cu. in. (1 550 cm³)

L'Indian Four de 1942
Certaines machines ne subissent que de subtiles modifications. Sur cette Indian Four de 1942, la suspension avant à roue tirée et ressort à lames a été remplacée par une fourche télescopique, d'une meilleure efficacité. Elle était proposée en option. La couleur ainsi que la selle et les sacoches à franges ne sont pas de série.

La selle en cuir à franges a été ajoutée

Feux de route non standards

Pneus à flancs blancs

CARACTÉRISTIQUES

L'Indian de 1942

- MOTEUR Quatre cylindres en ligne
- CYLINDRÉE 77 cu. in. (1 265 cm³)
- PUISSANCE + de 35 ch
- TRANSMISSION Par chaîne, boîte à trois rapports à commande manuelle
- CADRE Berceau tubulaire
- SUSPENSION Fourche télescopique, moyeu AR suspendu
- POIDS 258 kg
- VITESSE MAX. 145 km/h

CARACTÉRISTIQUES

Le chopper H-D de 1951

- MOTEUR Bicylindre en V Panhead à 45°, préparé
- CYLINDRÉE 94,5 cu. in. (1 550 cm³)
- PUISSANCE Non communiquée
- TRANSMISSION Par chaîne, boîte à quatre rapports
- CADRE Berceau Duplex
- SUSPENSION Cadre rigide, fourche AV télescopique
- POIDS 227 kg
- VITESSE MAX. 220 km/h

Indian

Carnet de notes personnelles.

Insigne Indian.

Allumettes Indian.

Ingénieur de talent, Oscar Hedstrom créa en 1899 son premier deux-roues motorisé. Il fut rejoint par le fabricant de cycles et ancien coureur cycliste George Hendee, et les deux hommes conçurent une moto adaptée à la production en série : la marque Indian était née. Indian se caractérisait par un haut niveau de qualité et de technicité, de sorte que le succès en compétition ne tarda pas à récompenser l'équipe usine.

Caractéristiques

Indian monocylindre 1904

- Moteur Monocylindre à soupapes opposées
- Cylindrée 17,6 cu. in. (288 cm³)
- Puissance 2,5 ch
- Transmission Directe par chaîne, pas de boîte de vitesses
- Cadre De bicyclette ouvert et moteur dans le bas du tube de selle
- Suspension Aucune
- Poids 52 kg
- Vitesse max. 50 km/h

L'Indian monocylindre de 1904

Dès sa première machine, Indian avait établi sa réputation de qualité. Face à l'état des routes américaines, la robustesse et une conception technique saine revêtaient une importance vitale. Indian innova également avec des trouvailles telles que la poignée tournante.

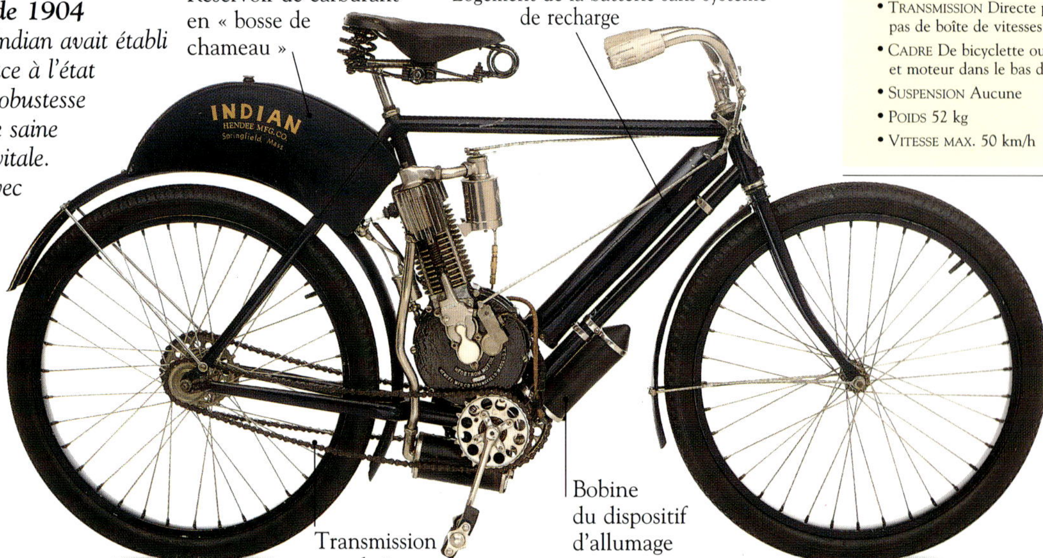

Un mécanisme d'avance/retard (ci-dessus) au guidon contrôle la vitesse du moteur et comporte un décompresseur destiné au démarrage du moteur.

Caractéristiques

L'Indian V-twin de 1914

- Moteur Bicylindre en V à 42°
- Cylindrée 61 cu. in. (1 000 cm³)
- Puissance 7 ch
- Transmission Boîte à deux rapports, commande manuelle et au pied
- Cadre Berceau
- Suspension Par ressort à lames à l'AV et à l'AR
- Poids 186 kg
- Vitesse max. 90 km/h

– Le Saviez-Vous ? –

La première moto équipée d'un démarreur électrique était une Indian. La Hendee Special de 1914 était basée sur le V-twin standard.

L'Indian V-twin de 1914

Indian produisit ses premiers V-twins en 1907. Oscar Hedstrom conçut un V ouvert à 42°, utilisant les mêmes cylindres et culasses que les monocylindres. Le cadre type vélo fut abandonné en 1909, et la suspension AR oscillante apparut en 1913.

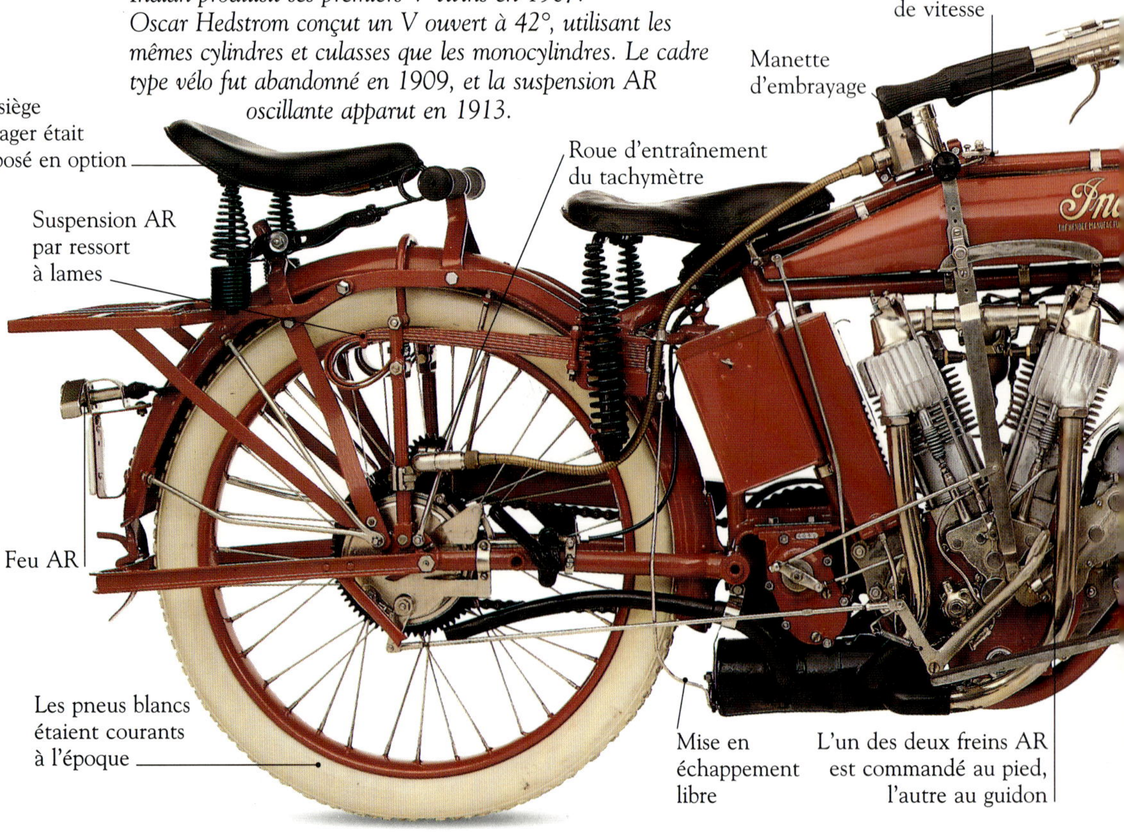

Les courses sur vélodrome se déroulaient sur un anneau de planches en bois. Dans les années 20, les motos atteignaient sur piste des vitesses moyennes de 160 km/h, et les accidents graves n'étaient pas rares.

Le départ d'une course sur vélodrome.

On se dispute âprement la première place.

Le drapeau s'abaisse sur le vainqueur.

CARACTÉRISTIQUES

L'Indian Boardracer de 1920

- MOTEUR Bicylindre en V à 42°, soupapes latérales
- CYLINDRÉE 60,9 cu. in. (998 cm^3)
- PUISSANCE 37 ch (estimation)
- TRANSMISSION Directe par chaîne (pas de boîte de vitesses)
- CADRE Tubulaire fermé
- SUSPENSION Aucune
- POIDS 136 kg (estimation)
- VITESSE MAX. 170 km/h

L'Indian Boardracer de 1920
Une machine semblable à celle-ci – dépourvue de suspension, de freins et de boîte de vitesses, basée sur le modèle de tourisme Indian Superplus mais équipée d'un cadre de course – atteignit 159 km/h sur la plage de Daytona en avril 1920.

L'Indian Hillclimber de 1927
Il s'agit d'une moto d'usine, préparée pour la course de côte, sur laquelle courut Bob Armstrong, qui fut champion du National Amateur Hillclimb de 1927 à 1930.

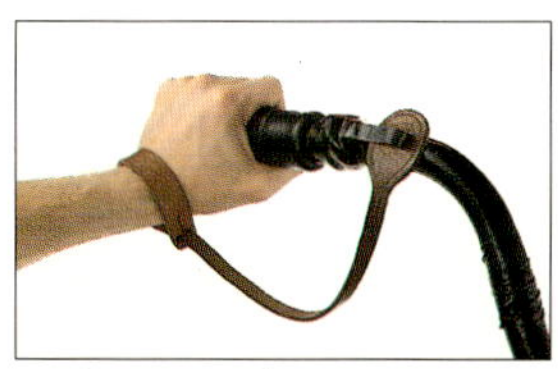

La lanière de cuir, reliée au coupe-circuit de l'allumage, coupe le moteur en cas de chute du pilote.

CARACTÉRISTIQUES

L'Indian Hillclimber de 1927

- MOTEUR Bicylindre en V à 42°, soupapes latérales
- CYLINDRÉE 80 cu. in. (1 310 cm^3)
- PUISSANCE 39 ch (estimation)
- TRANSMISSION Par chaîne, boîte de compétition à un seul rapport
- CADRE Simple berceau ouvert
- SUSPENSION AV à roue tirée et ressort à lames, AR rigide
- POIDS 182 kg (estimation)
- VITESSE MAX. Selon démultiplication

Les Indian Scout et Four

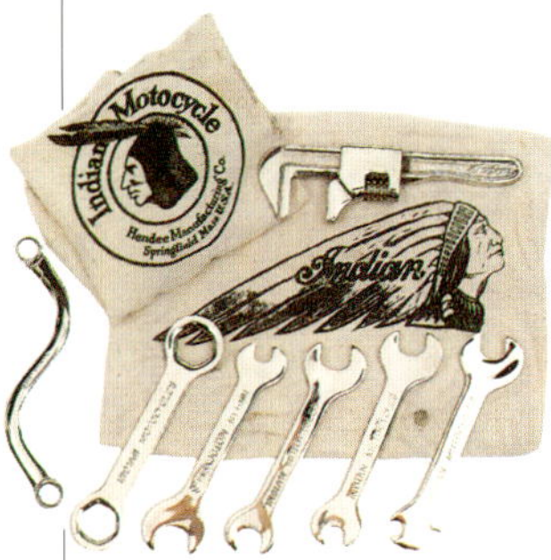

Cette trousse à outils était fournie avec l'Indian 101 Scout (photo du bas).

JAMAIS LES MOTOS AMÉRICAINES ne disputèrent à l'automobile sa suprématie – les constructeurs ne pouvant se hisser au niveau de popularité de la Ford Model T, produite à la chaîne. Après le boom qui avait marqué le début du siècle, le marché se ralentit rapidement, au point qu'il n'existait plus dans les années 20 que trois marques, dont la plus importante était Indian. Excelsior cessa sa production en 1931. A l'époque, les Indian étaient considérées comme techniquement les plus audacieuses, les Harley comme les plus fiables. Les fondateurs d'Indian s'étaient retirés vers 1916 et la firme avait changé de mains à plusieurs reprises. Pendant un certain temps, elle fut intégrée au groupe qui possédait la société de peinture Du Pont, ce qui eut une influence sur la politique de la marque en matière de couleurs.

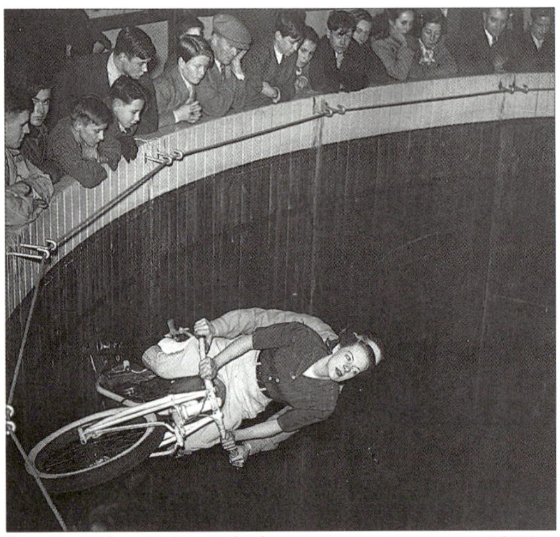

Les premiers Murs de la mort remontent à 1913. Les motos qui tournent à l'intérieur du mur – un tambour de bois d'environ 10 m de diamètre et 7 m de haut – semblent défier la pesanteur. Tant qu'elles roulent, les motos sont maintenues collées à la paroi par la force centrifuge. Si elles ralentissent, elles tombent. Les spectateurs se tiennent au sommet de la paroi.

Le Mur de la mort d'Allan Ford est le dernier en activité en Grande-Bretagne. Des tournées de démonstration avec cascadeurs sont organisées à travers le pays.

L'Indian 101 Scout de 1928

Sorties en 1920, les premières Scout remportèrent un succès immédiat. La 101 de 1928 était plus basse, avec un empattement plus long. Son centre de gravité très bas en faisait une machine maniable, appréciée des cascadeurs, et particulièrement des adeptes du Mur de la mort. En 1932, Indian décida de remplacer la 101 par un nouveau modèle doté du châssis plus lourd de la Chief (pp. 38-39). Elle était moins maniable que la 101, universellement considérée comme la meilleure Indian.

Caractéristiques

L'Indian 101 Scout de 1928

- MOTEUR Bicylindre en V à soupapes latérales
- CYLINDRÉE 37 cu. in. (606 cm^3)
- PUISSANCE 18 ch (estimation)
- TRANSMISSION Par chaîne, boîte à quatre rapports à commande manuelle
- CADRE Simple berceau tubulaire
- SUSPENSION A roue tirée et ressort à lames à l'AV, rigide à l'AR
- POIDS 168 kg
- VITESSE MAX. 120 km/h

Les Indian Four

En 1927, Indian racheta les droits de l'ACE (p. 31), ce qui lui permit d'ajouter à sa gamme une quatre-cylindres. Cleveland et Henderson avaient arrêté leur production en 1931, mais Indian persévéra avec ses Four jusqu'en 1943. Le prix de revient élevé de ces machines contribua à la chute de l'entreprise.

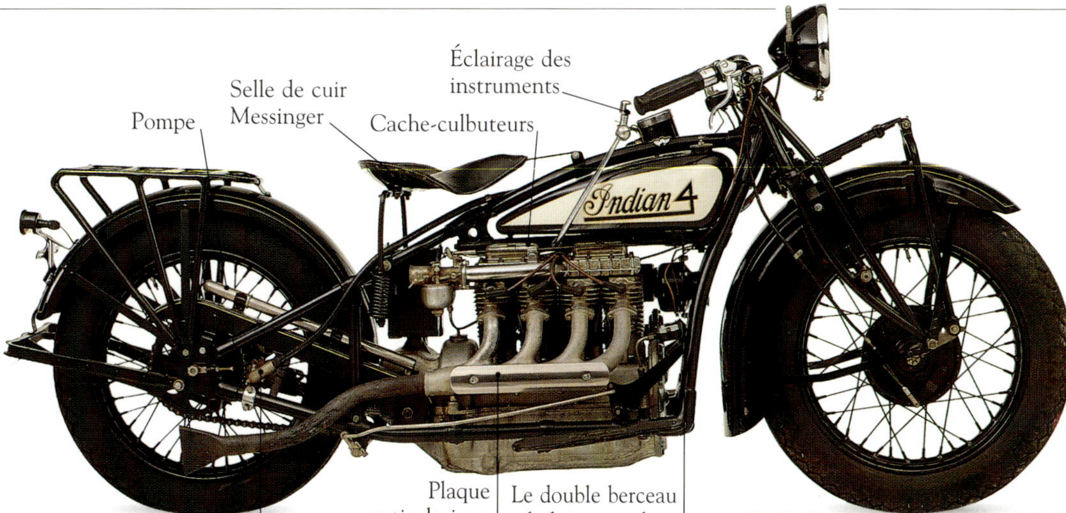

Caractéristiques

L'Indian 402 de 1930

- Moteur Quatre cylindres en ligne, soupapes opposées
- Cylindrée 77 cu. in. (1 265 cm^3)
- Puissance 30 ch (estimation)
- Transmission Par chaîne, boîte à trois rapports à commande manuelle
- Cadre Double berceau tubulaire
- Suspension A roue tirée et ressort à lames à l'AV, rigide à l'AR
- Poids 207 kg
- Vitesse max. 120 km/h

Caractéristiques

L'Indian 439 de 1939

- Moteur Quatre cylindres en ligne, soupapes opposées
- Cylindrée 77 cu. in. (1 265 cm^3)
- Puissance 40 ch (estimation)
- Transmission Par chaîne, boîte à trois rapports
- Cadre Double berceau tubulaire
- Suspension A roue tirée et ressort à lames à l'AV, rigide à l'AR
- Poids 241 kg
- Vitesse max. 145 km/h

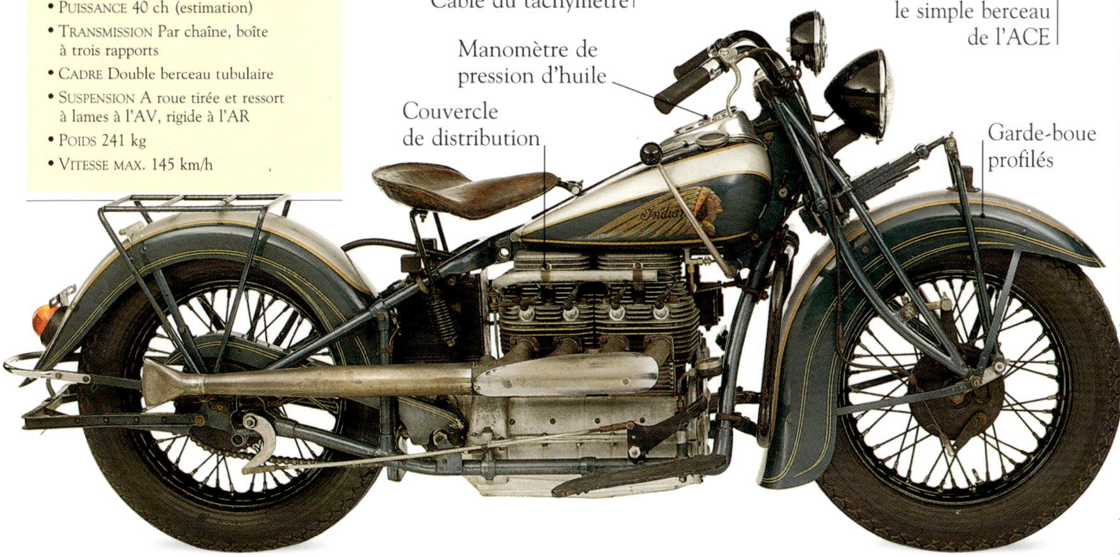

Programme des courses à Daytona en 1948.

Floyd Emde, vainqueur à Daytona en 1948.

L'Indian 648 Scout de 1948

Indian sortit ses dernières Scout en 1948, afin de redorer le blason de la marque en compétition. La moto ne fut produite qu'à 648 exemplaires ; pilotée par Floyd Emde, cette machine remporta les 200 Miles de Daytona en 1948.

Caractéristiques

L'Indian 648 Scout de 1948

- Moteur Bicylindre en V à 42°, soupapes latérales
- Cylindrée 46 cu. in. (737 cm^3)
- Puissance 38 ch
- Transmission Par chaîne, boîte à quatre rapports à main
- Cadre Double berceau tubulaire
- Suspension Fourche à parallélogramme à l'AV, rigide à l'AR
- Poids 182 kg (estimation)
- Vitesse max. 185 km/h

L'Indian Chief

Indian avait déja fait ses preuves avant la Première Guerre mondiale, mais c'est en 1922 que la firme produisit la Chief, créée par Charles Franklin. Très en avance sur leur temps, la Chief et sa non moins fameuse coéquipière la Scout (pp. 36-37) permirent à la firme de dominer le marché pendant plus de vingt ans. Malheureusement, Indian était meilleur concepteur que gestionnaire, de sorte que la marque connut de graves difficultés. Malgré certaines améliorations, les Indian des années 50 se trouvèrent dépassées par les Harley de la même période. Ralph Rogers racheta la compagnie et investit fortement dans de nouveaux modèles, qui se révélèrent coûteux et peu fiables, transformant la tentative de redressement en désastre. Par la suite, le nom d'Indian s'attacha à des motos d'importation et l'entreprise déclina encore. Les Chief furent les dernières Indian authentiques.

La plus rapide des Indian atteignit 306 km/h sur le lac salé de Bonneville, en 1960. C'était une Scout de 1920, profondément modifiée par un Néo-Zélandais nommé Bert Munroe.

L'Indian Chief de 1947
Au fil des années, la Chief a vu changer ses couleurs, réservoir, garde-boue et pneumatiques. Les derniers modèles tels que celui-ci étaient particulièrement esthétiques. Les immenses garde-boue flasqués et la fourche avant à parallélogramme firent du modèle de 1947 un synonyme d'élégance et de luxe, mais aux performances limitées par le poids et incapable de rivaliser, en vitesse et en accélération, avec les Harley de même catégorie.

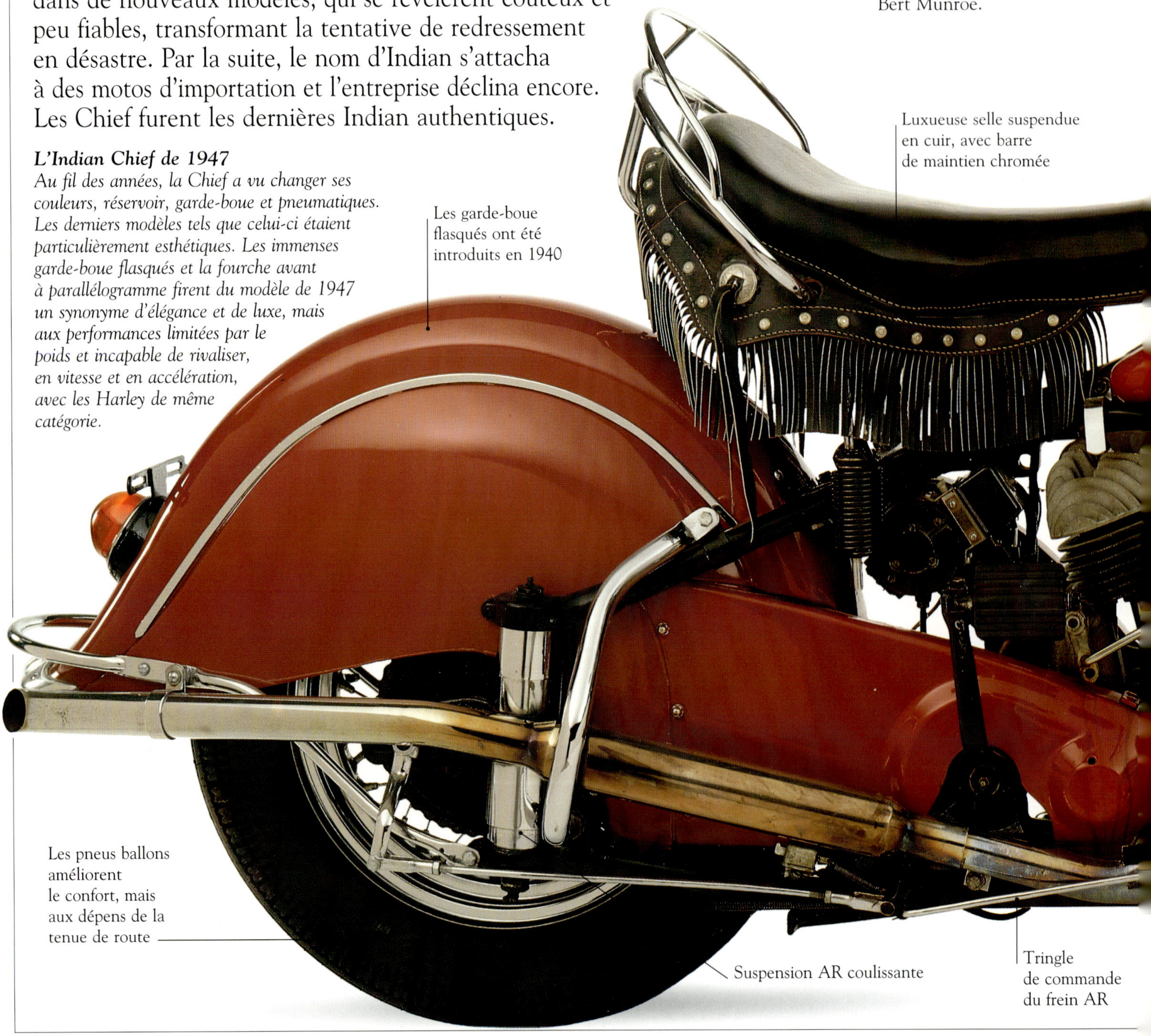

Indian, tout comme Harley-Davidson (p. 163), faisait fabriquer ses propres huiles par les compagnies pétrolières suivant des spécifications précises.

Cette prise de vue montre le soin apporté à l'esthétique du levier de changement de vitesse, du bouchon de réservoir et des instruments.

Caractéristiques

L'Indian Chief

- Moteur Bicylindre en V à 42°, soupapes latérales
- Alésage x Course 82,5 mm x 112,5 mm
- Cylindrée 74 cu. in. (1 213 cm³)
- Puissance 40 ch (estimation)
- Carburation Linkert de 31,7 mm
- Allumage Magnéto
- Transmission Par chaîne, boîte à trois rapports
- Embrayage Multidisque humide
- Cadre Double berceau tubulaire
- Suspension Fourche à parallélogramme, suspension AR coulissante
- Freins Tambours à l'AV et à l'AR
- Poids 249 kg
- Vitesse max. 137 km/h
- Date de construction 1947
- Conçue par Charles Franklin

Autres Classiques

La Yale de 1910

Installé à Toledo, dans l'Ohio, Yale fonctionna de 1902 à 1915. Il produisit deux modèles : un V-twin de 6,5 ch et le monocylindre représenté ci-dessous. La marque se fit surtout connaître aux États-Unis par son gros V-twin de 950 cm³, équipé d'une boîte à deux vitesses et d'une transmission secondaire par chaîne.

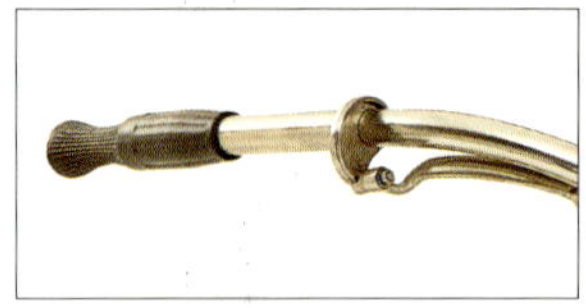

La poignée de gaz commande le carburateur par un système de douze biellettes articulées.

CARACTÉRISTIQUES

La Yale de 1912

- MOTEUR Monocylindre, soupapes opposées
- CYLINDRÉE 39,5 cu. in. (649 cm³)
- PUISSANCE 3,5 ch
- TRANSMISSION Par courroie, un seul rapport
- CADRE Tubulaire ouvert – moteur porteur
- SUSPENSION Sagger à parallélogramme à l'AV, AR rigide
- POIDS 73 kg
- VITESSE MAX. 72 km/h

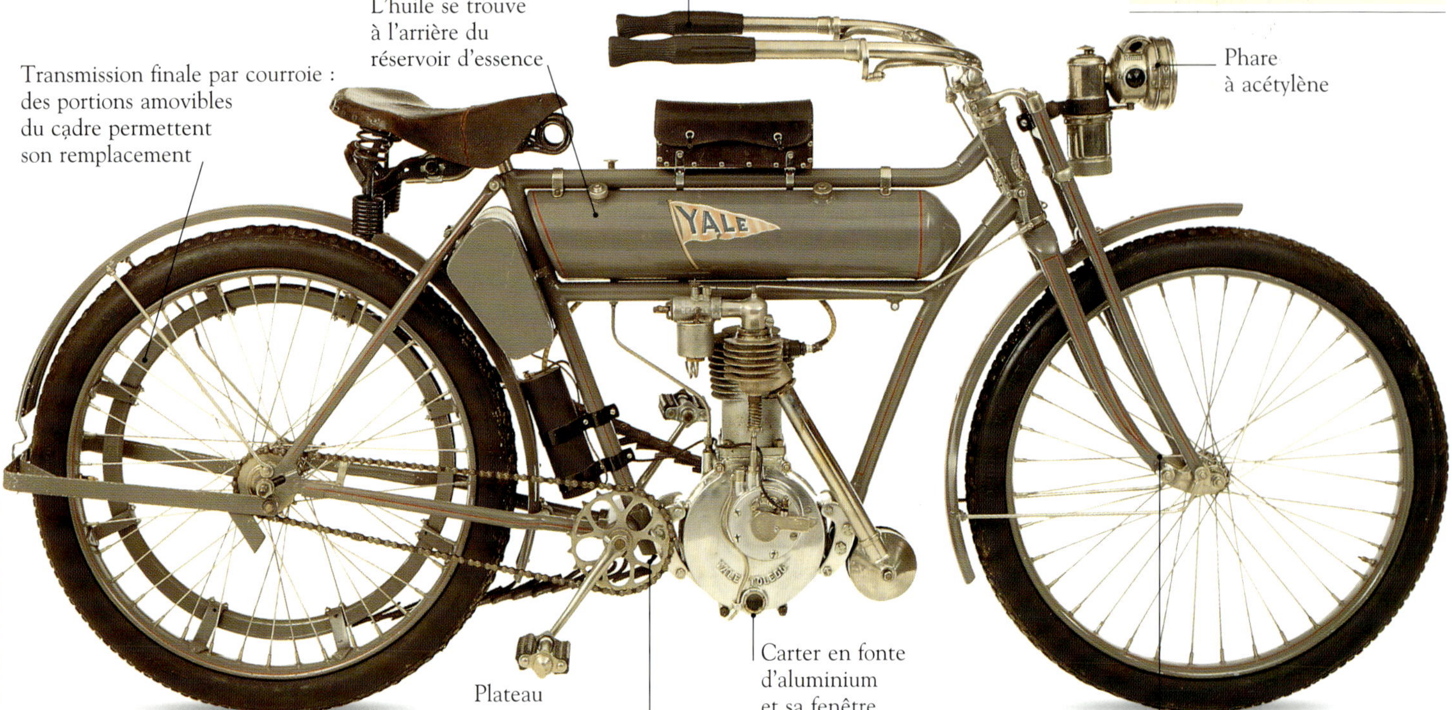

Le bout flexible des poignées, en caoutchouc plein, isolait des vibrations

L'huile se trouve à l'arrière du réservoir d'essence

Transmission finale par courroie : des portions amovibles du cadre permettent son remplacement

Phare à acétylène

Plateau à denture espacée

Carter en fonte d'aluminium et sa fenêtre de niveau d'huile

La suspension à parallélogramme était produite par Sagger et utilisée par de nombreux constructeurs de l'époque

Vue arrière de la Cleveland.

La Cleveland Tornado de 1929

Cleveland commença en 1915 à produire des motos de petite cylindrée, puis vint au quatre-cylindres en 1925 avec une 600 cm³. La conception de la machine suivait le modèle établi par Henderson, mais sa cylindrée trop faible la désavantageait. En 1929, la firme améliora le modèle de base pour produire la Tornado. Des réglages fins permirent d'augmenter la puissance, mais Cleveland dut fermer ses portes en 1929.

CARACTÉRISTIQUES

La Cleveland Tornado de 1929

- MOTEUR Quatre cylindres en ligne, soupapes opposées
- CYLINDRÉE 61 cu. in. (1 000 cm³)
- PUISSANCE 31 ch
- TRANSMISSION Par chaîne, boîte à trois rapports
- CADRE Berceau d'acier tubulaire
- SUSPENSION A parallélogramme à l'AV, AR rigide
- POIDS 245 kg
- VITESSE MAX. 160 km/h

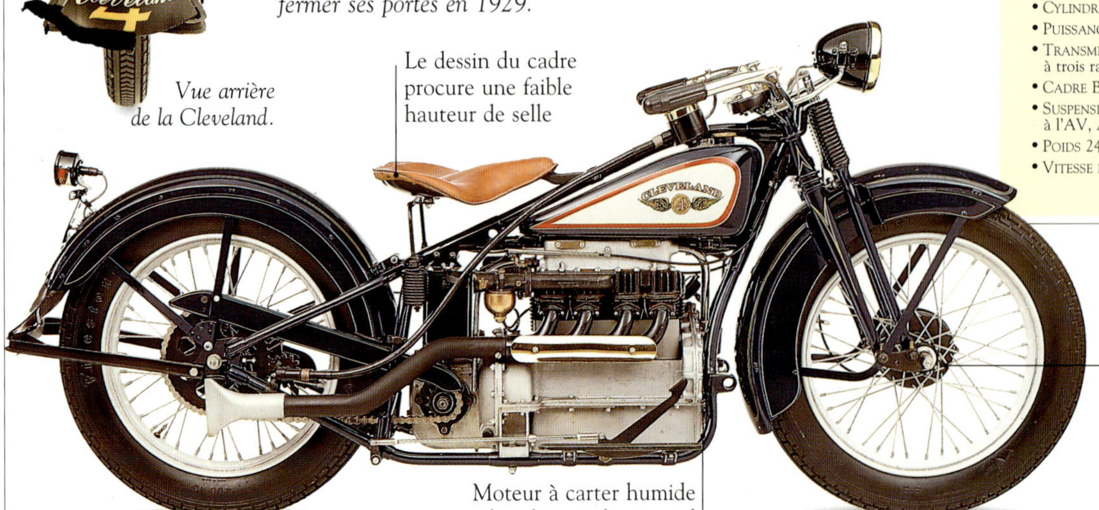

Le dessin du cadre procure une faible hauteur de selle

Moteur à carter humide et plan de joint horizontal

La Cleveland fut l'une des premières motos américaines équipées d'un frein AV

Les jantes à moyeux asymétriques sont chaussées de pneus à talons

L'Excelsior 20 R de 1920/l'Excelsior Super X de 1930

Les Excelsior étaient construites à Chicago par la firme Schwinn, qui fabriqua également les Henderson à partir de 1917. Entamée en 1907, la production de l'Excelsior fut brutalement interrompue en 1931 par la crise économique. Dans l'intervalle, la marque s'établit comme la plus modeste des « trois grandes », derrière Indian et Harley-Davidson. L'Excelsior fut la première à dépasser les 160 km/h, et ce en 1913. Hautement performante, elle remporta de nombreuses courses. Mise sur le marché en 1925, la Super X fut la première américaine de 45 cu. in. (750 cm³) de cylindrée ; Indian et Harley-Davidson prirent la suite.

Le bicylindre a des cylindres en fonte et des carters peints en alliage léger.

CARACTÉRISTIQUES

L'Excelsior 20 R de 1920
- MOTEUR Bicylindre en V, soupapes opposées
- CYLINDRÉE 61 cu. in. (1 000 cm³)
- PUISSANCE 20 ch
- TRANSMISSION Par chaîne, boîte manuelle à trois rapports
- CADRE Berceau d'acier tubulaire – moteur porteur
- SUSPENSION A roue poussée
- POIDS 227 kg (estimation)
- VITESSE MAX. 160 km/h

Biellettes de commande des gaz

Breveté par Harley-Davidson, ce modèle de selle dut être abandonné

Un silencieux « deux-en-un » améliore les performances

Un berceau du cadre amovible permet de retirer le moteur

Les jantes à talons durent être abandonnées au milieu des années 20, car les pneus déjantaient à la moindre crevaison

CARACTÉRISTIQUES

L'Excelsior Super X de 1930
- MOTEUR Bicylindre en V à 45°, soupapes opposées
- CYLINDRÉE 45,5 cu. in. (746 cm³)
- PUISSANCE 20 ch (estimation)
- TRANSMISSION Par chaîne, boîte à trois rapports, commande manuelle
- CADRE Ouvert en tubes acier, moteur porteur
- SUSPENSION Parallélogramme à l'AV, AR rigide
- POIDS 204 kg (estimation)
- VITESSE MAX. 105 km/h

L'essence se trouve sur la droite du réservoir, l'huile et la réserve, sur la gauche

Avertisseur Klaxon

La pédale d'embrayage ne possède pas de ressort de rappel et peut être laissée débrayée.

Selle suspendue Messinger

Le premier quart de tour du kick actionne le décompresseur

L'Allemagne

Ce pays, l'un des pionniers de l'industrie motocycliste, ne compte plus aujourd'hui qu'un seul grand constructeur : BMW.

Gottlieb Daimler créa sa première moto à essence en 1885 (pp. 8-9), pour se tourner rapidement vers les véhicules à trois ou quatre roues. A Munich, Hildebrand et Wolfmüller (p. 11) commencèrent en 1894 à produire des quatre cylindres et créèrent la première moto qui ait été commercialisée. La Hildebrand et Wolfmüller ne fut détrônée que trois ans plus tard par le moteur français De Dion. L'existence de ces moteurs permit aux fabricants de cycles européens de se lancer dans la production motocycliste. En Allemagne, NSU et Adler entreprirent de fabriquer des cadres, ainsi que des moteurs en ce qui concerne le premier. Adler interrompit sa production en 1909 ; il refit surface en 1949, avec une série de deux-temps révolutionnaires, mais disparut définitivement en 1958. Fafnir commença aussi par construire des moteurs, avant de créer complètement ses machines.

Bouchon de réservoir arborant les trophées MZ.

Une industrie florissante

A l'issue de la Première Guerre mondiale, les Alliés imposèrent de sévères restrictions à l'industrie d'armement allemande. Durant le conflit, Zündapp (p. 60) avait produit des pièces d'artillerie, et BMW (p. 44) des moteurs d'avions : Zündapp créa sa première moto en 1921, et la première BMW (un bicylindre à plat, transmission par arbre) fit son apparition deux ans plus tard. De petites entreprises, nées avec l'après-guerre, disparurent pour la plupart à la fin des années 20, en raison de la crise économique. Fondé en 1921, DKW (pp. 48-49) connut une croissance éclair, pour devenir en dix ans le premier fabricant mondial de motocycles. Le nouveau régime politique désirait voir les machines allemandes briller sur les circuits et finança largement la recherche technologique. BMW, DKW et NSU s'investirent alors totalement dans la course, et leurs motos dominèrent le monde.

Garde-boue AR de la Horex Imperator.

La BMW à compresseur vue de face.

Allemagne de l'Ouest, Allemagne de l'Est

A la suite de la partition de l'Allemagne, DKW se retrouva en RDA. La production redémarra en 1945 sous la marque IFA, tandis que l'encadrement choisissait l'Ouest et emportait le nom. Pendant des années, les deux firmes produisirent des motos similaires. A la fin des années 50, IFA, devenu MZ (pp. 52-53), se spécialisa dans les deux-temps, mais manqua toujours des fonds qui lui auraient permis de rentabiliser son savoir-faire. Les autres firmes de RDA – EMW, AWO et Simson – se bornèrent à copier les monocylindres BMW de l'après-guerre, à transmission acatène.

Emblème de la Münch Mammouth.

Un marché fluctuant

A l'Ouest, le chaos de l'après-guerre suscita une demande pour des deux-roues bon marché. Cyclomoteurs et scooters firent alors leur apparition, proposés par les marques existantes, telles que DKW, Zündapp et NSU, et par des nouveaux venus comme Heinkel (p. 99), qui tenait son savoir-faire de l'aéronautique.

Le marché se ralentit énormément une fois passé le boom de l'après-guerre. De nombreux fabricants se laissèrent surprendre par la récession : TWN, Adler et Horex, par exemple, cessèrent en 1958 de produire des motos. BMW traversa une série de crises avant de stabiliser sa position au milieu des années 60.

A l'époque, ainsi que dans la décennie suivante, la prospérité intérieure se traduisit, pour les motos, par une réduction de la demande, au profit de la voiture. NSU arrêta de construire des motos dans les années 60, imité par DKW. Hercules et Zündapp se maintinrent jusque dans les années 70. BMW est aujourd'hui le seul grand survivant d'une industrie autrefois prospère.

Vue arrière de la BMW Rennsport.

BMW

AVANT LA PREMIÈRE GUERRE MONDIALE, BMW construisait des moteurs d'avions. En 1921, la marque créa un moteur bicylindre à plat (flat-twin), qu'adoptèrent un certain nombre de fabricants allemands, dont Victoria (p. 60). En 1923, BMW mit sur le marché une moto de 500 cm³ entièrement conçue par l'ingénieur aéronautique Max Friz, à vilebrequin longitudinal et cylindres en travers dans le cadre – une disposition simple, encore en usage.

La première moto BMW avait déjà la ligne des modèles actuels. Elle possédait un bloc-moteur-boîte de vitesses.

La BMW R 12 de 1935
La R 12 était appréciée pour le side-car comme pour le solo. Elle fut la première moto de série à offrir une fourche avant télescopique à amortissement hydraulique – une innovation de la marque. A la fin des années 40, BMW abandonna la fourche télescopique pour la suspension Earles.

CARACTÉRISTIQUES

La BMW R 12 de 1935

- MOTEUR Bicylindre à plat et soupapes latérales
- CYLINDRÉE 745 cm³
- PUISSANCE 20 ch à 4 000 tr/mn
- TRANSMISSION Par arbre, boîte à quatre rapports
- CADRE Double berceau en acier embouti
- SUSPENSION Fourche télescopique à l'AV
- POIDS 188 kg
- VITESSE MAX. 120 km/h

La BMW à compression de 1939
En 1936, BMW dota ses motos de compétition d'un double arbre à cames en tête. Une version intégralement carénée établit un record du monde de vitesse. Georg Meier remporta en 1938 le championnat d'Europe, et en 1939 le Senior TT. Son coéquipier Jock West s'adjugea la deuxième place.

Georg Meier en passe de remporter, en 1939, le Senior TT de l'île de Man.

La BMW Rennsport de 1954

Pour la saison 1953, BMW construisit une nouvelle 500 cm³ à arbre à cames en tête, inspirée du modèle d'avant-guerre. L'année suivante, la marque mettait sur le marché un petit nombre de Rennsport destinées aux coureurs privés. Si elles ne tinrent jamais leurs promesses dans les courses en solo, les Rennsport dominèrent la catégorie des side-cars de 1954 à 1973, offrant systématiquement à BMW le titre réservé aux constructeurs.

Walter Schneider et son équipier Hans Strauss remportèrent les championnats du monde 1958 et 1959 sur un side-car Rennsport.

Le système de refroidissement par air est très efficace, mais les cylindres sont exposés en cas de chute.

Plus rigide que la fourche télescopique, la fourche Earles était idéale pour le side-car

Frein à tambour double came

Magnéto entraînée par pignons depuis l'AV du moteur

Carter d'huile

Carburateurs Dell'Orto

Biellette de commande d'embrayage

Pot d'échappement mégaphone

Les freins couplés sont commandés à la main ou au pied

Pare-brise en treillis

Le carburateur est protégé par un capot d'aluminium

Arbres à cames en tête entraînés par arbres

Caractéristiques

La BMW Rennsport de 1954

- Moteur Bicylindre à plat, 4 temps, arbres à cames en tête entraînés par pignons
- Cylindrée 494 cm³
- Puissance 48 ch à 8 000 tr/mn
- Transmission Par arbre, boîte à quatre rapports
- Cadre Double berceau, poutre centrale unique
- Suspension Fourche Earles à l'AV, bras oscillant à l'AR
- Poids 136 kg
- Vitesse max. 200 km/h

Caractéristiques

La type 255 à compresseur de 1939

- Moteur Bicylindre à plat à double arbre à cames en tête
- Cylindrée 492 cm³
- Puissance 55 ch à 7 000 tr/mn
- Transmission Par arbre, boîte à quatre rapports
- Cadre Berceau d'acier tubulaire
- Suspension Télescopique à l'AV, AR à pistons, moyeu suspendu
- Poids 137 kg
- Vitesse max. 210 km/h

BMW a largement célébré dans sa publicité les records de vitesse établis par la marque à six reprises durant les années 30, ce record ayant été établi en 1937 à 279,5 km/h.

Les BMW Récentes

BMW a toujours produit des motos de tourisme coûteuses, mais bien conçues. A la fin des années 60, cependant, la marque s'est alignée sur la concurrence pour proposer des machines au goût du jour. Les coûts de production ont été réduits et les prix allégés. 1983 a vu apparaître une gamme de quatre cylindres de hautes performances à refroidissement par eau, mais la production des classiques flat-twins n'a pas été interrompue.

Caractéristiques

La BMW R 69/S de 1961

- Moteur Bicylindre à plat à soupapes en tête
- Cylindrée 594 cm^3
- Puissance 42 ch
- Transmission Par arbre, boîte à quatre rapports
- Cadre Double berceau d'acier tubulaire
- Suspension Fourche Earles à l'AV, bras oscillant à l'AR
- Poids 202 kg
- Vitesse max. 177 km/h

La BMW R 69/S de 1961
Inspirée de la R 69 de 1955, la R 69/S a été la dernière BMW « à l'ancienne ». Elle n'a subi que très peu de changements entre 1959 et 1969. La firme produisit également une 500 cm^3.

BMW se caractérise par une configuration fonctionnelle, comme dans le tableau de bord ci-dessus.

Les Monos BMW

Outre ses célèbres flat-twins, BMW produisit des monocylindres en installant un seul cylindre en position verticale – la transmission acatène étant conservée. Cette production cessa en 1967. Ici, une R 26 de 1957.

La BMW R 90/S de 1975

Avec sa 90/S, BMW troqua son image sérieuse et sa livrée noire pour une machine rapide et colorée, censée atteindre 200 km/h, mais beaucoup plus coûteuse que ses rivales italiennes et japonaises.

CARACTÉRISTIQUES

La BMW R 90/S de 1975

- MOTEUR Bicylindre à plat à soupapes en tête
- CYLINDRÉE 898 cm³
- PUISSANCE 67 ch à 7 000 tr/mn
- TRANSMISSION Par arbre, boîte à cinq rapports
- CADRE Berceau d'acier tubulaire
- SUSPENSION Fourche télescopique à l'AV, bras oscillant à l'AR
- POIDS 215 kg
- VITESSE MAX. 201 km/h

CARACTÉRISTIQUES

La BMW K 1 de 1992

- MOTEUR Quatre cylindres en ligne à double arbre à cames en tête
- CYLINDRÉE 988 cm³
- PUISSANCE 100 ch
- TRANSMISSION Par arbre, boîte à cinq rapports
- CADRE Treillis de tubes d'acier
- SUSPENSION Fourche télescopique à l'AV, bras oscillant à l'AR
- POIDS 258 kg
- VITESSE MAX. 238 km/h

La BMW K 1 de 1992

Après l'apparition sur le marché des quatre cylindres, BMW sortit en 1989 une nouvelle machine, la K 1, dotée d'un moteur à seize soupapes qui améliorait sa puissance. Un système antiblocage (ABS) était proposé en option.

A la fin des années 80, BMW adopta pour toutes ses machines le système de bras oscillant unique.

DKW

DKW FUT FONDÉ EN 1919 à Zschopau par le Danois Skafte Rasmussen. Après le simple moteur auxiliaire de bicyclette, la marque en vint aux deux-temps, réputés pour leur technologie et leur fiabilité. Dans les années 30, DKW était devenu le plus important fabricant de motocyclettes au monde et le leader de la technologie du deux-temps. Avant la guerre, ses moteurs bicylindres à chambre de combustion unique furent quatre fois champions d'Europe. Les années 50 virent les ventes décliner, et DKW ferma ses portes dans les années 60.

Ewald Kluge fut le meilleur pilote DKW d'avant guerre. Il remporta le championnat d'Europe en 1938 et 1939.

CARACTÉRISTIQUES

La DKW SS250

- MOTEUR Bicylindre 2 temps à compresseur et double piston
- ALÉSAGE x COURSE 47,5 x 68,5 mm
- CYLINDRÉE 243 cm^3
- PUISSANCE 25 ch
- CARBURATION Double carburateur à admission à clapet
- ALLUMAGE Magnéto
- TRANSMISSION Par chaîne, boîte à quatre rapports
- EMBRAYAGE Multidisque à bain d'huile
- CADRE Berceau tubulaire
- SUSPENSION AV à parallélogramme, AR semi-oscillante
- FREINS A tambour à l'AV et à l'AR
- POIDS 120 kg
- VITESSE MAX. 145 km/h
- DATE DE CONSTRUCTION 1937

Le DKW SS250 de 1937

Ce moteur à compresseur possédait trois pistons, mais une seule chambre de combustion. Le cylindre avant horizontal jouait le rôle de compresseur, poussant les gaz dans le canal d'admission et de là dans la chambre de combustion. Le canal d'admission était contrôlé par le premier piston vertical, la lumière d'échappement par le piston arrière, ce qui permettait un diagramme de distribution plus pointu.

Les racers DKW connurent une évolution rapide. Cette 250 cm³ photographiée aux courses du TT de 1938 est équipée de carburateurs et d'un compresseur montés devant le moteur.

DKW ET LA HARLEY-DAVIDSON 125

DKW construisit pendant la Seconde Guerre mondiale une moto polyvalente : la RT 125. Au redémarrage de la production, elle fut le premier modèle réintroduit. La concurrence ne se priva pas de la copier à partir du moment où le brevet fut abandonné au titre des dommages de guerre. La Harley 125, la BSA Bantam et la première Yamaha étaient dérivées de la DKW.

DKW était suffisamment renommé pour se passer de publicité. La marque possédait la meilleure équipe de pilotes. A partir du moment où DKW fut absorbé par la Zweirad Union, son nom fut exploité sur le marché extérieur.

Les side-cars allemands Steib étaient renommés pour leur qualité. Les acheteurs de BMW ou de Zündapp avaient la possibilité d'en faire équiper leur moto.

Les Side-Cars

AU PRIX D'UNE MOINDRE MANIABILITÉ de la machine et d'une augmentation de la consommation, l'invention du side-car a permis aux familles d'accéder aux joies de la moto. La conduite d'une machine attelée est radicalement différente du pilotage en solo, ne serait-ce que par le guidon, sur lequel il faut exercer une traction pour changer de direction – le side-car exerçant une résistance, tant au freinage qu'à l'accélération.

Dans les années 20, il n'était pas rare de voir les familles circuler en side-car. La baisse du prix des voitures mit fin à cette pratique.

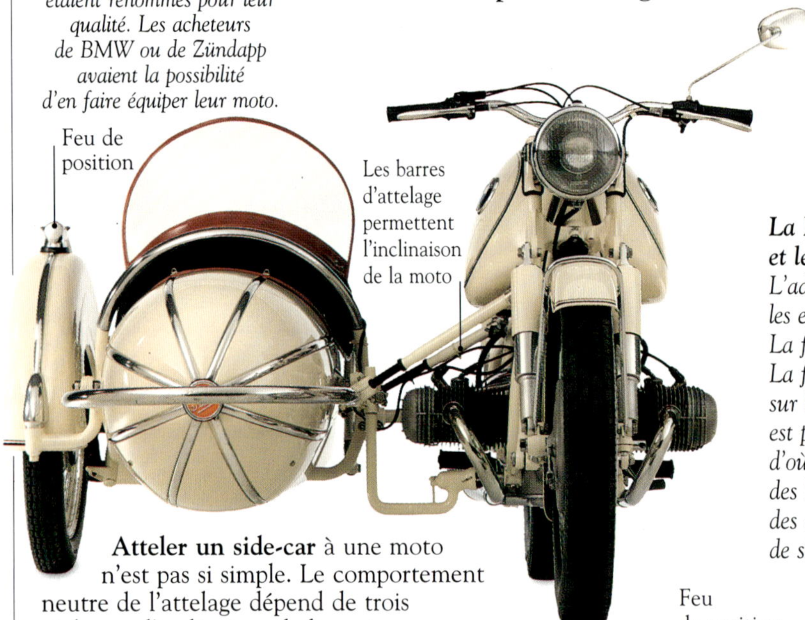

Feu de position

Les barres d'attelage permettent l'inclinaison de la moto

Atteler un side-car à une moto n'est pas si simple. Le comportement neutre de l'attelage dépend de trois réglages : l'inclinaison de la moto (vers l'extérieur), le pincement (roue du side légèrement tournée vers l'intérieur) et la précession (avancement de la roue du side par rapport à celle de la moto).

La BMW R/60 de 1965 et le side-car Steib de 1952
L'adaptation d'un side-car modifie les efforts imposés au cadre d'une moto. La fourche, surtout, est très sollicitée. La fourche Earles, installée sur les BMW de 1955 à 1969, est particulièrement appropriée – d'où la popularité des BMW auprès des amateurs de side-car.

CARACTÉRISTIQUES

La BMW R/60 de 1965

- MOTEUR Bicylindre 4 temps à plat, soupapes en tête, refroidi par air
- CYLINDRÉE 594 cm³
- PUISSANCE 28 ch
- TRANSMISSION Par arbre, boîte à quatre rapports
- CADRE Double berceau tubulaire
- SUSPENSION Fourche Earles à l'AV, bras oscillant à l'AR
- POIDS 202 kg + 68 kg pour le side-car
- VITESSE MAX. 120 km/h

Feu de position

Coffre à bagages

La roue du side-car est fixée par un écrou papillon

La roue du side-car est suspendue par un élément de caoutchouc

Le tube de cadre fait également office de pare-chocs

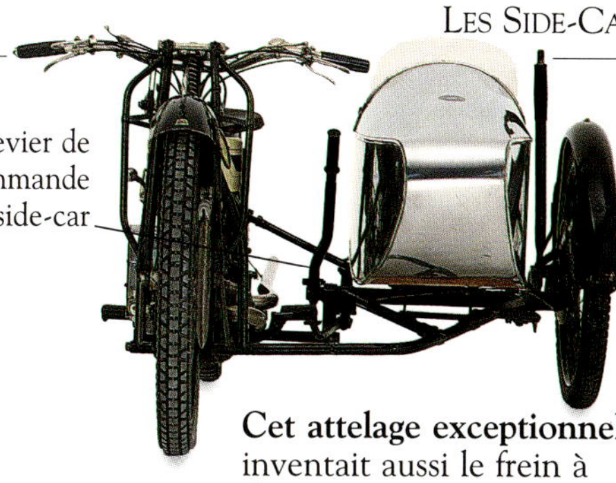

Levier de commande du side-car

Cet attelage exceptionnel inventait aussi le frein à disque, adopté sur ses trois roues.

Caractéristiques

La Douglas de 1923

- Moteur Bicylindre à plat, refroidi par air
- Cylindrée 497 cm³
- Puissance Inconnue
- Carburation Par chaîne, boîte à trois rapports et changement manuel
- Cadre Berceau tubulaire, attelé d'un side-car Dixon
- Suspension Fourche à parallélogramme à l'AV, rigide à l'AR
- Poids 91 kg (estimation)
- Vitesse max. 104 km/h (estimation)

La Douglas et le side-car inclinable Dixon de 1923
A partir de 1920, on commença à intégrer dans la plupart des compétitions des épreuves de side-car (pp. 166-170). Le side-car inclinable représenté ici attelé à une Douglas a été créé par Freddie Dixon. Le passager pouvait à volonté en élever ou abaisser l'axe de roue, de façon à donner à l'attelage l'inclinaison souhaitable pour négocier les courbes le plus vite possible.

Les rapports doivent être démultipliés de façon que la moto puisse tracter le side-car

Freddie Dixon remporta en 1923 la course du TT en catégorie side-car, sur une machine similaire à celle de l'illustration. Il avait pour passager Walter Perry.

Le side-car Steib, en forme de cigare, a été construit jusque dans les années 60

Cette moto attelée emmène six passagers dans les collines du Kent, en Angleterre.

Les Side-Cars de Sport

La technologie du side-car a peu évolué au fil des années. Un side-car amovible pose des problèmes complexes de freinage et de direction. Cette Douglas 1923 est dotée d'un side-car inclinable : l'angle d'inclinaison est contrôlé à l'aide d'un levier actionné par le passager.

Dans les virages à gauche, la moto s'incline vers le side.

Dans les virages à droite, la moto s'écarte du side.

MZ

À LA SUITE DE LA PARTITION DE L'ALLEMAGNE, la firme DKW de Zschopau (pp. 48-49) se retrouva en RDA. Une large partie du personnel opta pour l'Ouest, emportant le nom. La production de machines issues des DKW redémarra à Zschopau sous les marques FA puis MZ – Motorradwerke Zschopau. MZ se spécialisa dans les motos rustiques et utilitaires, mais ses deux-temps de compétition, conçus par Walter Kaaden, prouvèrent l'excellence de leur technologie dans les années 60.

Ernst Degner passa chez Suzuki en 1961, en emportant les secrets de la firme MZ.

La MZ RE 125 de 1965
Le 125 cm³ MZ fut le premier moteur à atteindre une puissance de 200 ch au litre (à l'époque, 100 ch/l était déjà considéré comme excellent). 1965 vit pourtant se réduire l'avantage de MZ et ses succès dans les Grands Prix. Ses idées furent reprises et développées par des équipes mieux dotées financièrement.

CARACTÉRISTIQUES

La MZ RE 125 de 1965

- MOTEUR Monocylindre 2 temps refroidi par eau
- CYLINDRÉE 124 cm³
- PUISSANCE 25 ch (estimation)
- TRANSMISSION Par chaîne, boîte à huit rapports
- CADRE Berceau d'acier tubulaire
- SUSPENSION Fourche télescopique à l'AV, bras oscillant à l'AR
- POIDS 91 kg
- VITESSE MAX. 210 km/h

L'échappement de la MZ, étudié scientifiquement, utilise les ondes de pression des gaz brûlés pour augmenter la pression dans le carter.

La MZ Trophy ES250/2 de 1973

La Trophy était une moto peu élégante, mais aux excellentes performances. Son pot d'échappement interminable, son étrange fourche et sa ligne déroutante cédèrent la place, dans les années 70, à une machine plus conventionnelle, équipée du même moteur.

Des caches latéraux dissimulent le filtre à air et l'équipement électrique

Cette étrange ligne devint le signe particulier de MZ

Levier de réglage de la suspension, venu de fonderie

Fourche Earles

Roues de 16 pouces

Une plaque protège le pilote de la chaleur des gaz d'échappement

Masselotte d'équilibrage fixée sur la jante

Ce bouchon de réservoir rappelle les succès de MZ aux épreuves internationales des Six Jours.

Caractéristiques

La MZ Trophy ES250/2 de 1973

- Moteur Monocylindre 2 temps
- Cylindrée 243 cm³
- Puissance 17,5 ch
- Transmission Par chaîne, boîte à quatre rapports
- Cadre Simple berceau tubulaire
- Suspension Fourche Earles à l'AV, bras oscillant à l'AR
- Poids 156 kg
- Vitesse max. 116 km/h

La MZ ISDT de 1985

Les MZ remportèrent de nombreux succès dans les compétitions de tout-terrain. La marque était très largement représentée en enduro, tout spécialement dans les Six Jours internationaux de trial – aujourd'hui rebaptisés Six Jours internationaux d'enduro (p. 155). Au guidon de machines spécialisées, les équipes est-allemandes et d'autres remportèrent de nombreuses médailles dans ce sport physiquement exigeant.

Le guidon large facilite le contrôle

Garde-boue souples

Tachymètre monté sur la fourche

Chaîne sous carter étanche

Le moteur à cinq transferts est issu du modèle de route

Les amortisseurs sont fixés près de l'axe du bras oscillant, pour augmenter le débattement

Caractéristiques

La MZ ISDT de 1985

- Moteur Deux temps
- Cylindrée 250 cm³
- Puissance 38 ch
- Transmission Par chaîne, boîte à quatre rapports
- Cadre Double berceau tubulaire
- Suspension Fourche télescopique à l'AV, bras oscillant à l'AR à amortisseurs intégrés
- Poids 113 kg
- Vitesse max. 145 km/h

Münch

FRIEDL MÜNCH ÉTAIT ASSOCIÉ avec la marque Horex (p. 61) jusqu'en 1959, après quoi il se spécialisa dans les composants pour motos, en particulier les freins. Au milieu des années 60, Münch reçut commande d'une moto hautes performances. A partir d'un moteur de voiture de NSU, il créa la Mammouth, qu'un moteur à quatre cylindres propulsait à 200 km/h en pointe, et 180 km/h en vitesse de croisière. Münch produisit plusieurs prototypes et motos de course, mais la Mammouth demeure sa plus célèbre création. C'était la plus rapide, la plus puissante, la plus coûteuse des motos de son temps.

C'est surtout l'avant massif de la Mammouth – cadre, fourche, double phare et gros réservoir – qui lui a valu son nom.

La Münch Mammouth 4TTS de 1967

Une fois lancée, l'énorme machine baptisée Mammouth atteignait un niveau de confort et de performances sans précédent. La production, limitée, débuta en 1966. Le nom, quoique approprié, dut être abandonné pour des raisons de brevet.

L'écusson Münch met en relief son énorme potentiel de puissance.

Avant la construction de la première Mammouth de 996 cm³, les bicylindres de 750 cm³ étaient considérés comme de grosses motos. Le quatre-cylindres Münch fit sensation. Par la suite, la firme augmenta la cylindrée du moteur NSU et créa quelques modèles à injection.

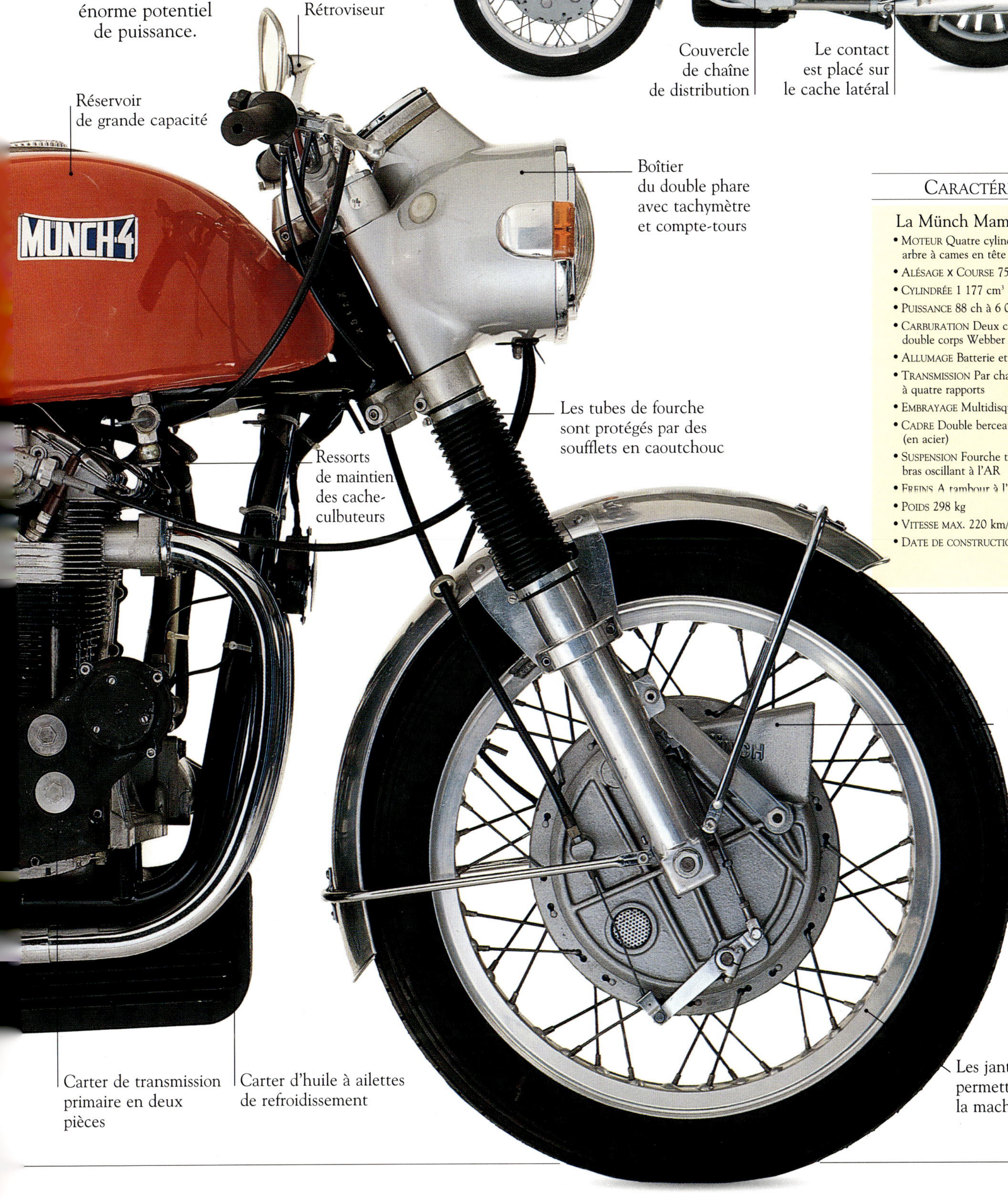

CARACTÉRISTIQUES

La Münch Mammouth 4TTS

- MOTEUR Quatre cylindres en ligne, arbre à cames en tête
- ALÉSAGE X COURSE 75 mm x 66,6 mm
- CYLINDRÉE 1 177 cm³
- PUISSANCE 88 ch à 6 000 tr/mn
- CARBURATION Deux carburateurs double corps Webber
- ALLUMAGE Batterie et bobine
- TRANSMISSION Par chaîne, boîte à quatre rapports
- EMBRAYAGE Multidisque bain d'huile
- CADRE Double berceau tubulaire (en acier)
- SUSPENSION Fourche télescopique à l'AV, bras oscillant à l'AR
- FREINS A tambour à l'AV et à l'AR
- POIDS 298 kg
- VITESSE MAX. 220 km/h
- DATE DE CONSTRUCTION 1967

NSU

Les lettres NSU sont les initiales de Neckarsulm Strickmaschinen Union – une entreprise qui fabriquait à l'origine des machines à tricoter, mais qui se tourna rapidement vers les cycles, puis les motocycles à partir de 1901. Seuls quelques fabricants tels que Daimler (pp. 8-9), Hildebrand et Wolfmüller (p. 10) et Victoria (p. 60) l'avaient précédée. NSU exporta à travers le monde de nombreux modèles dont la qualité lui permit de survivre jusque dans les années 60.

Caractéristiques

La NSU 1901

- Moteur Monocylindre à soupapes opposées
- Cylindrée 234 cm^3
- Puissance 1,75 ch
- Transmission Directe par courroie, un seul rapport
- Cadre De bicyclette, moteur Zedel fixé par colliers
- Suspension Aucune
- Poids 40 kg
- Vitesse max. 48 km/h

Les premiers motocycles NSU arboraient le nom complet de Neckarsulm – la ville où ils étaient fabriqués.

La NSU de 1901
Comme les autres fabricants, NSU commença par adapter un moteur – en l'occurrence un Zedel suisse de 1,5 ch – sur un cadre de bicyclette. Les premiers motocycles NSU sortirent en 1901, et en 1903 la marque entreprit de construire ses propres monocylindres et V-twins.

La publicité NSU vantait la conception et la construction des machines.

Caractéristiques

La NSU 500 SS de 1931

- Moteur Monocylindre à arbre à cames en tête
- Cylindrée 494 cm^3
- Puissance 22 ch à 4 400 tr/mn
- Transmission Par chaîne, boîte à quatre rapports
- Cadre Berceau tubulaire
- Suspension Fourche à parallélogramme
- Poids 165 kg
- Vitesse max. 130 km/h

La NSU 500 SS de 1931
En 1929, le brillant ingénieur anglais Walter Moore quitta Norton, où il avait créé la CS 1 à arbre à cames en tête (le premier monocylindre à ACT de Norton), pour rejoindre NSU. Ses premières créations, telles que cette 500 SS, présentaient d'évidentes ressemblances avec les Norton, et remportèrent de nombreuses compétitions.

La NSU Supermax de 1957
NSU produisit en 1952 un modèle Max doté d'un certain nombre d'innovations : cadre en tôle emboutie, suspension AV à roue poussée et moteur à arbre à cames en tête. Les amortisseurs AR furent ajoutés en 1955 et la moto fut rebaptisée Supermax. La production des derniers modèles fut interrompue en 1963, pour céder la place à l'activité auto.

Une publicité d'époque vante les mérites de la Supermax, l'une des machines les plus audacieuses de son temps.

L'emblème NSU.

CARACTÉRISTIQUES

La NSU Supermax de 1957
- MOTEUR Monocylindre à ACT entraîné par biellettes
- CYLINDRÉE 247 cm³
- PUISSANCE 18 ch à 6 500 tr/mn
- TRANSMISSION Par chaîne, boîte à quatre rapports
- CADRE Poutre en acier embouti
- SUSPENSION A roue poussée à l'AV, bras oscillant à l'AR
- POIDS 174 kg
- VITESSE MAX. 120 km/h

La selle suspendue améliore le confort

Suspension à roue poussée

Le moteur est suspendu sous le cadre en tôle d'acier emboutie

Prise du tachymètre sur le moyeu de la roue AV

Réglage de tension de la chaîne par « escargots »

Les carénages « poubelles », tel celui de la Sportmax représentée ici, ont été bannis des circuits de compétition en 1958.

La NSU Sportmax de 1954
En 1953 et 1954, NSU remporta le championnat du monde des 250 cm³ avec ses Rennmax, après quoi la firme se retira de la compétition. NSU continua à vendre des racers Sportmax dérivés des 250 cm³ de tourisme. Herman-Peter Müller remporta le championnat du monde en 1955, au guidon d'une Sportmax.

CARACTÉRISTIQUES

La NSU Sportmax de 1954
- MOTEUR Monocylindre à arbre à cames en tête
- CYLINDRÉE 247 cm³
- PUISSANCE 28 ch à 9 000 tr/mn
- TRANSMISSION Par chaîne, boîte à quatre rapports
- CADRE Poutre en acier embouti
- SUSPENSION A roue poussée à l'AV, bras oscillant à l'AR
- POIDS 112 kg
- VITESSE MAX. 201 km/h

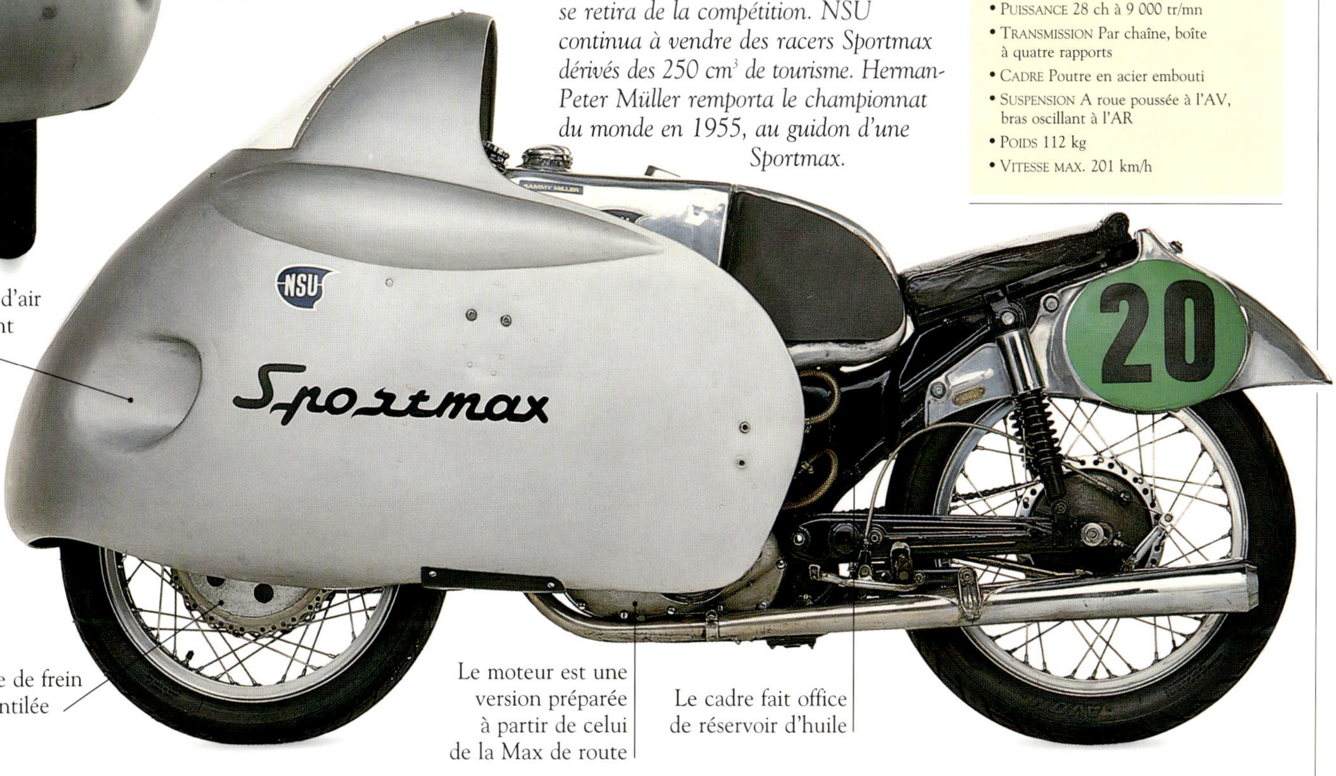

Des prises d'air refroidissent le moteur

Flasque de frein AV ventilée

Le moteur est une version préparée à partir de celui de la Max de route

Le cadre fait office de réservoir d'huile

NSU Rennmax

NSU CONSTRUISIT SES PREMIÈRES MACHINES de compétition en 1905, et dès 1907 la marque prit part aux courses du TT (pp. 152-153). Dans les années 30, NSU expérimenta avec succès les moteurs à compresseur. Une fois ces derniers bannis des circuits internationaux, il fallut innover. Une quatre-cylindres de 500 cm^3, sortie en 1951, ne fit qu'une brève et morne carrière, suivie par une monocylindre de 125 cm^3, la Rennfox, puis par la Rennmax, une bicylindre de 250 cm^3 basée sur la quatre-cylindres expérimentale. En 1954, l'usine se retira de la compétition.

Le pilote NSU Werner Haas au guidon de la légendaire Rennmax.

La NSU Rennmax de 1953
La Rennmax de 1952 utilisait un cadre tubulaire conventionnel. 1953 vit apparaître un nouveau châssis en tôle emboutie, similaire à celui des routières Max ; en 1954, une boîte à six rapports vit le jour, ainsi qu'un nouvel entraînement des arbres à cames.

Werner Haas a remporté deux titres mondiaux sur des Rennmax.

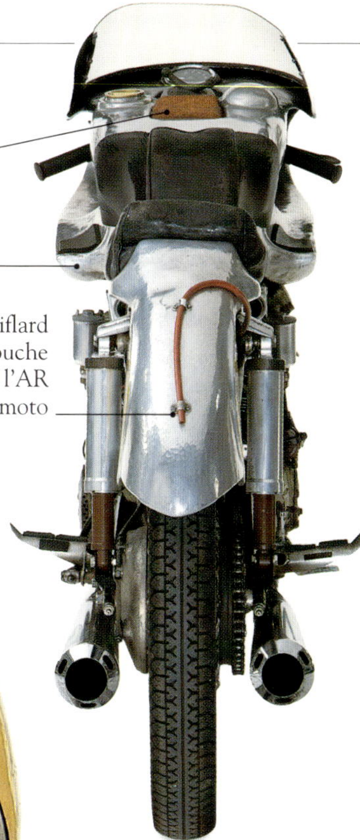

CARACTÉRISTIQUES

La NSU Rennmax

- MOTEUR Bicylindre à double arbre à cames en tête
- ALÉSAGE X COURSE 54 mm x 54 mm
- CYLINDRÉE 248 cm³
- PUISSANCE 36 ch à 11 000 tr/mn
- CARBURATION Deux carburateurs Fisher-Amal de 25 mm à cuve séparée
- ALLUMAGE Batterie et bobine
- TRANSMISSION Par chaîne, boîte à quatre rapports (six en 1954)
- EMBRAYAGE Multidisque à sec
- CADRE Poutre en acier embouti
- SUSPENSION A roue poussée à l'AV, bras oscillant à l'AR
- FREINS A tambour
- POIDS 117 kg
- VITESSE MAX. 210 km/h
- DATE DE CONSTRUCTION 1953

Les amortisseurs sont montés à l'intérieur des bras de fourche en acier embouti.

Autres Classiques

La Zündapp K 800 de 1938

Zündapp, installé à Nuremberg, a produit en soixante ans une large gamme de machines, dont la K 800 est la plus grosse. Le quatre-cylindres à plat (flat-four) de la K 800 était issu du bicylindre à plat. Zündapp construisit des flat-four de 1933 à 1938, pour se tourner après la guerre vers les flat-twins et les deux-temps. Les bicylindres furent abandonnés en 1957, et le constructeur se concentra sur les deux-temps. Zündapp s'illustra en tout-terrain et remporta en 1984 le championnat du monde des 80 cm^3.

Caractéristiques

La Zündapp K 800 de 1938

- Moteur Flat-four à soupapes latérales
- Cylindrée 791 cm^3
- Puissance 22 ch à 4 300 tr/mn
- Transmission Par arbre, boîte à quatre rapports par chaînes
- Cadre Double berceau en acier embouti
- Suspension Fourche à parallélogramme
- Poids 181 kg
- Vitesse max. 125 km/h
- Ce modèle est équipé de pattes d'ancrage pour side-car

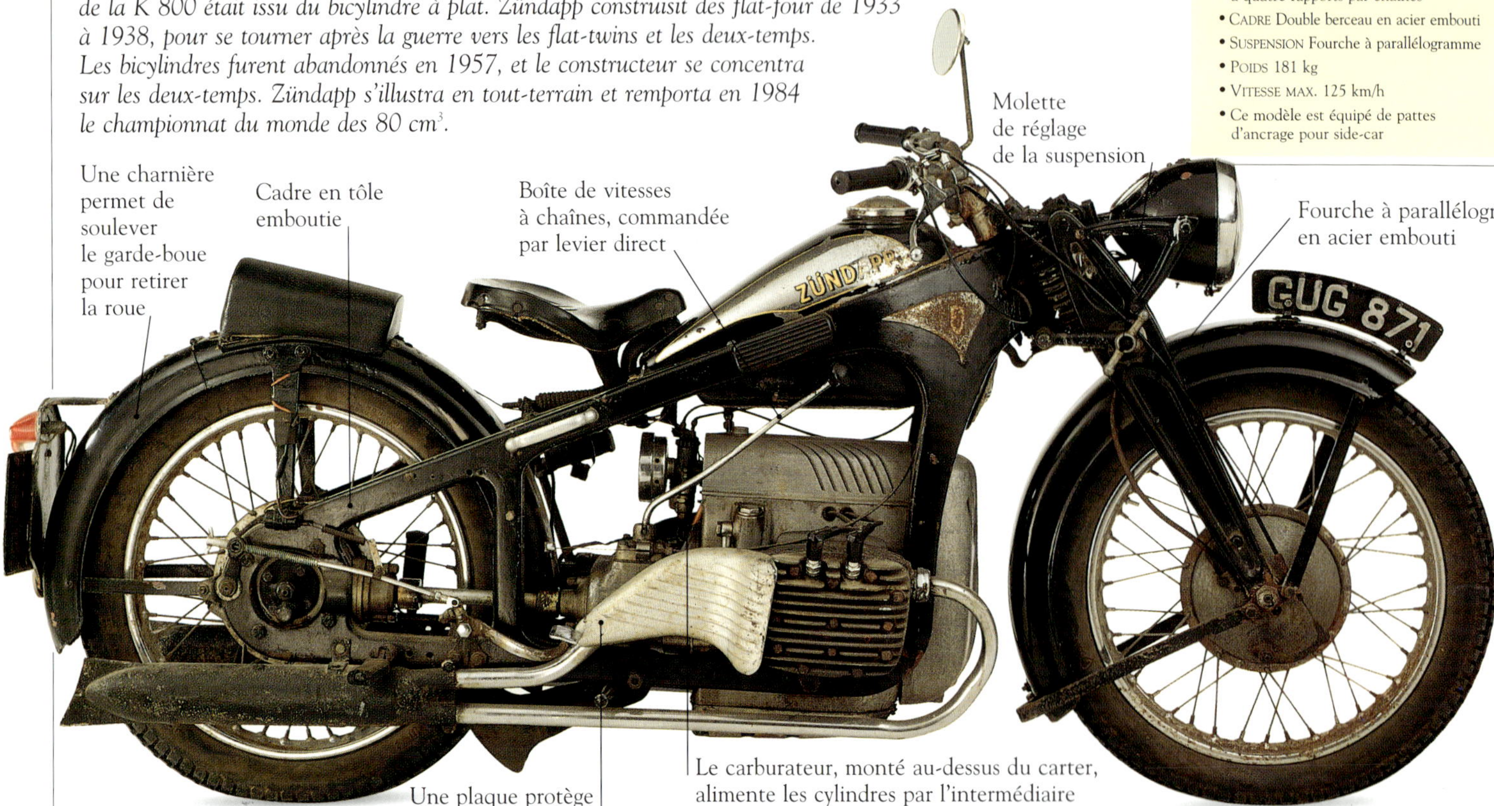

Caractéristiques

La Victoria Bergmeister de 1954

- Moteur Bicylindre en V à soupapes en tête
- Cylindrée 347 cm^3
- Puissance 21 ch à 6 300 tr/mn
- Transmission Par arbre, boîte à quatre rapports
- Cadre Double berceau tubulaire
- Suspension Fourche télescopique à l'AV, coulissante à l'AR, moyeu suspendu
- Poids 177 kg
- Vitesse max. 130 km/h

Victoria

D'abord fabrique de bicyclettes fondée en 1886, Victoria produisit ses premiers motocycles en 1899. La firme expérimenta plusieurs cylindrées et configurations de moteur. La Victoria Bergmeister était un V-twin à arbre, anticipant de quinze ans sur Moto Guzzi. En 1958, Victoria fusionna avec DKW et Express dans la Zweirad Union.

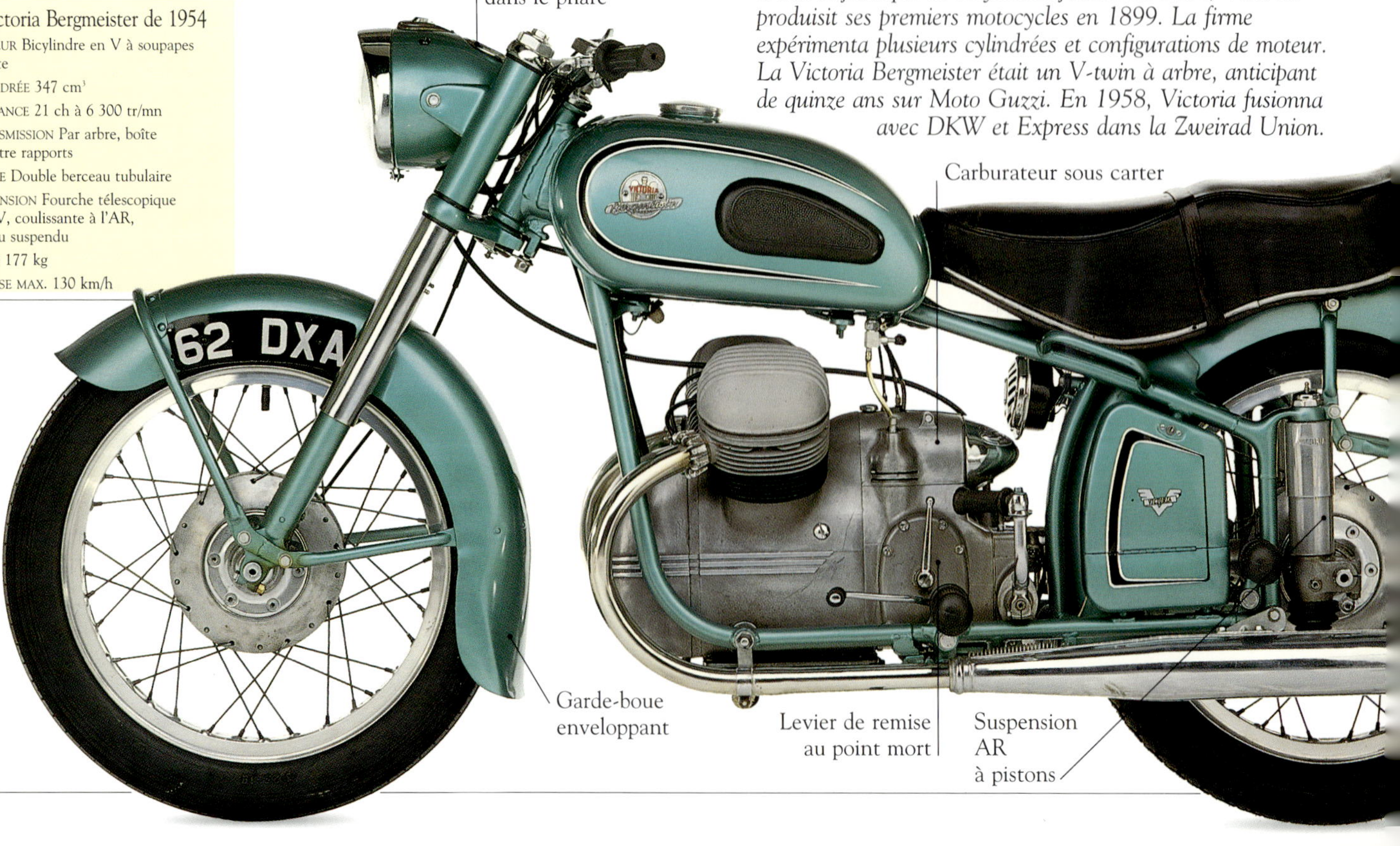

CARACTÉRISTIQUES

La Horex Imperator de 1955

- MOTEUR Bicylindre 4 temps à arbre à cames en tête
- CYLINDRÉE 398 cm^3
- PUISSANCE 24 ch à 5 650 tr/mn
- TRANSMISSION Par chaîne, boîte à quatre rapports
- CADRE Double berceau tubulaire
- SUSPENSION Schnell à roue poussée à l'AV, bras oscillant à l'AR
- POIDS 175 kg
- VITESSE MAX. 136 km/h

La Horex Imperator de 1955

La Horex Imperator fut l'une des motos les plus perfectionnées de son temps. Produit en 1954, ce bicylindre de 400 cm^3 présentait plusieurs innovations. Horex, qui avait débuté en 1928, dut fermer ses portes en 1958, victime de la récession.

Détail du garde-boue et de son élégant feu arrière.

Fourche Schnell à roue poussée

Les caches chromés masquent l'axe et les bras de la suspension

Bloc-moteur à arbre à cames en tête

Sélecteur de vitesses double branche

Chaîne sous carter étanche

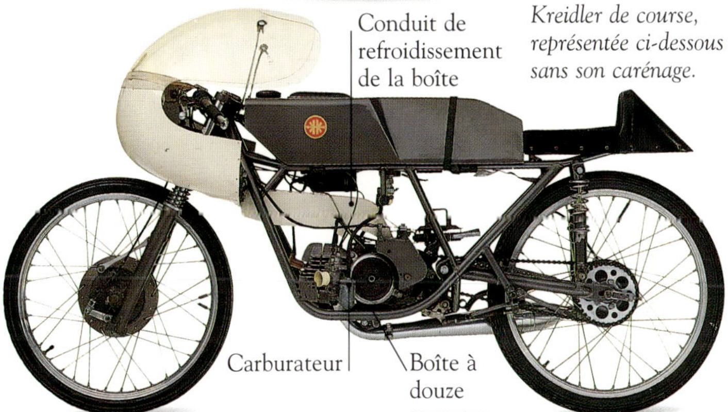

Conduit de refroidissement de la boîte

Kreidler de course, représentée ci-dessous sans son carénage.

Carburateur

Boîte à douze rapports

La Kreidler Florett course de 1963

Kreidler a concentré tous ses efforts sur les 50 cm^3. La marque s'attendait à recueillir les lauriers de ses recherches aux championnats du monde inaugurés en 1962, mais les fabricants japonais vinrent avec des machines plus puissantes et plus sophistiquées. Le Japon se retira de la compétition en 1968, et une modification des règlements donna sa chance à Kreidler, qui remporta le titre en 1971, et réitéra cinq fois l'exploit.

CARACTÉRISTIQUES

La Kreidler Florett course de 1963

- MOTEUR Monocylindre 2 temps
- CYLINDRÉE 49,9 cm^3
- PUISSANCE 14 ch à 15 000 tr/mn
- TRANSMISSION Par chaîne, boîte à douze rapports (quatre vitesses et trois surmultipliées)
- CADRE Double berceau tubulaire
- SUSPENSION Fourche télescopique à l'AV, bras oscillant à l'AR
- POIDS 91 kg (estimation)
- VITESSE MAX. 170 km/h

Hans-Georg Anscheidt a couru avec succès pour Kreidler en 1962 et 1963.

Réservoir allongé, typique des racers de 50 cm^3

Fourche télescopique à axe déporté

Masselotte d'équilibrage enroulée autour d'un rayon

Les pneus étroits réduisent la résistance à l'avancement

Pot de détente simple

Carénage en deux parties, en alliage léger

THE VINCENT
H.R.D
THE VINCENT

La Grande-Bretagne

Jadis symbole de l'innovation technologique et référence en matière de qualité de fabrication, l'industrie motocycliste anglaise s'est effondrée à la fin des années 70.

Avec parmi eux l'originale Holden et l'Excelsior, propulsées par un moteur De Dion (p. 10), les premiers motocycles firent leur apparition en Grande-Bretagne en 1896. Quelques problèmes de brevets et de licences retardèrent leur développement, mais la croissance de la jeune industrie suivit le même schéma que dans les autres pays.

Les fabricants de cycles – Triumph (pp. 74-75), Sunbeam (p. 86), Matchless (pp. 64-65) et Enfield (p. 87) –, entreprirent d'adapter un moteur sur une bicyclette. D'autres constructeurs leur emboîtèrent le pas ; certains produisaient des armes, comme BSA (pp. 68-69), des chaînes, tel Norton (pp. 64-65), ou des vis, comme A. J. Stevens. Des centaines d'autres n'eurent qu'une existence fugitive. La plupart de ces précurseurs étaient installés autour de Birmingham et de Coventry. Cette région constituait le centre de l'industrie motocycliste anglaise, jusqu'à sa disparition dans les années 70.

Le casque de course de Graham Walker.

Conçues pour la piste et la route

L'inauguration à Brooklands, en 1907, du premier circuit pour motos et la création des courses du Tourist Trophy, dans l'île de Man, fouettèrent l'imagination des concepteurs. Lorsque la Première Guerre mondiale éclata, la motocyclette était déjà un concept achevé, ne demandant qu'à s'améliorer. De même, l'industrie, devenue adulte, fournit aux forces armées des milliers de machines durant le conflit. L'entre-deux-guerres connut quelques modèles remarquables : l'Ariel Square Four due à Edward Turner (p. 85), la Triumph Speed Twin (p. 74) et la monocylindre Norton à arbre à cames en tête, conçue par Walter Moore en 1927. Certains prototypes dessinés par des marques novatrices, comme New Imperial et Excelsior, vinrent s'ajouter aux grosses cylindrées luxueuses et rapides conçues par George Brough (pp. 66-67) et Philip Vincent (pp. 82-83). L'industrie motocycliste britannique connut une période faste après la Seconde Guerre mondiale. Ses machines se vendaient aussi bien sur le marché intérieur qu'aux États-Unis.

L'emblème de BSA.

Le déclin de l'Empire

Les trop faibles investissements dans la conception et le refus d'une véritable production en série signèrent le déclin des motos anglaises. La Grande-Bretagne perdit sa place de leader dans la compétition mondiale, et les fabricants ne cherchèrent pas vraiment à inverser la tendance. Au milieu des années 50, deux compagnies se partageaient l'essentiel de l'industrie motocycliste. AJS, Matchless et Norton étaient réunies au sein de l'Associated Motor Cycles, qui comprenait aussi James et Francis Barnett, des marques moins connues.

Le conglomérat BSA absorba Ariel, Triumph et BSA. La Grande-Bretagne se spécialisait dans les monocylindres quatre-temps et bicylindres verticaux, mais nombre de machines restaient fidèles aux conceptions d'avant-guerre, avec pour seule amélioration une plus forte cylindrée. Malgré leur maniabilité, ces motos étaient notoirement peu fiables et vibraient fortement à grande vitesse. Menacée par les « petites » japonaises, l'industrie anglaise se rabattit vers le marché plus rentable des « gros cubes ».

Vincent HRD.

L'insigne Matchless.

Les derniers survivants

Le déclin arriva brutalement. A la fin des années 60, les Britanniques fabriquaient 70 000 machines par an. Dix ans plus tard, la Triumph Bonneville demeurait la seule véritable représentante de l'industrie motocycliste anglaise, construite par une coopérative ouvrière qui avait repris l'entreprise. Racheté en 1992, Triumph a installé sa production dans une nouvelle usine ; par ailleurs, le nom de Norton est désormais associé à des machines à moteur Wankel.

La Temple-Anzani des records de 1956.

AJS et Matchless

Harry Collier (au premier plan) et son frère Charlie remportèrent de nombreuses courses pour Matchless, l'entreprise familiale.

Fondé en 1899, Matchless fut l'un des premiers fabricants de motos britanniques. Il absorba AJS en 1931 et mit sur pied l'Associated Motor Cycles. Norton (pp. 70-73) rejoignit le groupe après la guerre. En 1966, l'AMC s'effondra. Dans la restructuration qui suivit, Norton prit un net ascendant sur les autres marques, et la production de Matchless et d'AJS s'interrompit.

Caractéristiques

La Matchless Silver Hawk de 1933

- Moteur Quatre cylindres en V, arbre à cames en tête
- Cylindrée 592 cm³
- Puissance 26 ch
- Transmission Par chaîne, boîte à commande manuelle, quatre rapports
- Cadre Berceau tubulaire
- Suspension Fourche à parallélogramme, cantilever à l'AR
- Poids 172 kg
- Vitesse max. 129 km/h

La Matchless Silver Hawk de 1933

La Silver Hawk fut conçue en 1930 pour concurrencer la Square Four d'Ariel (p. 85). Quelque 500 machines furent construites jusqu'en 1935, qui vit l'interruption de la production pour cause de non-rentabilité.

Caractéristiques

L'AJS V 4 à compresseur de 1939

- Moteur Quatre cylindres en V à 50°, simple arbre à cames en tête
- Cylindrée 495 cm³
- Puissance 80 ch (estimation)
- Transmission Par chaîne, boîte à quatre rapports
- Cadre Double berceau tubulaire
- Suspension A parallélogramme à l'AV, coulissante à l'AR avec amortisseurs à friction
- Poids 184 kg
- Vitesse max. 217 km/h

L'AJS V 4 à compresseur de 1939

L'AJS V 4 fut créée pour tenir tête aux motos d'Europe continentale qui dominaient alors les épreuves de Grand Prix, mais son unique exploit sera son record du tour à 161 km/h au Grand Prix de l'Ulster.

Les Matchless furent d'abord construites à l'usine de Woolwich, Londres.

La Matchless G3L de 1941

Une parfaite représentante des monocylindres britanniques. Plus de 80 000 monocylindres Matchless furent construits pendant la Seconde Guerre mondiale pour l'armée britannique – les versions civiles ayant continué longtemps leur carrière après la guerre. La G3L était l'une des premières motos britanniques à posséder une fourche avant télescopique hydraulique.

CARACTÉRISTIQUES

La Matchless G3 L de 1941

- MOTEUR Monocylindre vertical à soupapes culbutées
- CYLINDRÉE 347 cm³
- PUISSANCE 16,6 ch
- TRANSMISSION Par chaîne, boîte à quatre rapports par sélecteur
- CADRE Berceau tubulaire
- SUSPENSION Fourche télescopique
- POIDS 134 kg
- VITESSE MAX. 113 km/h (estimation)

Les motos militaires devaient être robustes et fiables en toutes circonstances.

Bob Foster prépare son AJS quatre temps gonflée pour les courses du TT de l'île de Man.

CARACTÉRISTIQUES

L'AJS 7 R de 1948

- MOTEUR Monocylindre 4 temps, arbre à cames en tête
- CYLINDRÉE 349 cm³
- PUISSANCE 31 ch à 7 000 tr/mn
- TRANSMISSION Par chaîne, boîte à quatre rapports
- CADRE Double berceau
- SUSPENSION Fourche télescopique à l'AV, bras oscillant à l'AR
- POIDS 135 kg
- VITESSE MAX. 177 km/h

L'AJS 7 R de 1948

Issue de la Model 7 d'avant guerre, la 7 R était appréciée des pilotes privés. Simple de conception et facile à entretenir, la 7 R fut produite de 1948 à 1962.

Brough Superior

W.E. BROUGH DÉBUTA DANS LA CONSTRUCTION motocycliste en 1908 à Nottingham, puis son fils George prit sa succession. A la suite d'une brouille familiale, George Brough créa, en 1921, Brough Superior. Les puissantes Brough se voulaient les « Rolls-Royce de la motocyclette ». Outre de superbes V-twins, la firme construisit des prototypes et quelques modèles d'exception, dont la Golden Dream de 1938, équipée d'un quatre-cylindres à plat opposés. En 1940, dans le cadre de l'effort de guerre, Brough passa des motos aux composants pour avions. Il ne devait jamais renouer avec sa première activité.

Lawrence d'Arabie fut l'un des plus célèbres clients de George Brough. Il possédait une série de SS 100, toutes baptisées « George », en hommage à son ami George Bernard Shaw. Le soldat-aventurier devait trouver accidentellement la mort au guidon de sa moto.

La Brough Superior SS 100 Alpine Grand Sport de 1930
La plus sophistiquée des SS 100. L'Alpine Sport était dotée d'une suspension arrière et de deux magnétos. Elle devait son nom au rallye des Alpes, dans lequel George Brough remporta la médaille d'or au guidon d'un prototype. La Grand Sport était pourvue d'équipements haut de gamme.

Un gros plan du profil gauche du moteur montre les ressorts de soupapes et les deux cuves du carburateur. Les SS 100 à soupapes en tête étaient vendues avec la garantie d'atteindre 160 km/h. Les SS 80 à soupapes latérales annonçaient 32 km/h de moins.

Ressorts de soupapes découverts

Double cuve

Bouchon du réservoir d'huile

CARACTÉRISTIQUES

La SS 100 Alpine Grand Sport

- MOTEUR JAP bicylindre en V à 50°, soupapes en tête
- ALÉSAGE X COURSE 80 mm x 99 mm
- CYLINDRÉE 998 cm³
- PUISSANCE 45 ch (estimation)
- CARBURATION Carburateur double cuve
- ALLUMAGE Par magnéto
- TRANSMISSION Par chaîne, boîte Sturmey-Archer manuelle à trois rapports
- EMBRAYAGE A six ressorts
- CADRE Berceau tubulaire
- SUSPENSION Fourche Castle à roue poussée à l'AV, cantilever Bentley & Draper à l'AR
- FREINS A tambour à l'AV et à l'AR
- POIDS 181 kg
- VITESSE MAX. 161 km/h
- DATE DE CONSTRUCTION 1930

Articulation des leviers en bout de guidon

Pare-brise

Le réservoir en acier inoxydable a une contenance de 18 litres

Fourche avant Castle à roue poussée de type Harley-Davidson

Roues AV et AR de même diamètre

Levier de changement de vitesse et tringlerie de liaison avec la boîte

Avertisseur

Ce modèle possède un moteur JAP, mais certaines SS 80 et SS 100 étaient équipées de moteurs fabriqués par Matchless

Pompe à huile Pilgrim

BSA

Publicité des années 20 montrant l'une de ces BSA à bicylindre en V, fiables et adaptées à l'usage en side-car.

LA BIRMINGHAM SMALL ARMS COMPANY construisit ses premières motocyclettes en 1906. Les motos BSA étaient plus solides que novatrices, et la marque ne s'attacha pas particulièrement à la compétition. Plus grande usine du monde à l'issue de la Seconde Guerre mondiale, BSA vit son marché attaqué dans les années 60 par les machines japonaises. L'entreprise fut absorbée par le groupe Norton-Villiers-Triumph (pp. 70-77), et BSA disparut finalement en 1973.

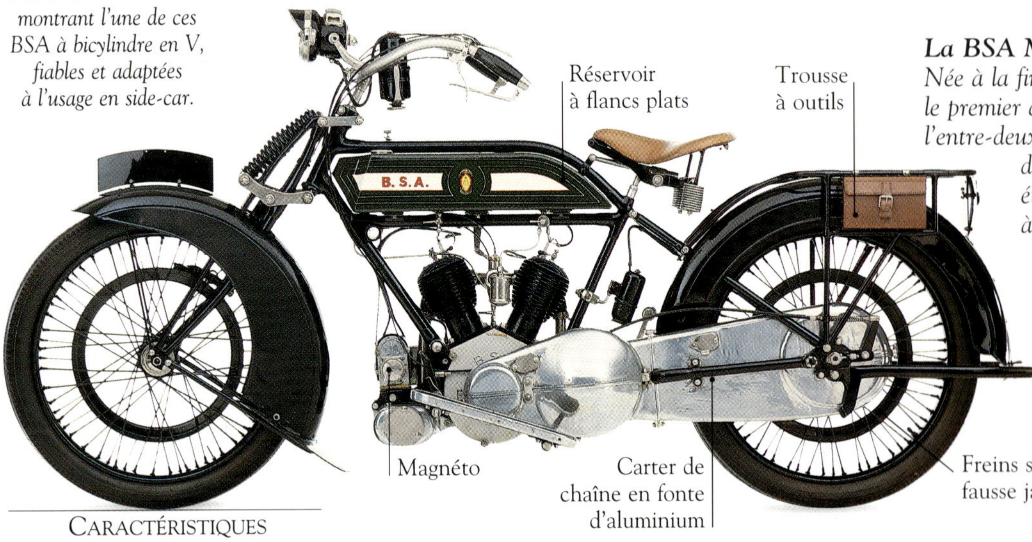

La BSA Model E de 1920
Née à la fin de 1919, la Model E était le premier des V-twins produits par BSA pendant l'entre-deux-guerres. Le moteur n'avait rien de révolutionnaire, mais les machines étaient bon marché, fiables et appropriées à l'usage en side-car.

CARACTÉRISTIQUES

La BSA Model E de 1921

- MOTEUR Bicylindre en V à soupapes latérales
- CYLINDRÉE 770 cm³
- PUISSANCE 6 ch
- TRANSMISSION Par chaîne, boîte à trois rapports
- CADRE Simple berceau ouvert
- SUSPENSION Fourche à parallélogramme à l'AV
- POIDS 152,5 kg
- VITESSE MAX. 88,5 km/h (estimation)

CARACTÉRISTIQUES

La BSA Sloper de 1930

- MOTEUR Monocylindre à soupapes en tête
- CYLINDRÉE 493 cm³
- PUISSANCE 20 ch (estimation)
- TRANSMISSION Par chaîne, boîte manuelle à trois rapports
- CADRE Berceau boulonné, poutre centrale en « I »
- SUSPENSION Fourche à parallélogramme
- POIDS 153 kg
- VITESSE MAX. 113-120 km/h

La BSA Sloper de 1930
La Sloper (de l'anglais slope, « pente »), qui a dû son nom à l'inclinaison de son cylindre, a marqué un tournant dans la conception des BSA. Esthétique et particulièrement silencieuse, cette machine à tendance sportive a instauré de nouvelles normes de construction et de style. Elle a remporté un grand succès auprès du public.

En 1932, trois pilotes d'usine ont remporté des médailles d'or dans les Six Jours internationaux de trial sur des Star Twin.

La BSA A7 500 cm³ Star Twin de 1952

En 1946, ce modèle lança BSA sur le marché des bicylindres. 1950 vit la sortie d'une 650 cm³. La firme continua à produire les deux cylindrées, et ce jusqu'à l'adoption, en 1962, du bloc-moteur.

Caractéristiques

La BSA Star Twin de 1952

- Moteur Bicylindre à soupapes en tête
- Cylindrée 498 cm³
- Puissance 27,4 ch
- Transmission Par chaîne, boîte à quatre rapports
- Cadre Berceau
- Suspension Fourche AV télescopique, coulissante à l'AR
- Poids 173 kg
- Vitesse max. 137 km/h

La BSA Gold Star DBD 34 de 1960

La Gold Star est la plus célèbre de toutes les BSA. Elle fut, dans les années 50, la favorite des amateurs de compétition, et beaucoup la considèrent encore comme le monocylindre britannique par excellence.

Caractéristiques

La BSA Gold Star DBD 34 de 1960

- Moteur Monocylindre à soupapes en tête
- Cylindrée 499 cm³
- Puissance 40 ch à 7 000 tr/mn
- Transmission Par chaîne, boîte à quatre rapports
- Cadre Berceau tubulaire
- Suspension Fourche télescopique à l'AV, bras oscillant à l'AR
- Poids 140 kg
- Vitesse max. 177 km/h

Caractéristiques

La BSA A 65 Lightning Clubman de 1966

- Moteur Bicylindre vertical à soupapes en tête
- Cylindrée 654 cm³
- Puissance 53 ch à 7 000 tr/mn
- Transmission Par chaîne, boîte à quatre rapports
- Cadre Berceau tubulaire
- Suspension Fourche télescopique à l'AV, bras oscillant à l'AR
- Poids 191 kg
- Vitesse max. 185 km/h

La BSA A 65 Lightning Clubman de 1966

C'est une version sportive des machines bicylindres BSA apparues en 1962. Quoique réussi, ce modèle n'obtint jamais le succès de ses homologues Norton ou Triumph.

Norton

James Lansdowne Norton s'est lancé en 1901 dans la construction motocycliste. Il est mort en 1925, à l'âge de 56 ans.

NORTON A ÉTABLI SA RÉPUTATION grâce à ses impressionnants succès en course. Le constructeur commença par adapter des moteurs déjà existants sur ses propres cycles ; une Norton à V-twin Peugeot remporta le premier TT de 1907 dans la catégorie des bicylindres. En 1908, Norton créa son premier moteur, qui allait marquer le début d'une longue série de monocylindres, de la machine de course ou de route à l'utilitaire. En 1948, Norton construisit ses premiers bicylindres face à la route.

CARACTÉRISTIQUES

La Norton BS « Old Miracle » de 1912

- MOTEUR Monocylindre à soupapes latérales
- CYLINDRÉE 490 cm³
- PUISSANCE 3,5 ch
- TRANSMISSION Par courroie, rapport unique
- CADRE Simple berceau ouvert
- SUSPENSION Fourche à parallélogramme
- POIDS 113 kg (estimation)
- VITESSE MAX. 113 km/h

La Norton BS « Old Miracle » de 1912
En 1911, Norton installa sur cette célèbre machine un moteur de 490 cm³ à soupapes latérales. L'« Old Miracle » avalait la piste de Brooklands à 113 km/h. Entre 1912 et 1920, elle établit 112 records nationaux de vitesse.

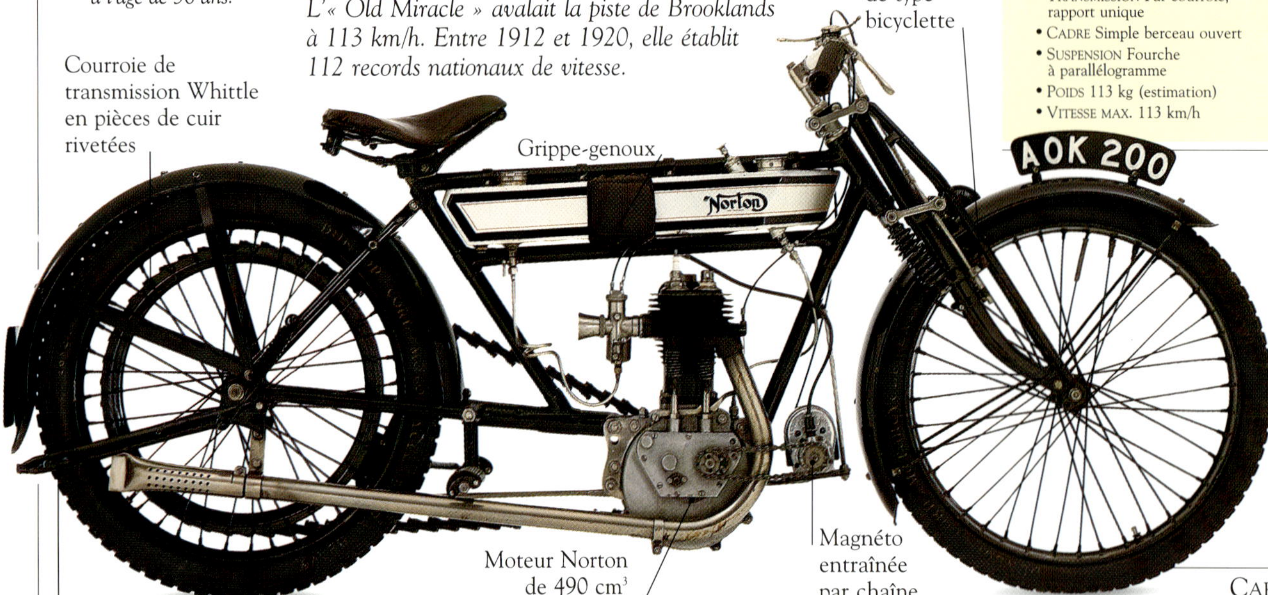

Courroie de transmission Whittle en pièces de cuir rivetées

Grippe-genoux

Freins à étrier de type bicyclette

Magnéto entraînée par chaîne

Moteur Norton de 490 cm³ à soupapes latérales

Béquille centrale articulée sur l'extrémité du cadre rigide

CARACTÉRISTIQUES

La Norton Model 18 de 1927

- MOTEUR Monocylindre à soupapes en tête
- CYLINDRÉE 490 cm³
- PUISSANCE 18 ch (estimation)
- TRANSMISSION Par chaîne, boîte Sturmey-Archer à trois rapports
- CADRE Berceau tubulaire, moteur porteur
- SUSPENSION Fourche à parallélogramme, ressort unique
- POIDS 152 kg
- VITESSE MAX. 129 km/h (d'après un test d'époque sur route)

La Norton Model 18 de 1927
Norton produisit ses premiers monos à soupapes en tête en 1922, et remporta la TT en 1924. La Model 18 fit son apparition à cette époque, et figura sur le catalogue jusqu'en 1954. Jusque dans les années 60, Norton produisit d'autres monocylindres culbutés.

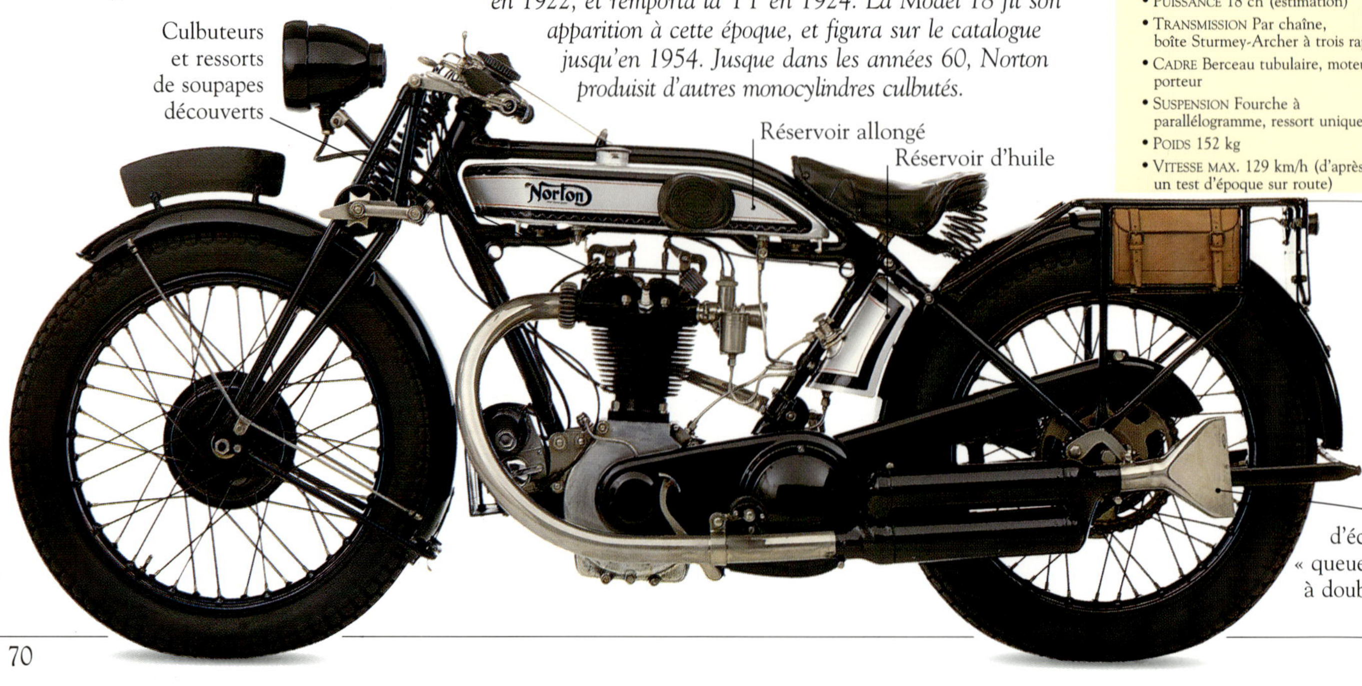

Culbuteurs et ressorts de soupapes découverts

Réservoir allongé

Réservoir d'huile

Pot d'échappement « queue de carpe » à double chambre

La Norton Manx 30 M

Apparus en 1927, les monocylindres Norton à arbre à cames en tête ont fait l'objet de perfectionnements jusqu'au début des années 60, quand cessa leur production. Les modèles à cadre Featherbed (« lit de plumes ») étaient très maniables et rivalisaient avec des concurrentes même plus puissantes.

Caractéristiques

La Norton Manx 30 M de 1962

- Moteur Monocylindre à arbre à cames en tête
- Cylindrée 498 cm³
- Puissance 47 ch à 6 500 tr/mn
- Transmission Par chaîne, boîte à quatre rapports
- Cadre Double berceau fermé tubulaire
- Suspension AV télescopique hydraulique, AR à bras oscillant
- Poids 140 kg
- Vitesse max. 225 km/h

La Norton 650 SS Dominator de 1962

Devant le succès de la Triumph Speed Twin (p. 74), Norton construisit en 1948 son propre bicylindre face à la route de 500 cm³. Trente ans plus tard, les twins Norton conservaient la même configuration, avec une cylindrée portée à 828 cm³. La 650 SS fut produite de 1962 à 1970.

Caractéristiques

La Norton 650 SS Dominator de 1962

- Moteur Bicylindre vertical à soupapes en tête
- Cylindrée 646 cm³
- Puissance 49 ch à 6 800 tr/mn
- Transmission Par chaîne, boîte à quatre rapports
- Cadre Double berceau tubulaire
- Suspension Fourche télescopique à l'AV, bras oscillant à l'AR
- Poids 197 kg
- Vitesse max. 185 km/h

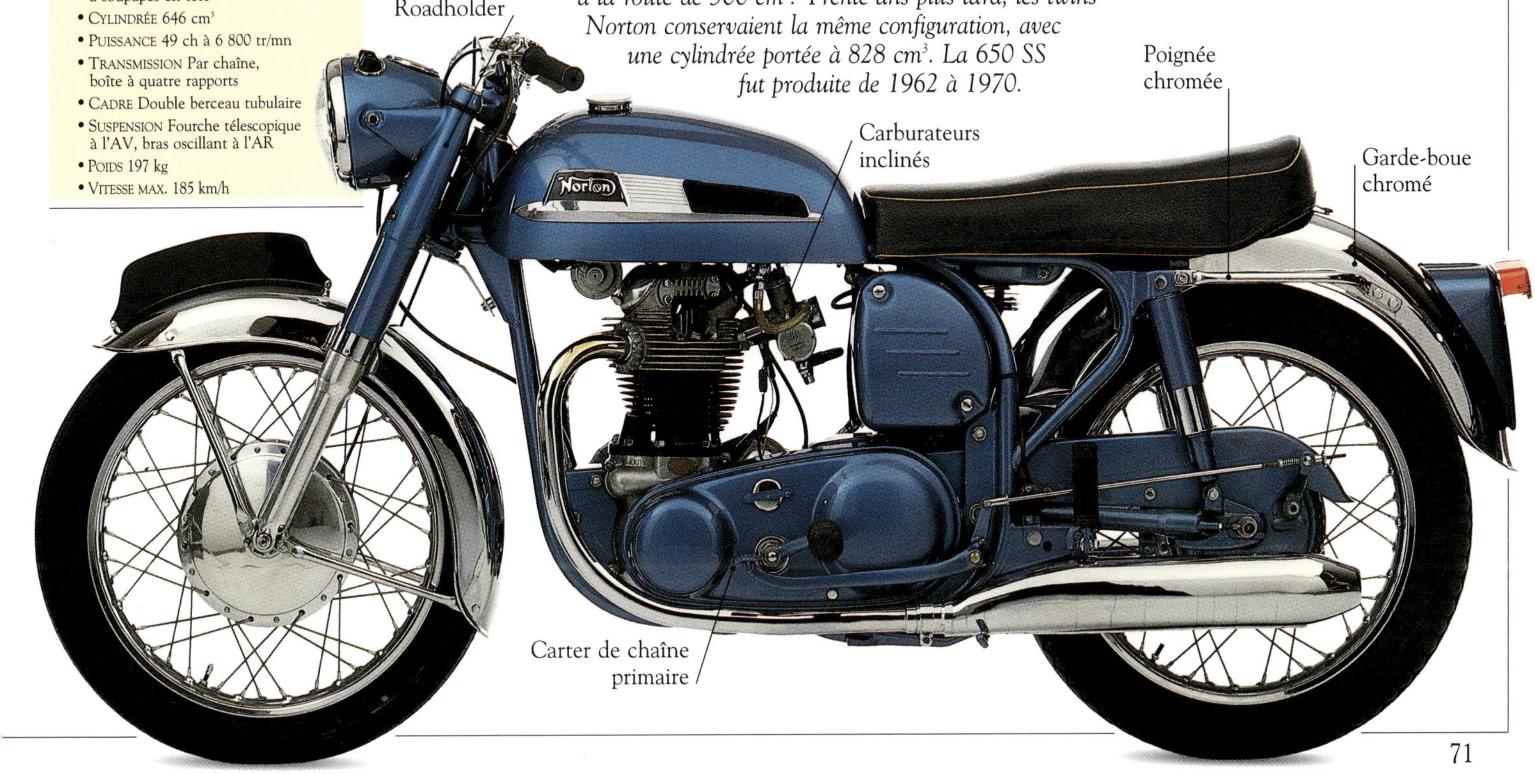

Norton Commando

La ligne élancée et le faible poids de la Commando mettaient en valeur ses performances.

Norton connut des heures difficiles après la Seconde Guerre mondiale, et fut racheté en 1953 par Associated Motor Cycles, déjà propriétaire d'AJS et de Matchless (pp. 64-65). Le Manganese Bronze Holdings reprit le groupe en 1966 et décida de mettre en avant le nom de Norton. BSA et Triumph rejoignirent Norton au sein du groupe Norton-Villiers-Triumph. Le bicylindre Norton était dépassé, mais le projet de remplacement n'atteignit jamais le stade de la production. NVT disparut en 1977, mais le nom de Norton fut sauvé, et la marque produit, depuis les années 80, une quantité limitée de motos à moteur Wankel.

La Norton Commando Fastback de 1969
La Commando introduisait le cadre « Isolastic », qui limitait les vibrations du moteur de 750 cm³, sans nuire à la maniabilité de la machine. Elle rencontra un certain succès, sans pourtant atteindre le degré de fiabilité et de sophistication de ses concurrentes japonaises. Même le fait de porter, en 1973, la cylindrée à 850 cm³ et d'ajouter un démarreur électrique ne suffit pas à sauver la marque. Les dernières Commando furent construites en 1977.

LE SAVIEZ-VOUS ?

La Norton Commando a été élue « Moto de l'année » à cinq reprises – de 1968 à 1972 –, à l'issue d'un sondage annuel organisé par le magazine britannique *Motor Cycle News*.

LE CADRE MONOCOQUE NORTON

Les Norton 750 cm³ de course devaient compenser une infériorité en puissance par une plus grande légèreté et une meilleure aérodynamique. La solution passa par l'adoption d'un cadre monocoque, dessiné et développé par Peter Williams, qui pilota ensuite la machine. La pompe à essence est actionnée par le mouvement du bras oscillant. La moto fut une réussite, en dépit de ses 25 ch de handicap. Cette version de 1973 est dotée d'un cadre monocoque en acier à l'intérieur duquel sont logés les réservoirs de carburant.

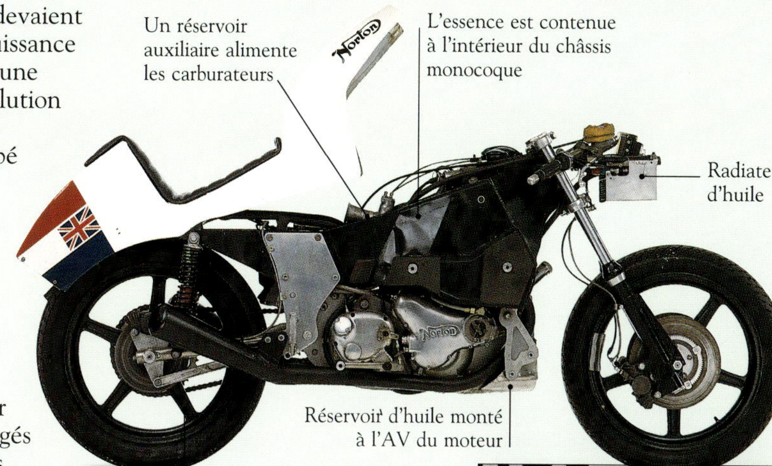

Peter Williams remporta le TT 1973 des 750 cm³ au guidon d'une Norton Commando d'usine.

CARACTÉRISTIQUES

La Norton Commando Fastback

- MOTEUR Bicylindre à soupapes en tête
- ALÉSAGE X COURSE 73 mm x 89 mm
- CYLINDRÉE 745 cm³
- PUISSANCE 56 ch à 6 500 tr/mn
- CARBURATION Deux carburateurs Amal Concentric
- ALLUMAGE Par batterie et bobine
- TRANSMISSION Par chaîne, boîte à quatre rapports
- EMBRAYAGE Six disques en bain d'huile
- CADRE Berceau tubulaire, montage « Isolastic » du moteur et du bras oscillant
- SUSPENSION Télescopique à l'AV, bras oscillant à l'AR
- FREINS A tambour, double came à l'AV, simple came à l'AR
- POIDS 180 kg
- VITESSE MAX. 185 km/h
- DATE DE CONSTRUCTION 1969

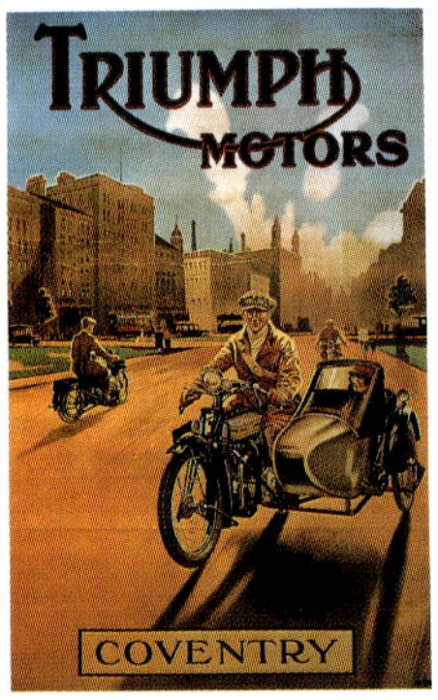

Une affiche des années 20 montrant une Triumph attelée.

Triumph

TRIUMPH, L'UN DES PLUS CÉLÈBRES constructeurs de motos, fut fondé en Grande-Bretagne par deux Allemands, Siegfried Bettman et Mauritz Schulte, d'abord établis comme fabricants de cycles en 1897. En 1902, ils produisirent leur première moto, à laquelle succéda une gamme de machines allant du deux-temps de 225 cm³ à des monocylindres de 500 cm³ à quatre soupapes. En 1936, Triumph passa sous le contrôle de la même compagnie qu'Ariel (p. 85). Le designer d'Ariel, Edward Turner, modernisa alors bon nombre de modèles de Triumph, et créa par ailleurs la légendaire Speed Twin, qui allait servir de base aux grosses Triumph jusque dans les années 80.

La Triumph Model R Fast Roadster de 1923
Un cylindre et une culasse dessinés par Harry Ricardo furent adaptés sur la célèbre Triumph Model H, qui devint ainsi la Model R. La nouvelle culasse à quatre soupapes était une innovation, que Honda devait perfectionner quarante ans plus tard.

CARACTÉRISTIQUES

La Model R Fast Roadster de 1923

- MOTEUR Monocylindre à quatre soupapes en tête
- CYLINDRÉE 499 cm³
- PUISSANCE 20 ch
- TRANSMISSION Par chaîne, boîte manuelle à trois rapports
- CADRE Simple berceau ouvert
- SUSPENSION Fourche à parallélogramme, pas de suspension AR
- POIDS 109 kg
- VITESSE MAX. 113-121 km/h

La Triumph Speed Twin de 1939
Apparue en 1937, la Speed Twin n'était pas la première moto à bicylindre vertical, mais aucune auparavant n'avait rencontré le succès qu'obtint cette nouvelle Triumph. Dessinée par Ed Turner, la Speed Twin et ses dérivées servirent de base à la production Triumph pendant quarante ans.

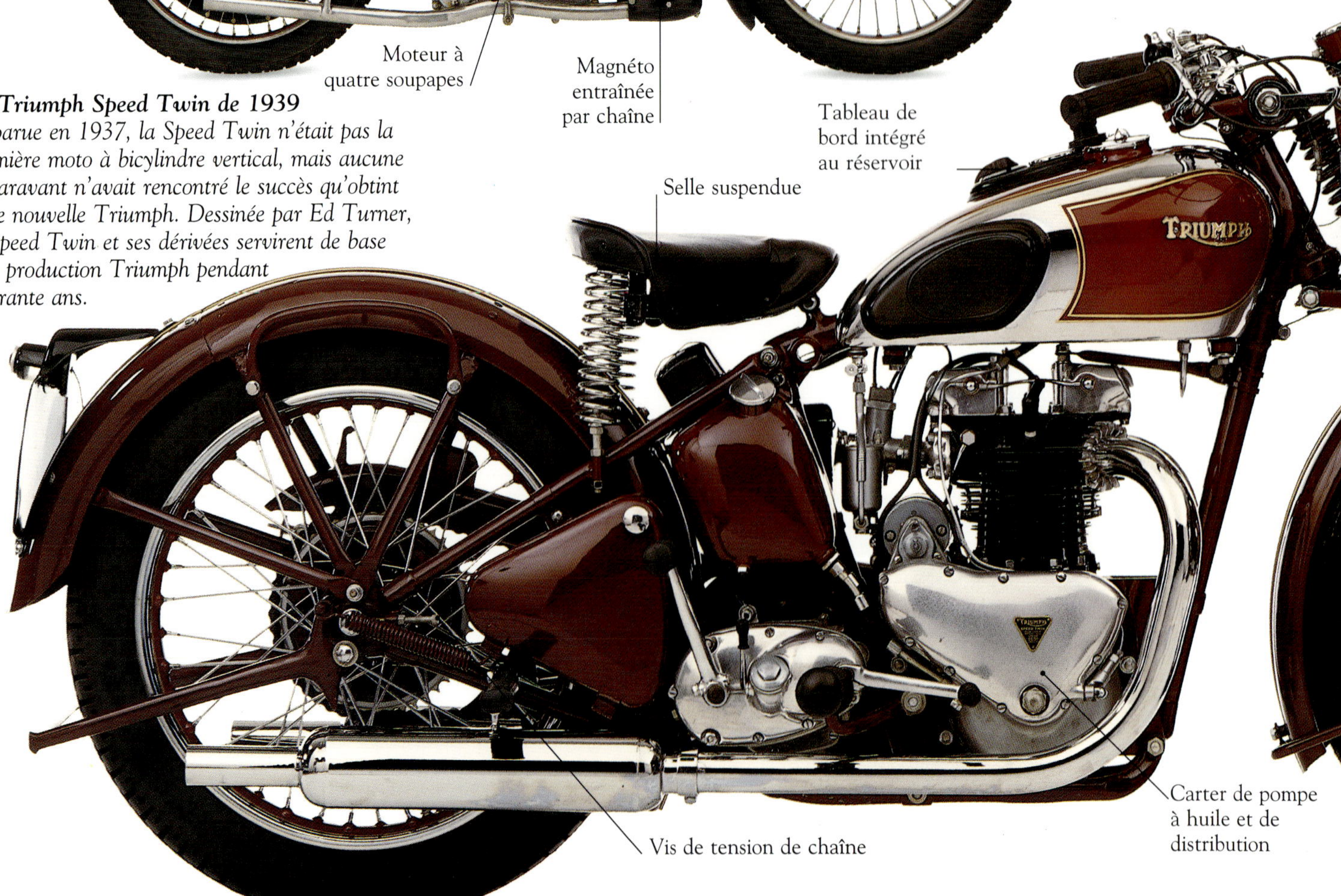

La Triumph Bonneville de 1959
La plus célèbre de toutes les Triumph. Ce modèle doit son nom au lac salé sur lequel Johnny Allen établit un record mondial de vitesse en 1955 *(pp. 78-79).*

Nacelle de phare caractéristique des Triumph

Boîte à quatre rapports

Double carburateur à cuve séparée

Tube AV de cadre simple berceau

Tachymètre

Vue plongeante du porte-bagages du réservoir et des commandes.

CARACTÉRISTIQUES

La Triumph Bonneville de 1959

- MOTEUR Bicylindre vertical à soupapes en tête
- CYLINDRÉE 649 cm³
- PUISSANCE 46 ch à 6 500 tr/mn
- TRANSMISSION Par chaîne, boîte à quatre rapports
- CADRE Simple berceau
- SUSPENSION Fourche télescopique à l'AV, bras oscillant à l'AR
- POIDS 183 kg
- VITESSE MAX. 177 km/h

La Triumph Bonneville TT Special de 1966
Dans les années 50 et 60, Triumph, comme d'autres firmes britanniques, travaillait beaucoup pour le marché américain, où le tout-terrain faisait fureur. Ce modèle, destiné à l'exportation, était dépourvu de feux et de silencieux d'échappement. Par la suite, les machines japonaises, légères, accaparèrent le marché du tout-terrain.

Coupe-circuit

Filtres à air

Ce réservoir a été conçu pour l'exportation

Des soufflets de caoutchouc protègent les tubes de fourche

Pneus tout-terrain

Bloc-moteur-boîte

CARACTÉRISTIQUES

La Triumph Bonneville TT Special de 1966

- MOTEUR Bicylindre vertical à soupapes en tête
- CYLINDRÉE 649 cm³
- PUISSANCE 54 ch à 6 500 tr/mn
- TRANSMISSION Par chaîne, boîte à quatre rapports
- CADRE Double berceau
- SUSPENSION Fourche télescopique à l'AV, bras oscillant à l'AR
- POIDS 158,8 kg
- VITESSE MAX. 209 km/h

Partie centrale de la jante peinte

CARACTÉRISTIQUES

La Triumph Speed Twin de 1939

- MOTEUR Bicylindre vertical à soupapes en tête
- CYLINDRÉE 498 cm³
- PUISSANCE 26 ch à 6 000 tr/mn
- TRANSMISSION Par chaîne, boîte à quatre rapports
- CADRE Berceau tubulaire
- SUSPENSION Fourche à parallélogramme à l'AV, pas de suspension AR
- POIDS 171,5 kg
- VITESSE MAX. 151 km/h

Marlon Brando, dans *L'Équipée sauvage*, tourné en 1954, conduisait une Triumph Thunderbird, grande sœur de la Speed Twin.

Steve McQueen comptait plusieurs Triumph dans sa collection de motos.

Triumph Trident

APRÈS LE RACHAT DE TRIUMPH par BSA (pp. 68-69) en 1951, chacune des deux marques conserva son identité. Pendant vingt ans, Triumph demeura le meilleur exportateur en direction de la clientèle américaine. Le marché des motos anglaises se ralentit dans les années 70, et le groupe BSA-Triumph fut absorbé par le consortium Norton-Villiers-Triumph, qui contrôlait toute la production de série. Face à la situation, les ouvriers de Triumph occupèrent l'usine, fondèrent une coopérative et reprirent la production de la Bonneville. NVT échoua, mais la fabrication des Bonneville se poursuivit durant quelques années. La coopérative dissoute et le nom passé en d'autres mains, la production reprit en 1990, dans une nouvelle usine, suivant des plans d'inspiration japonaise.

La Triumph T 150 Trident de 1969
La Trident arriva sur le marché des grosses cylindrées quelques mois avant la 750 Honda, mais ne put rivaliser avec les perfectionnements de cette dernière. D'autres versions furent proposées, avec démarreur électrique, freins à disque et boîte cinq vitesses, mais cela ne suffit pas à sauver le modèle face à la concurrence japonaise ; la production de la Trident fut interrompue en 1975.

Les versions racers de la Trident ont dominé la catégorie des 750 cm^3. En 1972, Ray Pickell a remporté le TT dans cette catégorie, à la vitesse moyenne de 168 km/h.

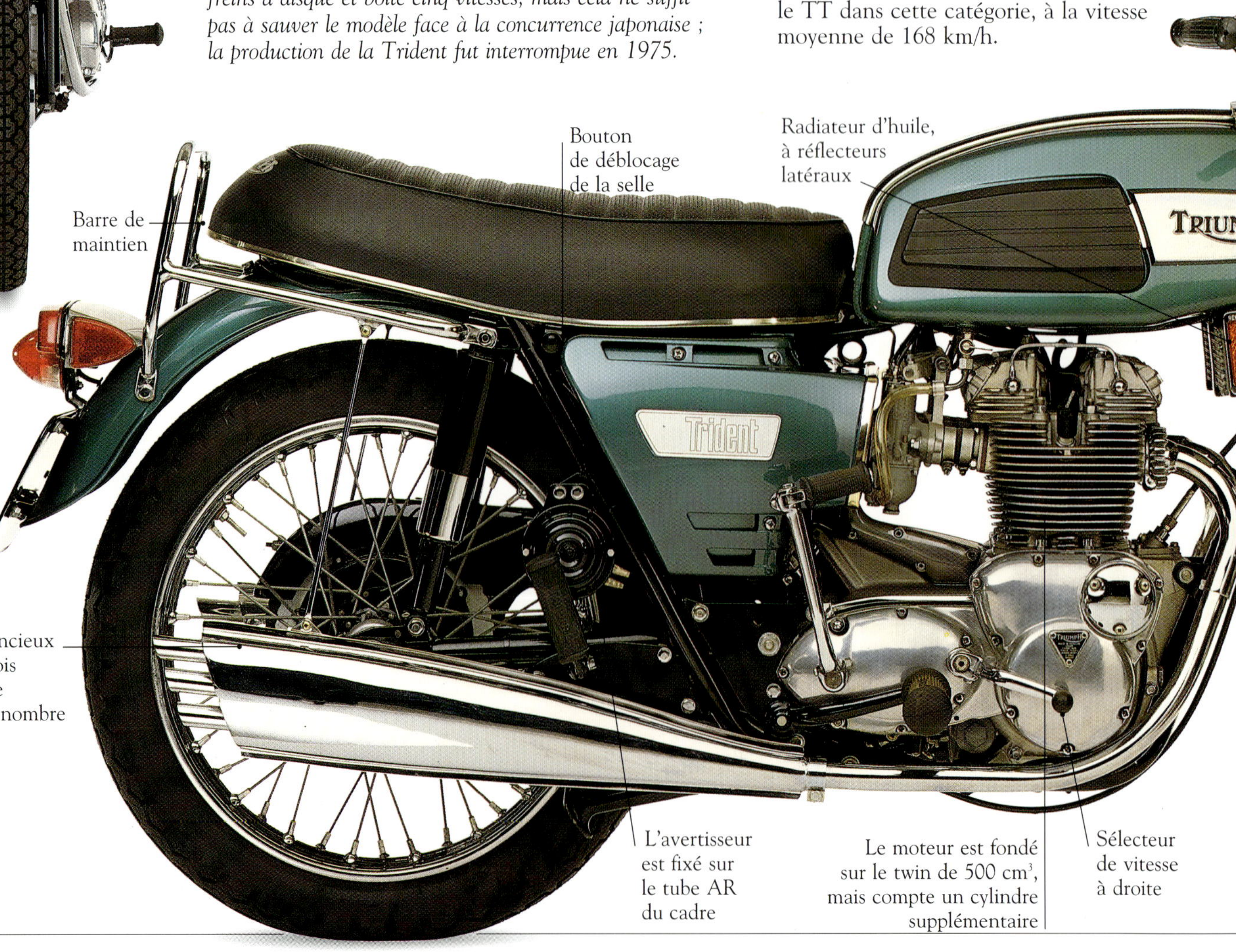

CARACTÉRISTIQUES

La Triumph X 75 Hurricane de 1973

- MOTEUR Trois-cylindres transversal à soupapes en tête
- CYLINDRÉE 740 cm³
- PUISSANCE 58 ch à 7 250 tr/mn
- TRANSMISSION Par chaîne, boîte à quatre rapports
- CADRE Double berceau
- SUSPENSION Fourche télescopique, bras oscillant à l'AR
- POIDS 201 kg
- VITESSE MAX. Env. 175 km/h

La Triumph Hurricane de 1972

Le groupe BSA-Triumph commanda au designer américain Craig Vetter une moto de style chopper, produite en nombre limité à destination du marché américain, et basée sur le trois-cylindres maison. Les rapports de boîte étaient standards, sauf le rapport primaire. Certaines modifications de style furent apportées : la selle étroite, le réservoir en goutte d'eau, le triple échappement et la fourche rallongée. Quelques années plus tard, les fabricants japonais reprirent à leur compte l'idée de fabriquer des « customs d'usine ».

La spectaculaire Hurricane a été construite à peu d'exemplaires ; elle est aujourd'hui recherchée par les collectionneurs.

Les brochures Triumph de 1966 vantaient la technologie et la ligne de machines qui, en réalité, étaient déjà dépassées et ne tardèrent pas à perdre leur place de leader.

CARACTÉRISTIQUES

La Triumph Trident T 150 de 1969

- MOTEUR Trois-cylindres transversal à soupapes en tête
- CYLINDRÉE 740 cm³
- PUISSANCE 58 ch à 7 250 tr/mn
- TRANSMISSION Par chaîne, boîte à quatre rapports
- CADRE Berceau tubulaire
- SUSPENSION Fourche télescopique, bras oscillant à l'AR
- POIDS 219 kg
- VITESSE MAX. 196 km/h

LA NOUVELLE TRIDENT

Lancée en 1990, elle possède un moteur trois cylindres (douze soupapes et double ACT) refroidi par eau. Le logo traditionnel a été subtilement modifié : sur le nouveau modèle, le trait nerveux qui prolonge le « R » s'interrompt juste avant le « H » final.

Les Records de Vitesse

AVANT L'ARRIVÉE DES AVIONS à réaction et du TGV, dont la vitesse n'impressionne plus personne, les records terrestres enthousiasmaient les foules et jouissaient d'un grand prestige. Aux États-Unis, la barrière des 100 miles à l'heure (161 km/h) fut officiellement franchie dès 1913 par Lee Humiston au guidon d'une Excelsior (p. 41) ; en Grande-Bretagne, c'est en 1921 à Brooklands, sur une Harley-Davidson, que Douglas Davidson établit un premier record à 162,1 km/h. Les titres officiels américains et européens varient parfois en raison de désaccords entre fédérations. Les vitesses augmentant, il fallut trouver de nouveaux sites pour les tentatives de record, et les candidats passèrent des simples routes et anneaux de vitesse à de vastes étendues comme le lac salé de Bonneville, dans l'ouest des États-Unis.

Le record établi en 1956 par Johnny Allen a beaucoup profité à Triumph.

Le lac salé de Bonneville reste la Mecque des records de vitesse. Les rencontres officielles y ont lieu deux fois par an.

Johnny Allen sur la route de son record de 1956. Les vitesses sont calculées sur une moyenne de deux tentatives.

LE SAVIEZ-VOUS ?

L'Américain Donald Vesco, avec sa *Lightning Bolt* carénée, propulsée par deux moteurs Kawasaki de 1 016 cm³, a établi le record mondial de vitesse, à 512,7 km/h, sur le lac salé de Bonneville (Utah) le 28 août 1978.

La Triumph Records de 1956

Les machines employées pour s'attaquer aux records étaient alors très différentes des motos conventionnelles. En 1956, à Bonneville, une équipe américaine utilisant ce projectile en forme de cigare atteignit 345 km/h. Bien que le chronométreur et son matériel aient été préalablement agréés, le record ne fut pas enregistré par la Fédération internationale (FIM). Cela n'empêcha pas Triumph de baptiser « Bonneville » son plus célèbre modèle (pp. 74-75).

CARACTÉRISTIQUES

La Triumph Records de 1956

- MOTEUR Triumph Thunderbird modifié, twin à soupapes en tête, refroidi par air
- CYLINDRÉE 649 cm³
- PUISSANCE 65 ch (estimation)
- TRANSMISSION Par chaîne, boîte à quatre rapports
- CADRE Enveloppant entièrement soudé
- SUSPENSION Fourche télescopique à l'AV, bras oscillant à l'AR contrôlé par anneau caoutchouc
- POIDS Non communiqué
- VITESSE MAX. 345 km/h

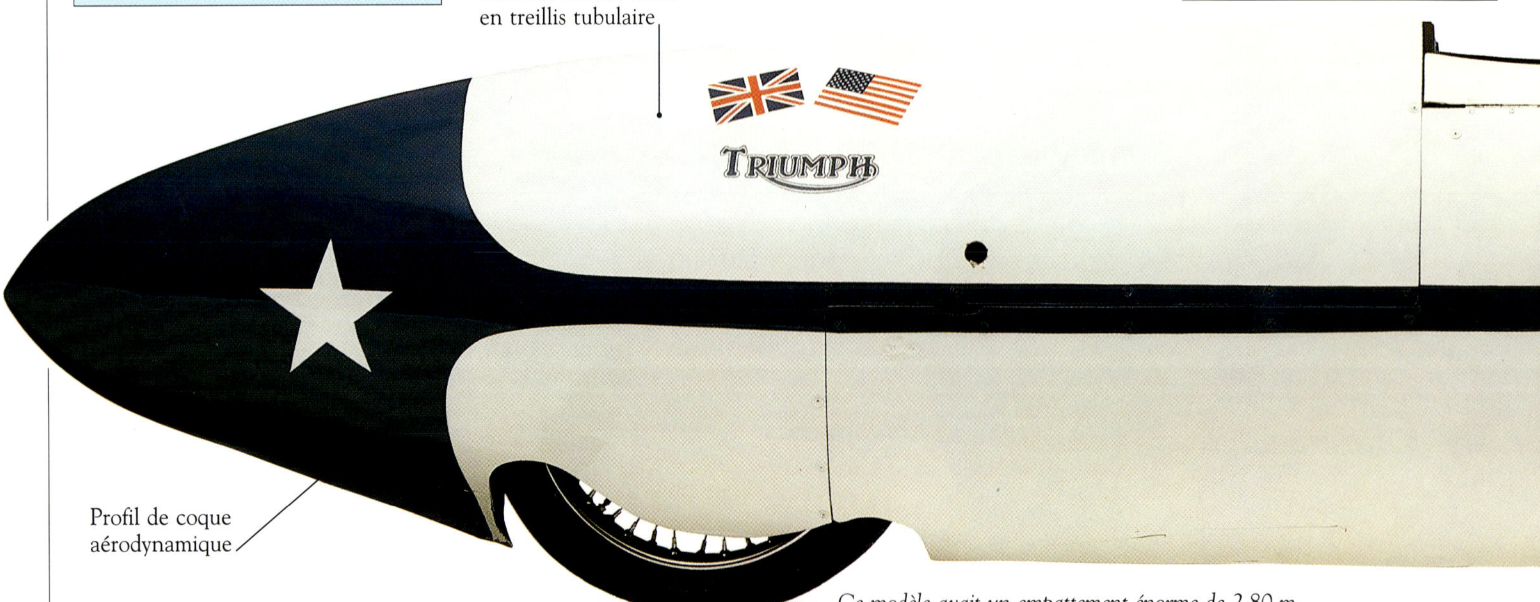

Ce modèle avait un empattement énorme de 2,80 m.

Les Premiers Rois de la Vitesse

Le casque que portait Claude Temple à Brooklands.

Les premières machines de records étaient des motos splendides, avec leur moteur sans aucun carénage. Cette Temple-Anzani a été construite en 1923, durant l'âge d'or des records. En octobre de la même année, sur le circuit de Brooklands, elle établit un record éphémère de 174,6 km/h. Deux ans plus tard, son pilote et constructeur Claude Temple devenait le premier homme à couvrir les 100 miles (160 km) dans l'heure sur un deux-roues.

Claude Temple sur le circuit de Brooklands.

Velocette

VELOCE, FONDÉ EN 1904, construisit en 1913 ses premiers deux-temps « Velocette ». Le nom demeura, même lorsque la compagnie se tourna vers les quatre-temps. Dans les années 50 et 60, l'entreprise investit énormément dans la LE, qui se vendit mal. La marque réussit à survivre jusqu'en 1971.

CARACTÉRISTIQUES

La Velocette D 2 de 1921

- MOTEUR Monocylindre 2 temps
- CYLINDRÉE 220 cm³
- PUISSANCE 8 ch
- TRANSMISSION Deux vitesses
- CADRE Berceau tubulaire
- SUSPENSION Fourche à parallélogramme à l'AV, rigide à l'AR
- POIDS 71,5 kg
- VITESSE MAX. 65 km/h

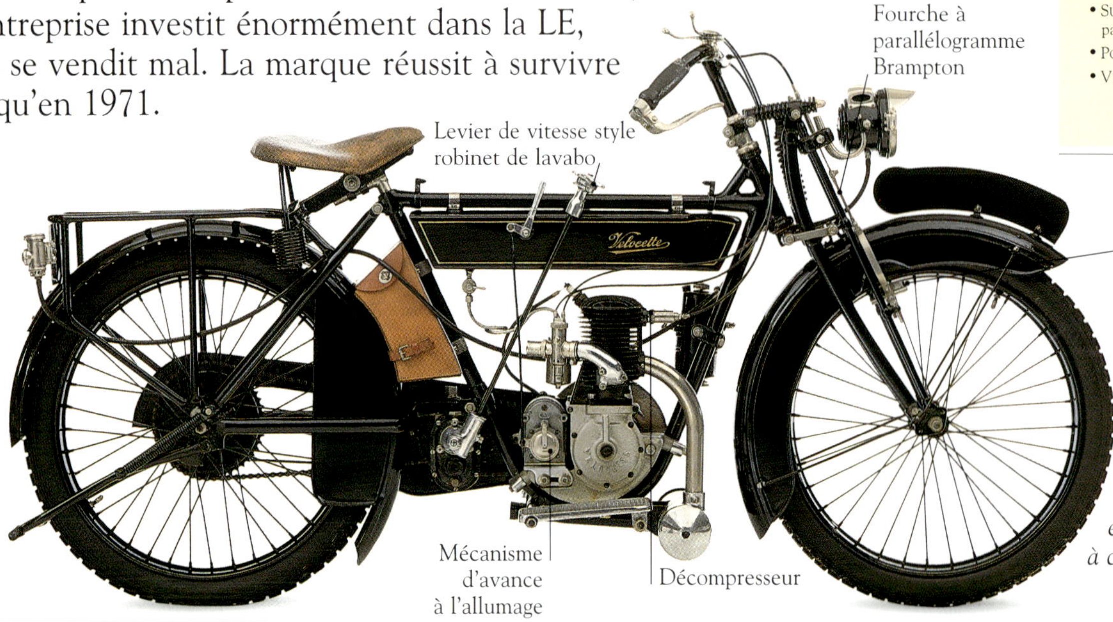

La Velocette D 2 de 1921
La D 2, avec son moteur à vilebrequin en porte-à-faux et son graissage séparé, est un superbe exemple de deux-temps Velocette. Elle existait en version femme, à cadre ouvert.

CARACTÉRISTIQUES

La Velocette KTT Mark 8 de 1947

- MOTEUR Monocylindre 4 temps à arbre à cames en tête
- CYLINDRÉE 348 cm³
- PUISSANCE 34 ch
- TRANSMISSION Par chaîne, boîte à quatre rapports
- CADRE Simple berceau
- SUSPENSION Fourche AV à parallélogramme Webb, bras oscillant à l'AR
- POIDS 145 kg
- VITESSE MAX. 185 km/h

La Velocette KTT Mark 8 de 1947
Les premières Velocette de 350 cm³ à arbre à cames en tête sont apparues en 1925 ; durant vingt-cinq ans, elles ont gagné des courses à travers le monde. La KTT Mark 8 était une version routière des racers d'usine qui dominèrent le TT de 1938. Les modèles subirent peu de changements après la guerre, mais l'usine utilisa des versions à double arbre à cames en tête pour remporter le championnat du monde en 1949 et en 1950.

Freddie Frith remporta le championnat du monde 1949 des 350 cm³ sur une Velocette KTT.

La Velocette Thruxton Venom de 1967

Baptisée du nom du circuit du Hampshire sur lequel, dans les années 50 et 60, se déroulaient des courses d'endurance, la Thruxton Venom fut la plus puissante des monocylindres Velocette à soupapes en tête. Une version préparée de la Venom de base remporta le TT en 1967 dans la catégorie des 500 cm³.

CARACTÉRISTIQUES

La Thruxton Venom de 1967

- MOTEUR Monocylindre à soupapes en tête
- CYLINDRÉE 499 cm³
- PUISSANCE 40 ch à 6 200 tr/mn
- TRANSMISSION Par chaîne, boîte à quatre rapports
- CADRE Simple berceau
- SUSPENSION Fourche télescopique à l'AV, bras oscillant à l'AR
- POIDS 177 kg
- VITESSE MAX. 169 km/h

CARACTÉRISTIQUES

La Velocette LE Mark 3 de 1960

- MOTEUR Bicylindre à plat à soupapes latérales
- CYLINDRÉE 192 cm³
- PUISSANCE 10 ch à 6 000 tr/mn
- TRANSMISSION Par boîte à quatre rapports
- CADRE Monocoque en acier embouti
- SUSPENSION Fourche télescopique à l'AV, bras oscillant à l'AR
- POIDS 113,5 kg
- VITESSE MAX. 80 km/h

La Velocette LE Mark 3 de 1960

Remarquable et révolutionnaire, la LE fut commercialisée en 1949. Velocette, qui pensait attirer la clientèle par des innovations technologiques, vendit très mal ce modèle. La firme produisit une version d'allure plus conventionnelle, la Valiant, à moteur refroidi par air, qui n'obtint guère plus de succès.

La police britannique adopta la LE avec enthousiasme : silencieuse et d'un entretien facile, elle répondait parfaitement aux besoins des forces de l'ordre.

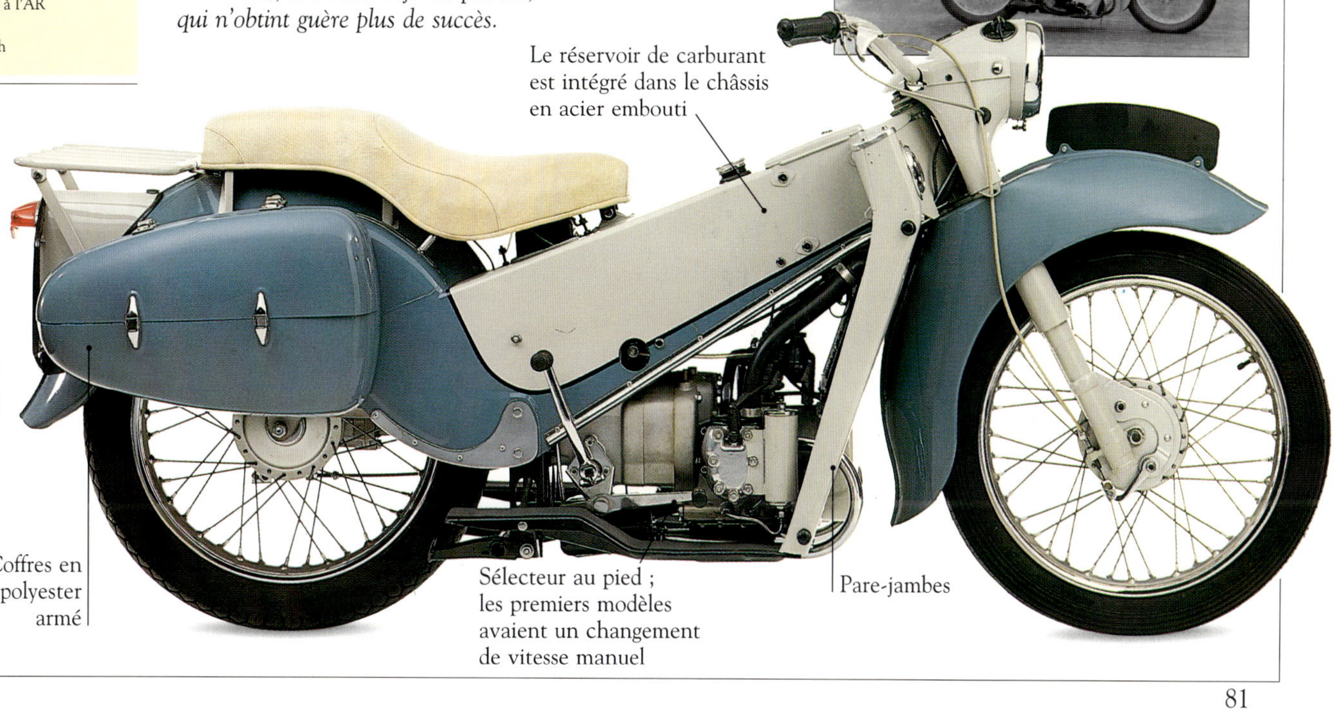

HRD fut fondée en 1924 par le vainqueur du TT Howard R. Davies. Philip Vincent racheta le nom en 1928 pour donner de la crédibilité à sa nouvelle compagnie.

Vincent HRD

En 1928, Philip Vincent racheta la marque HRD et créa sa nouvelle firme. La qualité exceptionnelle des Vincent en faisait des motos coûteuses mais très recherchées. Les premiers modèles étaient dotés de moteurs JAP ; en 1935, Vincent dessina son propre monocylindre de 500 cm^3 à soupapes en tête ; celui-ci, doublé, donna naissance au premier des fameux V-twins de la marque. Au désordre des conduites d'huile externes des modèles d'avant guerre (surnommés « le cauchemar du plombier ») succédèrent des moteurs plus nets. La V-twin Vincent était la moto la plus rapide de son époque. Elle n'était malheureusement pas rentable, et sa production dut être interrompue en 1955.

Vue arrière de la Vincent Black Shadow.

La Vincent Black Shadow série C de 1949
Promue par Vincent comme « la moto de série la plus rapide et la plus sûre du monde », la Black Shadow était une variante de la Rapide, dont elle différait extérieurement par la peinture émaillée noire et un tachymètre Smiths qui affichait jusqu'à 240 km/h. Les Vincent série C furent produites de 1949 à 1954.

En 1948, Rollie Free emmena une Black Lightning jusqu'à 252 km/h sur le lac salé de Bonneville. A plat ventre, il ne portait qu'un maillot de bain et des tennis !

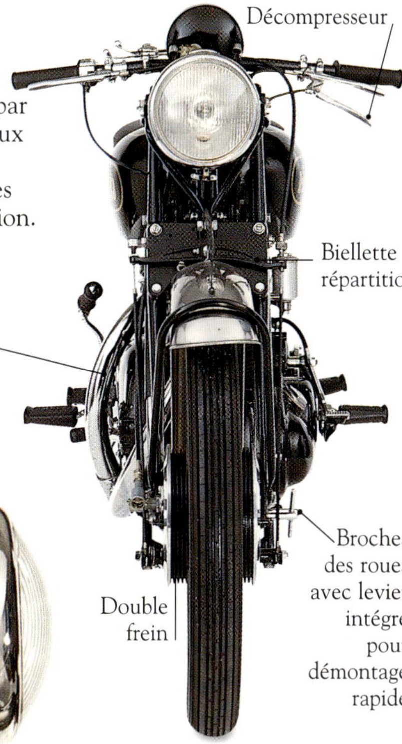

Les freins avant sont actionnés par un ingénieux système de biellettes de répartition.

CARACTÉRISTIQUES

La Vincent Black Shadow série C

- MOTEUR V-twin 4 temps à 50°, arbre à cames en tête, refroidi par air
- ALÉSAGE x COURSE 84 mm x 90 mm
- CYLINDRÉE 998 cm³
- PUISSANCE 55 ch à 5 700 tr/mn
- CARBURATION Deux carburateurs Amal standards de 29 mm
- ALLUMAGE Magnéto Lucas
- TRANSMISSION Par chaîne, boîte à quatre rapports
- EMBRAYAGE Assisté à sec
- CADRE A épine dorsale en tôle emboutie et moteur porteur
- SUSPENSION Fourche Girdraulic à l'AV, cantilever à l'AR
- FREINS Double tambour de 178 mm, AV et AR
- POIDS 208 kg
- VITESSE MAX. 200 km/h
- DATE DE CONSTRUCTION 1949

Ce gros plan montre un cache-culbuteur, un tube de tige de culbuteur, le sélecteur de point mort et le bouchon de remplissage de la boîte.

Autres Classiques

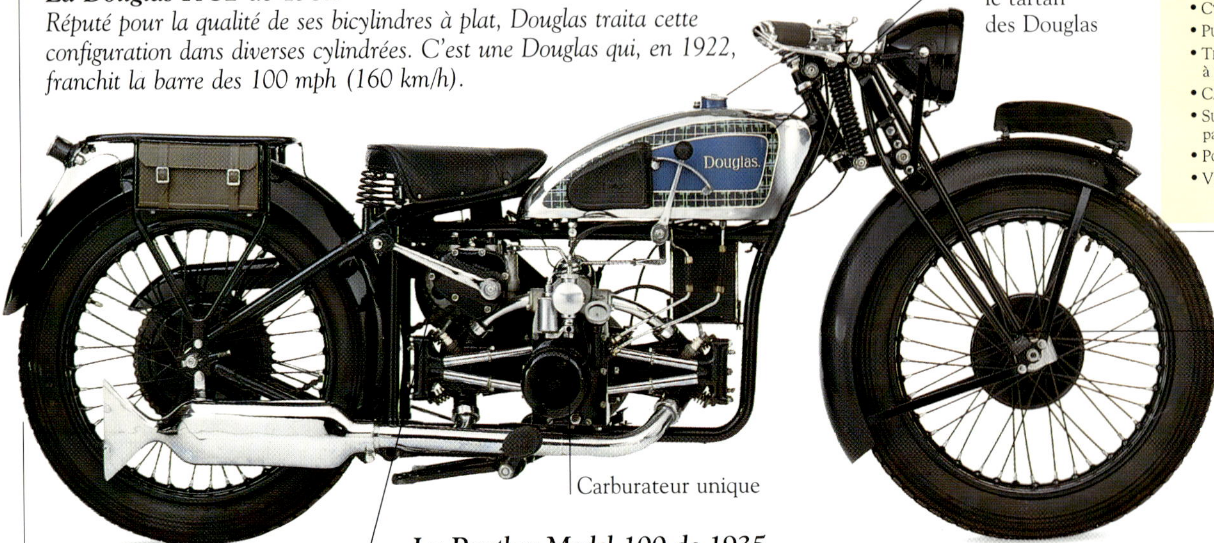

Le flanc du réservoir arbore le tartan des Douglas

Fourche à parallélogramme et ressort central

Carburateur unique

La boîte est montée au-dessus du moteur, pour limiter l'empattement

CARACTÉRISTIQUES

La Douglas K 32 de 1932

- MOTEUR Bicylindre à plat à soupapes en tête
- CYLINDRÉE 348 cm³
- PUISSANCE 12-15 ch (estimation)
- TRANSMISSION Par chaîne, boîte à trois rapports
- CADRE Double berceau
- SUSPENSION Fourche à parallélogramme à l'AV, rigide à l'AR
- POIDS 116 kg
- VITESSE MAX. 105 km/h (estimation)

La Douglas K 32 de 1932
Réputé pour la qualité de ses bicylindres à plat, Douglas traita cette configuration dans diverses cylindrées. C'est une Douglas qui, en 1922, franchit la barre des 100 mph (160 km/h).

La Panther Model 100 de 1935
La compagnie Phelon et Moore prenait son temps pour envisager tout changement : les dernières motos, construites en 1966, étaient directement issues de ses premiers « monos inclinés » de la fin du siècle dernier. Relativement peu puissantes, ces machines étaient néanmoins appréciées en side-car.

Freins AV et AR couplés

Le moteur remplace le tube AV du cadre

CARACTÉRISTIQUES

La Panther Model 100 de 1935

- MOTEUR Monocylindre incliné à soupapes en tête
- CYLINDRÉE 598 cm³
- PUISSANCE 26 ch
- TRANSMISSION Par chaîne, boîte Burman à quatre rapports
- CADRE Tubulaire, moteur porteur
- SUSPENSION Fourche à parallélogramme à l'AV, rigide à l'AR
- POIDS 160 kg
- VITESSE MAX. 137 km/h

Ce logo est apparu en 1923, lorsque P&M ont adopté le nom de Panther.

La Greeves 20 T de 1955
Greeves se fit connaître grâce à ses succès en trial et en motocross (pp. 152-153). Ce modèle de conception audacieuse possédait une suspension par élément caoutchouc, un tube avant de cadre en aluminium et un moteur deux temps Villiers.

Tube de direction et tube AV en fonte d'alliage

Suspension à roue poussée

Éléments de caoutchouc associés à des amortisseurs à friction

Moteur Villiers

CARACTÉRISTIQUES

La Greeves 20 T de 1955

- MOTEUR Monocylindre 2 temps Villiers
- CYLINDRÉE 197 cm³
- PUISSANCE 8,4 ch à 4 000 tr/mn
- TRANSMISSION Par chaîne, boîte à quatre rapports
- CADRE Colonne de direction, tube AV de cadre et platines de support du moteur en aluminium
- SUSPENSION A roue poussée et élément caoutchouc à l'AV, bras oscillant à l'AR
- POIDS 102 kg
- VITESSE MAX. Env. 90 km/h

L'Ariel Square Four de 1955

L'extraordinaire Square Four, souvent surnommée « Squariel », tient une place particulière dans l'histoire de la marque. Sortie en 1930, elle fut produite jusqu'à la fin des années 50. Le moteur regroupait deux bicylindres en carré à deux vilebrequins monobloc accouplés. Le 500 cm^3 était compact et assez léger pour se loger dans un cadre de monocylindre. Au fil des ans, les modèles furent réactualisés, et la cylindrée poussée à 600 cm^3 puis 1 000 cm^3.

CARACTÉRISTIQUES

L'Ariel Square Four de 1955

- MOTEUR Quatre cylindres en carré, à soupapes en tête
- CYLINDRÉE 997 cm^3
- PUISSANCE 40 ch à 5 600 tr/mn
- TRANSMISSION Par chaîne, boîte à quatre rapports
- CADRE Simple berceau d'acier tubulaire, interrompu
- SUSPENSION Télescopique à l'AV, semi-oscillante Ariel à l'AR
- POIDS 193 kg
- VITESSE MAX. 170 km/h

L'Ariel Arrow Super Sports de 1963

L'Ariel Leader, sortie en 1958, était un bicylindre deux temps carrossé, à cadre poutre d'acier embouti et suspension à roue tirée. L'Arrow, produite en 1959, était une version plus sportive de son aînée.

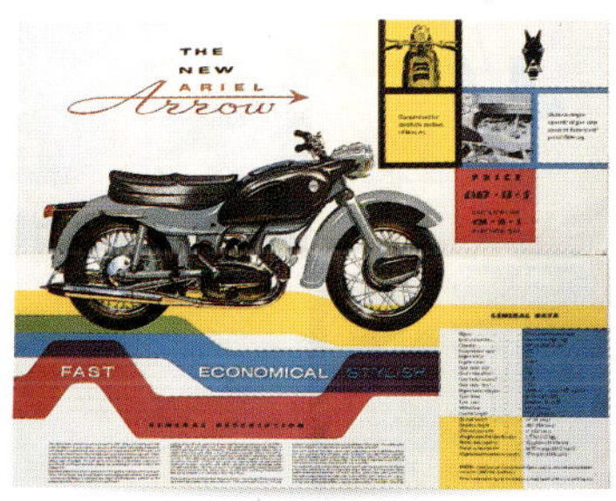

Ariel réussit ses meilleures ventes avec les bicylindres deux temps produits à la fin des années 50, alors que la firme avait rejoint le groupe BSA.

CARACTÉRISTIQUES

L'Ariel Arrow Super Sports de 1963

- MOTEUR Bicylindre 2 temps, parallèle incliné
- CYLINDRÉE 247 cm^3
- PUISSANCE 20 ch à 6 500 tr/mn
- TRANSMISSION Par chaîne, boîte à quatre rapports
- CADRE Poutre en acier embouti
- SUSPENSION A roue tirée à l'AV, bras oscillant à l'AR
- POIDS 129 kg
- VITESSE MAX. 125 km/h

L'insigne du club motocycliste Sunbeam.

La Sunbeam Sprinter de 1923

Sunbeam avait assis sa réputation à la fin du siècle dernier sur ses bicyclettes. En 1923, la marque se lança avec bonheur dans la production de motocyclettes, mais sa réputation de qualité et de savoir-faire baissa pourtant à la fin des années 20 avec la vente de la firme. Rachetée une nouvelle fois par BSA en 1939, Sunbeam produisit alors ses curieux twins S7 et S8 à transmission acatène. Le modèle présenté ici date de la première époque.

Caractéristiques

La Sunbeam Sprinter de 1923

- Moteur Monocylindre à soupapes en tête
- Cylindrée 493 cm³
- Puissance 29 ch (estimation)
- Transmission Par chaîne, boîte à trois rapports
- Cadre Simple berceau ouvert
- Suspension Fourche à parallélogramme Sunbeam
- Poids 109 kg
- Vitesse max. 125 km/h

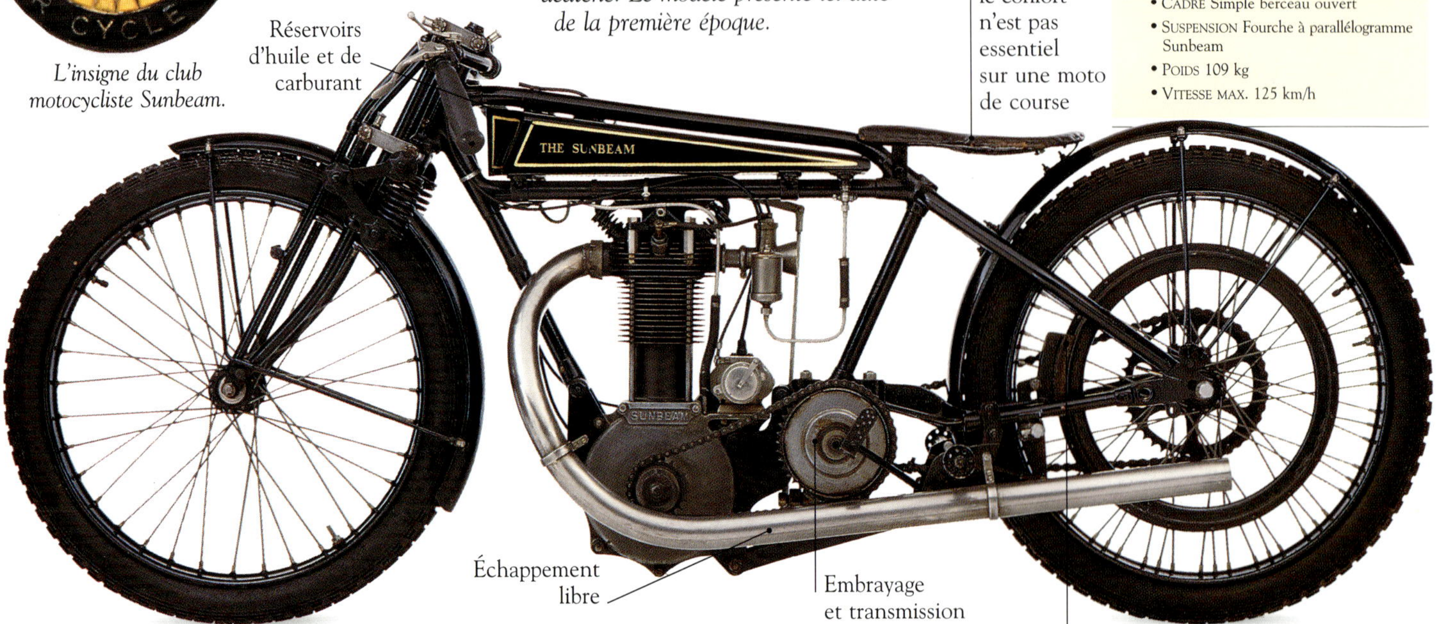

Caractéristiques

La Scott TT Replica de 1930

- Moteur Bicylindre 2 temps refroidi par eau
- Cylindrée 596 cm³
- Puissance 24 ch à 8 000 tr/mn
- Transmission Par chaîne, boîte Albion à trois rapports
- Cadre Tubulaire ouvert triangulé, moteur porteur
- Suspension Fourche télescopique
- Poids 152 kg
- Vitesse max. 145 km/h

La Scott TT Replica de 1930

Scott commença à construire des deux-temps en 1909. Dans les années qui suivirent, ces motos remportèrent de nombreuses compétitions, dont le Senior TT en 1912 et 1913. Après la Première Guerre mondiale, les Scott se comportèrent honorablement, mais ne gagnèrent plus de course. La Replica était basée sur le modèle d'usine qui finit troisième au TT de 1928.

L'insigne Scott.

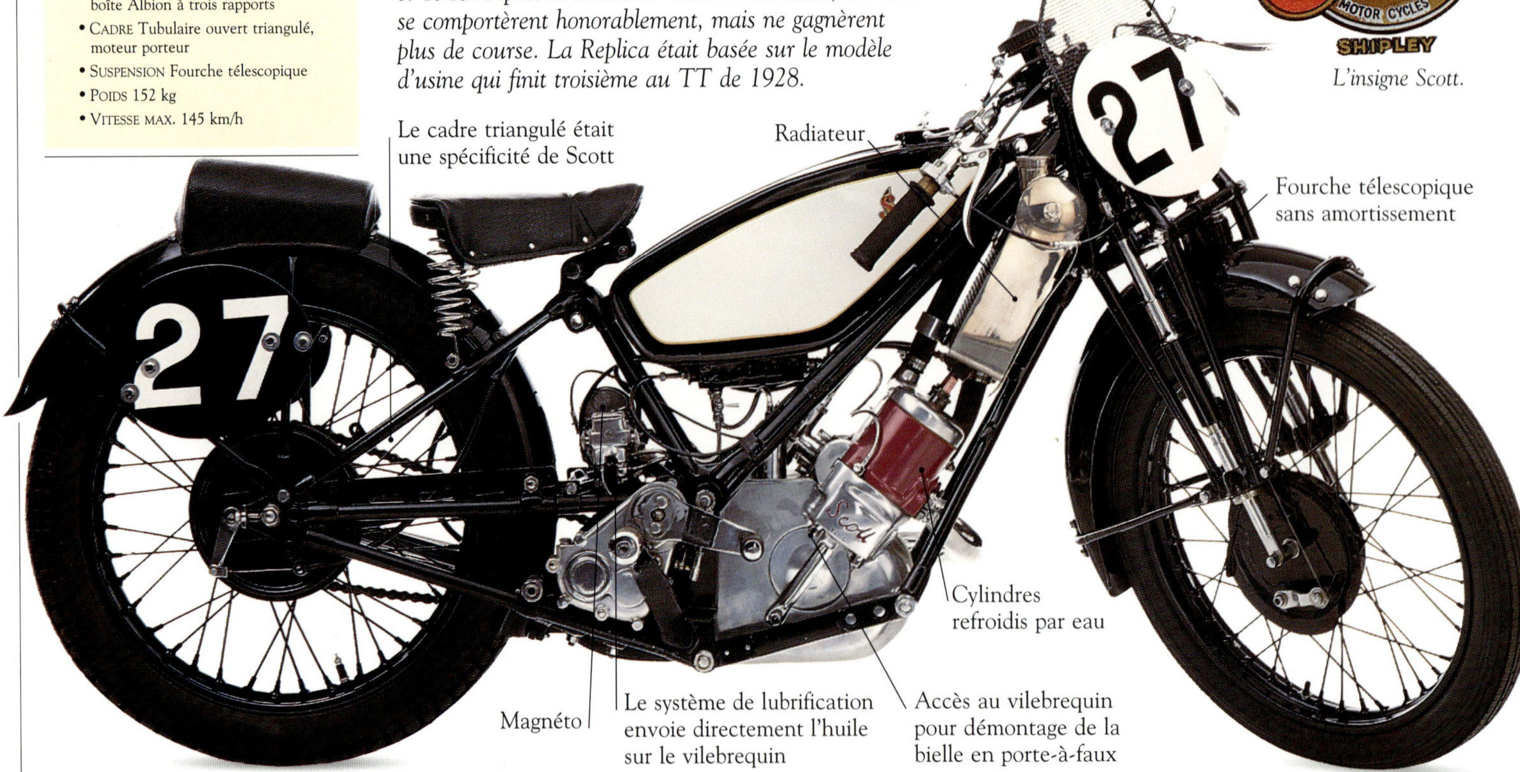

Graham Walker au départ du Grand Prix d'Ulster en 1929. Ci-dessous, son casque.

La Rudge TT Replica de 1933

Rudge remporta son premier TT en 1914, avec une moto dotée d'un ingénieux dispositif de transmission variable par courroie. Le système fut abandonné à l'époque des premiers monocylindres à quatre soupapes, qui firent leur apparition en 1924. La version routière de la TT fut lancée en 1931, à la suite des excellentes performances réalisées en 1930 par les motos d'usine.

L'emblème de Rudge.

CARACTÉRISTIQUES

La Rudge TT Replica de 1933

- MOTEUR Monocylindre à quatre soupapes en tête
- CYLINDRÉE 499 cm³
- PUISSANCE 32 ch (estimation)
- TRANSMISSION Par chaîne, boîte à quatre rapports
- CADRE Simple berceau ouvert, moteur porteur
- SUSPENSION Fourche à parallélogramme
- POIDS 131 kg
- VITESSE MAX. 160 km/h

La Royal Enfield 500 Twin de 1951

Fondée vers 1890, la marque Royal Enfield produisait une gamme diversifiée de motos. A la fin des années 40, elle construisit son premier twin de 500 cm³, afin de suivre la vogue des bicylindres face à la route inaugurée par la Triumph Speed Twin (p. 74). La marque poursuivit ensuite dans la même direction, en augmentant la cylindrée de ses machines ; la dernière, lancée en 1962, avait un moteur de 736 cm³.

CARACTÉRISTIQUES

La Royal Enfield 500 de 1951

- MOTEUR Bicylindre culbuté face à la route
- CYLINDRÉE 495 cm³
- PUISSANCE 25 ch à 5 500 tr/mn
- TRANSMISSION Par chaîne, boîte Albion à quatre rapports
- CADRE Simple berceau ouvert
- SUSPENSION Fourche télescopique à l'AV, bras oscillant à l'AR
- POIDS 177 kg
- VITESSE MAX. 126 km/h

L'ENFIELD BULLET

La production de Royal Enfield Bullet 350 cm³ fut lancée à Madras pour satisfaire les besoins de l'armée indienne. Certains détails furent modifiés, mais la conception générale restait inchangée. Les Enfield Bullet indiennes, comme ce modèle de 1992, sont désormais exportées dans le monde entier.

MV
MV

L'Italie

Les motocyclettes italiennes ont toujours été appréciées pour leurs qualités esthétiques et leurs performances sportives.

Dès la fin du siècle dernier, des pionniers tels qu'Eduardo Bianchi (p. 108) et Luigi Fingini entreprirent de construire des deux-roues motorisés. La production de Frera débuta en 1906, celle de Giuseppe Gilera (pp. 96-97) en 1909. Très tôt, l'Italie s'enthousiasma pour la moto et le sport motocycliste. De grandes compétitions sur route furent organisées, comme la course Milan-Naples, le Giro d'Italia et la Targa Florio. L'attrait de ces manifestations persista jusque dans les années 50 et 60. De nouvelles entreprises ouvrirent leurs portes : Benelli (pp. 90-91), MM, Garelli et Moto Guzzi (pp. 100-103). Mais l'Italie exportait peu et ses motos ne couraient guère à l'étranger.

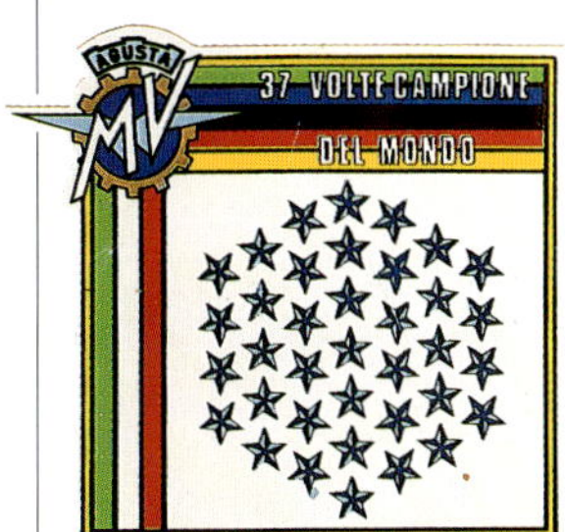

Insigne MV Agusta célébrant les 37 titres mondiaux de la marque.

Les compétitions internationales

Bianchi et Moto Guzzi participèrent au Tourist Trophy de l'île de Man (pp. 152-153) en 1926. La 250 cm³ de Moto Guzzi excella dans le Junior TT, mais fut disqualifiée pour utilisation de bougies non homologuées. Neuf ans plus tard, l'Irlandais Stanley Woods remportait le Senior TT sur une Moto Guzzi – conforme aux règlements, cette fois. A son arrivée au pouvoir en 1922, Mussolini, désireux de voir l'Italie triompher dans la compétition internationale, finança l'industrie motocycliste. Ce fut l'époque des superbes quatre-cylindres Gilera, issues des Rondine de la marque. Dorino Serafini remporta le championnat d'Europe 1939 des 500 cm³ au guidon d'une Gilera, et après la guerre la marque continua sur sa lancée.

La MV Agusta 350 de Grand Prix.

La mode des deux-roues

L'après-guerre s'enthousiasma pour ces moyens de transport peu onéreux et d'un entretien facile qu'étaient les deux-roues. Ils furent alors produits en grande quantité, en particulier par Garelli et Ducati (pp. 92-95). L'essor de la mode italienne favorisa également l'apparition des scooters. Innocenti et Piaggio – fabricants du Lambretta et du Vespa (pp. 98-99) – entrèrent en scène, tous deux nouveaux sur le marché. Ce fut également à cette époque que les constructeurs de motos MV Agusta (pp. 104-107), FB Mondial et Parilla démarrèrent leur activité. La popularité des motos de petite cylindrée et des scooters continua à se maintenir durant les années 50, qui furent également riches en innovations.

La Moto Guzzi 500 S de 1928.

MOTO GUZZI

L'emblème de Moto Guzzi.

Championnes du monde

Après l'instauration du championnat du monde en 1949, les motos italiennes dominèrent les catégories des 125 cm³ et des 250 cm³. Les Gilera et les MV Agusta s'adjugèrent le titre en 500 cm³, et Moto Guzzi domina la catégorie des 350 cm³ de 1953 à 1957. Pourtant, les ventes diminuaient tandis que les frais d'entretien d'une équipe d'usine devenaient de plus en plus lourds. Les marques italiennes, à l'exception de MV, se retirèrent du circuit des Grands Prix. Entre 1958 et 1960, MV Agusta remporta la totalité des douze titres mondiaux. Les japonaises allaient mettre un terme à cette suprématie, encore que MV ait dominé la catégorie des 500 cm³ jusqu'au milieu des années 70.

Rescapées des années 60

L'industrie motocycliste italienne souffrit beaucoup durant les années 60. Gilera fut racheté par Piaggio en 1969. Mal géré après la mort de son fondateur en 1964, Moto Guzzi échappa en 1966 au contrôle familial, racheté ainsi que Benelli par De Tomaso. Dans les années 70, les dernières compagnies survivantes réalisèrent que la réussite à l'exportation résidait dans les grosses cylindrées. Le marché international fit alors connaissance avec les noms de Guzzi, Ducati et Laverda (p. 109). Avec le secours de mesures protectionnistes, l'industrie italienne put continuer à produire de belles motos, ce qui n'était pas le cas des autres pays, le Japon excepté. La décennie suivante vit Cagiva absorber Ducati, Morini (p. 108), ainsi que la marque suédoise Husqvarna (pp. 138-139), tandis que Piaggio se plaçait au troisième rang mondial des producteurs de motocycles.

La Moto Guzzi de 1928.

Tonino Benelli, la star de l'écurie, trouva la mort en 1937 dans un accident, après s'être retiré de la compétition.

Benelli

LES FRÈRES BENELLI construisirent leur première motocyclette en 1921. Leur usine de Pesaro se développa rapidement, et leur production se fit connaître à l'étranger. Après avoir fabriqué des deux-temps de faible cylindrée, la marque construisit, en 1927, un monocylindre quatre temps de 175 cm^3 à arbre à cames en tête, qui servit de base à des modèles de course, lesquels faisaient encore bonne figure sur les circuits dans les années 50. En 1971, des difficultés financières contraignirent la famille Benelli à se dessaisir de l'entreprise. En dépit d'investissements importants dans la conception, le nouveau propriétaire, Alejandro De Tomaso, ne parvint jamais à rendre sa gloire à Benelli.

Le pilote australien Kel Karruthers devint, en 1969, champion du monde en 250 cm^3, sur l'une des quatre-cylindres élaborées par Benelli dans les années 60. La marque remporta ainsi son second titre mondial (Dario Ambrosini avait remporté le titre en 1950).

La Benelli 750 Sei de 1976

Alejandro De Tomaso fondait de grands espoirs sur la 750 Sei. Largement inspirée de la Honda 500 Four, la 750 Sei était, avec ses deux cylindres supplémentaires, la première six-cylindres de série. Une version de 900 cm^3 fut créée en 1980.

Les six frères Benelli. De g. à dr. : Tonino, Francesco, Giovanni, Giuseppe, Filippo et Mino. En 1949, Giuseppe créa sa propre compagnie : la MotoBi.

Les témoins lumineux et les instruments essentiels sont réunis sur un tableau de bord très carré.

L'incommodité des commandes électriques était une caractéristique des motos italiennes de la période

Maître cylindre de frein

Phare chromé. Les chromes restaient très en vogue dans les années 70

Jonction des durits de frein

Frein double piston Brembo

La filiation avec le moteur Honda est évidente (cf. Honda CB 750 pp. 114-115)

Filtre à huile central

Leviers terminés par une boule

Fils de bougies

Cache-culbuteurs

Le moteur de la 750 Benelli mesure 66 cm de large au niveau des carters de vilebrequin.

CARACTÉRISTIQUES

La Benelli 750 Sei

- MOTEUR Six cylindres en ligne à simple arbre à cames en tête
- ALÉSAGE x COURSE 56 mm x 50,6 mm
- CYLINDRÉE 747,77 cm³
- PUISSANCE 71 ch à 8 900 tr/mn
- CARBURATION Trois carburateurs Dell'Orto de 24 mm
- ALLUMAGE Batterie et bobine
- TRANSMISSION Par chaîne, boîte à cinq rapports
- EMBRAYAGE Multidisque en bain d'huile
- CADRE Double berceau tubulaire en acier
- SUSPENSION Fourche télescopique à l'AV, bras oscillant à l'AR
- FREINS Deux disques à l'AV, tambour à l'AR
- POIDS 220 kg
- VITESSE MAX. 190 km/h
- DATE DE CONSTRUCTION 1976

LE SAVIEZ-VOUS ?

La première huit-cylindres fut construite en 1912 par Glenn Curtis, aviateur et constructeur de moteurs d'avions. Curtis, qui conçut des monocylindres et des V-twins, installa un moteur d'avion V 8 refroidi par air sur un châssis de moto et se lança dans la course aux records. Aucune routière ne posséda plus de cylindres que la 750 Sei de Benelli.

Ducati

RÉPUTÉ AUJOURD'HUI pour ses motos sportives, Ducati a commencé comme beaucoup par fixer des moteurs sur des cadres de bicyclette. Le moment déterminant pour la marque a été l'arrivée, en 1954, de l'ingénieur Fabio Taglioni. Il créa un monocylindre à arbre à cames en tête entraîné par arbre, à partir duquel la compagnie développa sa gamme. Taglioni ajouta aux versions course une commande desmodromique des soupapes (fermeture des soupapes commandée par l'arbre à cames et non par des ressorts), qui fut ensuite adaptée sur les routières. Le nom de Ducati est devenu synonyme de maniabilité et de performances.

Les premières Desmo Ducati furent le plus vaste succès des Grands Prix 125 cm³ de la fin des années 50. (Vice-champion du monde 58).

La Ducati 250 Mach 1 de 1964

Introduite en 1964, la Mach était de loin la routière 250 cm³ la plus rapide sur le marché. Elle fit beaucoup pour la renommée de Ducati. De manière naturelle, nombre de ces routières furent transformées en racers.

CARACTÉRISTIQUES

La Ducati 250 Mach 1 de 1964

- MOTEUR Monocylindre 4 temps à arbre à cames en tête, refroidi par air
- CYLINDRÉE 249 cm³
- PUISSANCE 26 ch à 8 500 tr/mn
- TRANSMISSION Par chaîne, boîte à cinq rapports
- CADRE Simple berceau d'acier tubulaire
- SUSPENSION Fourche télescopique à l'AV, bras oscillant à double amortisseur à l'AR
- POIDS 116 kg
- VITESSE MAX. 171 km/h

La Ducati 350 Desmo de 1974

La commande desmodromique des soupapes fut adaptée sur les monocylindres 250 cm³, 350 cm³ et 450 cm³ de tourisme Ducati à partir de 1971. Longtemps commercialisés, les monocylindres finirent néanmoins par se démoder et la firme cessa de les produire en 1974. Le système desmodromique n'en reste pas moins l'un des points forts des Ducati.

CARACTÉRISTIQUES

La Ducati 350 Desmo de 1974

- MOTEUR Monocylindre 4 temps à arbre à cames en tête, refroidi par air
- CYLINDRÉE 340 cm³
- PUISSANCE 38 ch à 7 500 tr/mn
- TRANSMISSION Par chaîne, boîte à cinq rapports
- CADRE Berceau ouvert en acier
- SUSPENSION Fourche télescopique à l'AV, bras oscillant à double amortisseur à l'AR
- POIDS 128 kg
- VITESSE MAX. 169 km/h

Ces V-twins étaient très étroits.

La Ducati 750 Sport de 1973

Ducati construisait depuis quinze ans des monocylindres à entraînement d'ACT par arbre lorsqu'il décida de se tourner vers le marché des grosses cylindrées. Il créa alors un moteur de 750 cm³ – en fait, deux monos en V à 90°–, qui allait devenir l'estampille Ducati. La 750 sortit en 1971, suivie un an plus tard par une version sportive. La cylindrée fut portée par la suite à 900 cm³.

CARACTÉRISTIQUES

La Ducati 750 Sport de 1973

- MOTEUR Bicylindre en V à 90° 4 temps, à arbre à cames en tête, refroidi par air
- CYLINDRÉE 747 cm³
- PUISSANCE 55 ch à 7 900 tr/mn
- TRANSMISSION Par chaîne, boîte à cinq rapports
- CADRE Berceau ouvert et moteur porteur
- SUSPENSION Fourche télescopique à l'AV, bras oscillant à l'AR
- POIDS 181,5 kg
- VITESSE MAX. 185 km/h

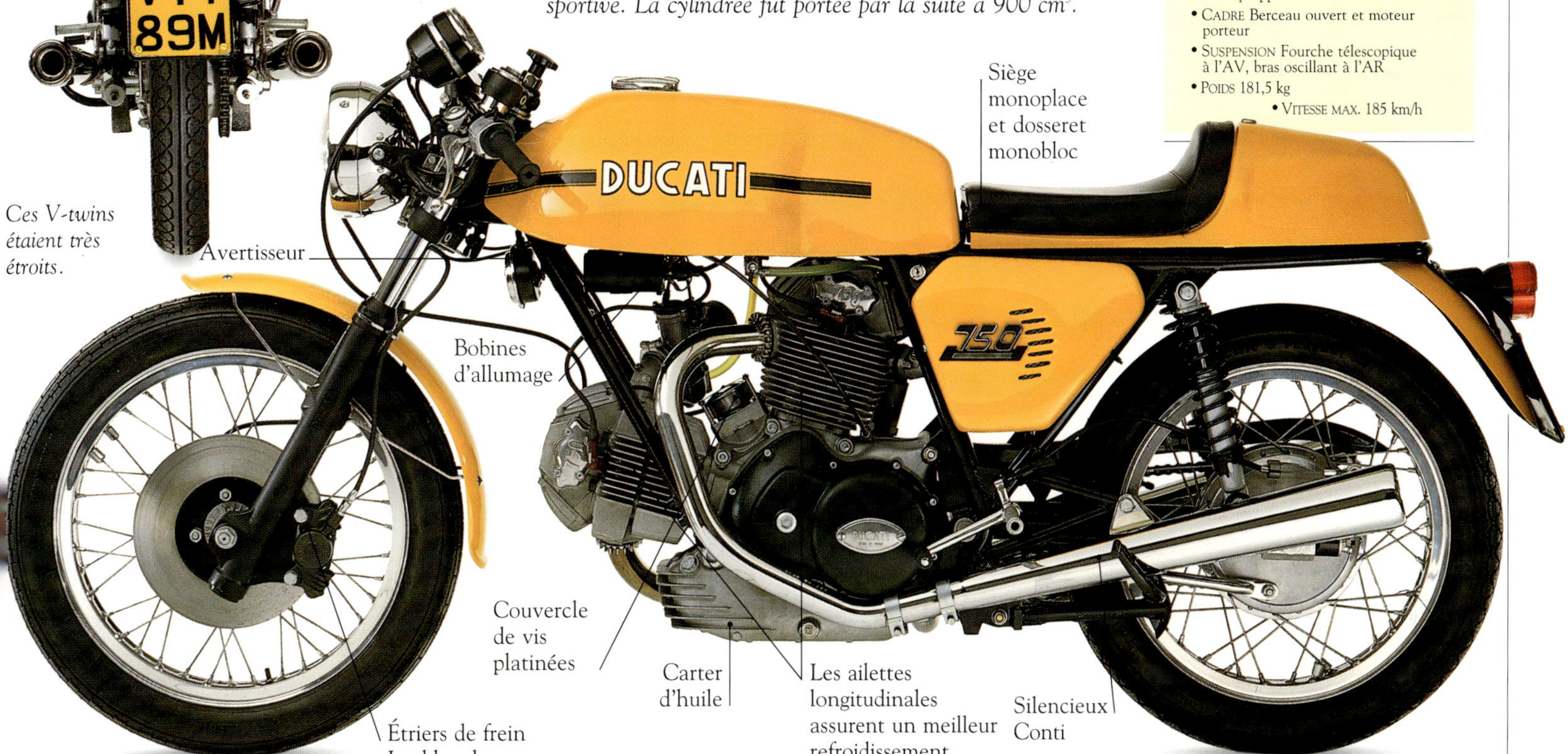

La Ducati 851 de 1989

La 851 est la routière la plus complexe que Ducati ait produite. Le moteur conservait la commande desmodromique des soupapes et la configuration des cylindres en V à 90°. Il s'agissait d'un moteur à injection à quatre arbres à cames, huit soupapes et refroidissement par eau – que des nouveautés pour une routière Ducati. La 851 devait donner naissance à la prestigieuse Superbike 888.

CARACTÉRISTIQUES

La Ducati 851 de 1989

- MOTEUR Bicylindre en V à injection, huit soupapes, doubles arbres à cames en tête, refroidi par eau
- CYLINDRÉE 851 cm³
- PUISSANCE 95 ch à 9 000 tr/mn
- TRANSMISSION Par chaîne, boîte à six rapports
- CADRE Treillis tubulaire
- SUSPENSION Fourche télescopique antiplongée, AR bras oscillant monoamortisseur
- POIDS 180 kg
- VITESSE MAX. 245 km/h

Ducati Imola

Quatre secondes seulement séparaient Smart de Spaggiari à l'arrivée des 200 Miles d'Imola.

LA COMPÉTITION A JOUÉ un grand rôle dans la légende qui s'attache à Ducati, dont les motos de route et de circuit ont toujours été très proches et réputées pour leur tenue de route et leurs performances. Les premières 125 cm³ de Grand Prix et les dernières V-twins étaient issues de machines de série ; les deux types brillèrent sur les circuits. L'éclatante victoire de Ducati aux 200 Miles d'Imola, en 1972, ouvrit une ère de succès en compétition pour ses bicylindres en V qui, aujourd'hui encore, dominent le championnat du monde des Superbikes.

Carter d'embrayage

Le carter d'embrayage nuit à la garde au sol ; aussi a-t-on surélevé le pot d'échappement gauche.

La Ducati 750 SS Imola de 1972

Dix versions « course » de la 750 routière furent conçues pour les 200 Miles d'Imola 1972 – la firme tablant sur une victoire pour mettre en valeur ses racers. Le jour venu, l'écurie réussit un beau doublé – Paul Smart s'adjugeant la première place, et Bruno Spaggiari la seconde.

Peinture pailletée

Dosseret en polyester

Interrupteur de contact

Reniflard du moteur

Batterie (sans dispositif de recharge)

La patte de fixation de béquille de la version routière a été conservée

Réglage de tension de chaîne par coulisseau

Le grand empattement et l'immense angle de chasse assurent une stabilité exceptionnelle à grande vitesse, mais la direction est lourde.

Radiateur d'huile

Carburateurs Dell'Orto de 40 mm

Amortisseur de direction

Écran du carénage

Une bande transparente laisse voir le niveau du carburant dans le réservoir en polyester armé

Compte-tours et radiateur d'huile sont logés dans la tête de fourche (voir ci-dessus)

Prise d'air du radiateur d'huile

CARACTÉRISTIQUES

La Ducati 750 Imola

- MOTEUR Bicylindre en V à 90°, arbre à cames en tête, commande desmodromique des soupapes
- ALÉSAGE x COURSE 80 mm x 74,4 mm
- CYLINDRÉE 748 cm³
- PUISSANCE 85 ch à 8 800 tr/mn
- CARBURATION Deux carburateurs Dell'Orto de 40 mm
- ALLUMAGE Batterie de 12 volts et bobine
- TRANSMISSION Par chaîne, boîte à cinq rapports
- EMBRAYAGE Multidisque en bain d'huile
- CADRE Berceau tubulaire ouvert et moteur porteur
- SUSPENSION Fourche télescopique à l'AV, bras oscillant à l'AR
- FREINS Deux disques à l'AV, 1 à l'AR
- POIDS 162 kg
- VITESSE MAX. 217 km/h
- DATE DE CONSTRUCTION 1972

Jantes en alliage

Un fil métallique reliant les écrous de fixation des étriers les empêche de se desserrer

Carter d'huile

La roue à axe déporté augmente la chasse

Gilera

GIUSEPPE GILERA N'AVAIT que 22 ans lorsqu'il fonda sa firme en 1909. L'entreprise se développa pour s'installer en 1920 dans les bâtiments des environs de Milan qu'elle occupe encore aujourd'hui. En 1935, Gilera acquit les plans de la Rondine, laquelle servit de base pendant trente ans aux modèles de course. Après la mort du fils de Gilera, en 1956, l'entreprise connut une période de déclin, puis passa en 1969 aux mains de Piaggio. Surtout connu pour ses scooters Vespa (p. 99), Piaggio fabriquait également des motos deux temps. Les modèles apparus en 1987 bénéficièrent de la réputation sportive de Gilera et, en 1992, la marque fit sa réapparition sur le circuit des Grands Prix. Gilera dut fermer ses portes en 1993.

Fanion de garde-boue.

Caractéristiques

La Gilera Saturno de 1951

- Moteur Monocylindre culbuté
- Cylindrée 498 cm³
- Puissance 22 ch à 5 000 tr/mn
- Transmission Par chaîne, boîte à quatre rapports
- Cadre Berceau tubulaire interrompu
- Suspension Parallélogramme à l'AV, bras oscillant à l'AR à 2 ressorts horizontaux
- Poids 175 kg
- Vitesse max. 180 km/h

Fourche à parallélogramme

Le bloc-moteur possède un carter d'huile de grande capacité

La suspension AR exclusive comporte deux ressorts horizontaux actionnés par biellettes dans des tubes sous la selle

La Gilera Saturno de 1951
La Saturno faisait partie de la gamme des années 40 et 50, comprenant les modèles Marte et Nettuno. La Saturno fit son apparition en 1939, mais sa production ne démarra qu'après la guerre. Cette robuste sportive, issue des précédents monocylindres de 500 cm³, présentait peu de nouveautés mais attira le public ; elle demeura au catalogue de Gilera jusqu'en 1959.

Motif de réservoir de la Saturno.

La Gilera Saturno San Remo de 1949
Les pilotes officiels couraient sur des Gilera Saturno spécialement préparées, et l'usine en commercialisa un petit nombre. En 1947, Carlo Bandirola remporta la course de San Remo. Gilera remporta le trophée pendant quatre années consécutives, et les Saturno de course se virent baptisées « San Remo ». Bien qu'inscrites dans les compétitions internationales et très présentes sur les circuits nationaux, les San Remo ne menacèrent jamais véritablement leurs concurrentes multicylindres ou à arbres à cames en tête.

Carburateur Dell'Orto de 35 mm

Robinet d'essence

Timonerie de boîte

Amortisseur à friction

Jante alliage

Échappement libre

Canalisation de graissage des culbuteurs

CARACTÉRISTIQUES

La Gilera Saturno de 1989

- MOTEUR Monocylindre 4 temps, quatre soupapes
- CYLINDRÉE 491 cm³
- PUISSANCE 45 ch à 7 500 tr/mn
- TRANSMISSION Par chaîne, boîte à cinq rapports
- CADRE Tubulaire, triangulé à moteur porteur
- SUSPENSION Fourche télescopique, monoamortisseur à l'AR
- POIDS 140 kg
- VITESSE MAX. 185 km/h

La Gilera Saturno de 1989

La fin des années 80 vit la sortie d'une nouvelle Saturno. Destinée à l'origine au marché japonais, elle fut commercialisée dans le monde entier. La Nuovo Saturno est une moto sportive légère, à moteur monocylindre de 500 cm³, qui possède tous les attributs de la modernité.

CARACTÉRISTIQUES

La Gilera Saturno San Remo de 1949

- MOTEUR Monocylindre 4 temps culbuté
- CYLINDRÉE 499 cm³
- PUISSANCE 38 ch à 6 000 tr/mn
- TRANSMISSION Par chaîne, boite à quatre rapports
- CADRE Berceau interrompu en acier,
- SUSPENSION Fourche à parallélogramme à l'AV, bras oscillant à l'AR avec deux ressorts horizontaux
- POIDS 128 kg
- VITESSE MAX. 193 km/h

LES RACERS GILERA

En 1936, Gilera acquit les droits de la moto de course Rondine. De cette machine de conception audacieuse sont issus les racers de la marque ; plus tard, MV Agusta et les constructeurs japonais ont copié la configuration – quatre cylindres en travers du cadre – de la Rondine.

Le championnat d'Europe 1939 fut remporté par une quatre-cylindres Gilera à compresseur.

Après la guerre, les compresseurs furent interdits et les quatre-cylindres redessinées. Carlo Bandirola (ci-dessus) pilote le modèle 1950. Les championnats du monde 1953, 1954 et 1955 furent remportés par le Britannique Geoff Duke sur des Gilera.

Gilera se retira de la compétition en 1957 sur une victoire en championnat. On voit ici le pilote de l'écurie Gilera, Libero Liberati, sur une 350 cm³ de 1957 à carénage « poubelle ».

Les Scooters

A L'ISSUE DE LA PREMIÈRE GUERRE MONDIALE, le public commença à s'intéresser à de curieux engins motorisés qui donnèrent naissance à une première vague de ces deux-roues pratiques et peu coûteux, les scooters. La Seconde Guerre mondiale les remit à l'honneur à travers des vélomoteurs pliants à petites roues que l'on parachutait aux troupes aéroportées. A la fin des hostilités, les usines d'armement se reconvertirent dans la production de motos et de scooters. Le scooter, suffisamment puissant pour circuler en ville et offrant une bonne protection, allait devenir « le » moyen de transport et de loisirs populaire des années 50 et 60.

Avant de créer ses propres engins, NSU construisait des Lambretta sous licence.

L'ensemble moteur-boîte-transmission oscille autour d'un point et fait office de bras oscillant.

L'ensemble moteur-boîte-transmission fait partie de la suspension AR

Les scooters disposent souvent d'une roue de secours

Le Lambretta LD 150 de 1957

Les premiers Lambretta datent de 1947. En 1951, le tablier et les panneaux latéraux étaient proposés en option, puis furent montés en série. Le modèle LD, objet d'une grande diffusion, cessa d'être fabriqué en 1959. La production des Lambretta fut interrompue en Italie dans les années 70, mais se poursuivit sous licence en Espagne et en Inde.

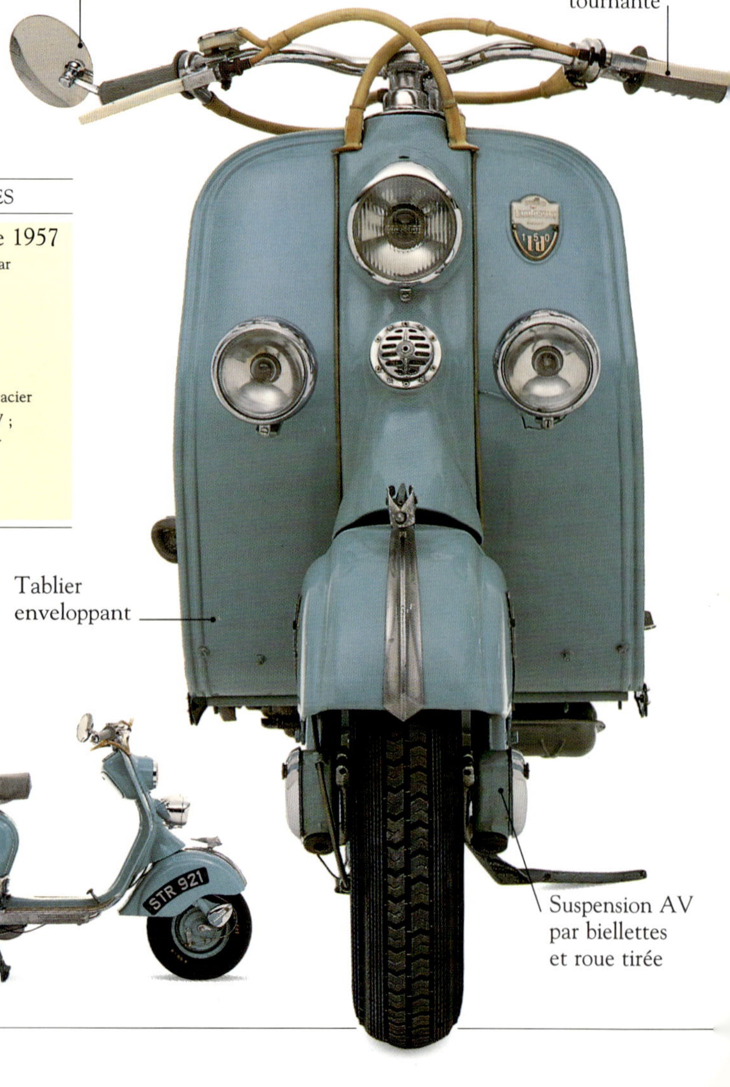

Rétroviseur

La plupart des scooters ont un changement de vitesse à poignée tournante

Tablier enveloppant

Suspension AV par biellettes et roue tirée

L'AUTOPED

Sorti en 1915, l'Autoped de fabrication américaine fut construit sous licence en Angleterre et en Allemagne. L'engin se logeait presque dans un coffre de voiture.

Le guidon se repliait pour le rangement

On relevait le guidon pour enclencher la propulsion

Moteur de 155 cm³

L'Autoped se conduisait debout, comme une patinette

CARACTÉRISTIQUES

Le Lambretta LD 150 de 1957

- MOTEUR Deux temps refroidi par air forcé
- CYLINDRÉE 148 cm³
- PUISSANCE 8 ch
- TRANSMISSION Par arbre, boîte manuelle à trois rapports
- CADRE Coque autoporteuse en acier
- SUSPENSION A roue tirée à l'AV ; à l'AR, ensemble moteur-boîte-transmission oscillant
- POIDS 75 kg
- VITESSE MAX. 80,5 km/h

Des panneaux facilement démontables protègent moteur et boîte des intempéries et des chocs.

CARACTÉRISTIQUES

Le Heinkel Tourist de 1956

- MOTEUR Monocylindre culbuté
- CYLINDRÉE 174 cm^3
- PUISSANCE 9,5 ch à 5 500 tr/mn
- TRANSMISSION Par chaîne, boîte à quatre rapports
- CADRE Porteur, en acier embouti
- SUSPENSION Fourche télescopique (amortisseur hydraulique extérieur) ; à l'AR, carter de chaîne faisant office de bras oscillant et amortisseur hydraulique
- POIDS 145 kg
- VITESSE MAX. 95 km/h

Le Heinkel Tourist de 1956

Le célèbre constructeur d'avions Heinkel dut se reconvertir à la fin de la Seconde Guerre mondiale ; il s'orienta vers le scooter, avec le Heinkel Tourist, un 149 cm^3 de grande qualité lancé en 1953. D'autres engins suivirent, dont une voiturette à porte d'accès frontale. La production d'avions redémarra en 1965, ce qui mit fin à la fabrication des scooters.

Heinkel a construit 100 000 exemplaires de son Tourist.

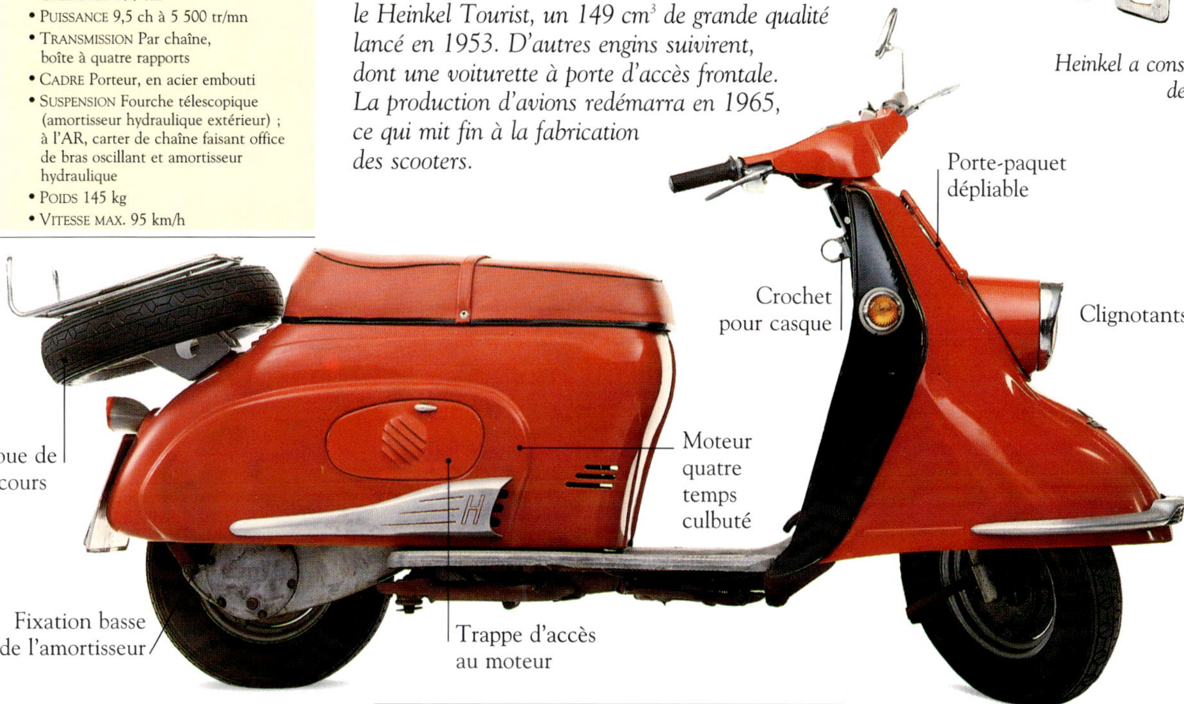

La coque en embouti masque roue et fourche.

Les Mods apparurent en Angleterre vers 1960. Ils roulaient sur des scooters customisés et adoraient se battre avec les Rockers (circulant à moto), sur les plages des stations balnéaires britanniques.

CARACTÉRISTIQUES

Le Vespa GS160 MK1 de 1963

- MOTEUR Monocylindre 2 temps refroidi par air forcé
- CYLINDRÉE 159 cm^3
- PUISSANCE 8 ch à 6 500 tr/mn
- TRANSMISSION Directe, boîte à quatre rapports
- CADRE Coque autoporteuse
- SUSPENSION A roue tirée et monoamortisseur à l'AV, ensemble moteur oscillant et amortisseur hydraulique à l'AR
- POIDS 110 kg
- VITESSE MAX. 100 km/h

La jupe qui coiffe l'arrière du GS en fait l'un des scooters les plus esthétiques des années 60.

Le Vespa Grand Sport 160 Mark 1 de 1963

Le Vespa (« guêpe » en italien), né en 1947, a évolué progressivement, sans renier pour autant l'excellent concept de départ. La coque autoporteuse, le moteur et la boîte de vitesses ont conservé la même configuration.

Le GS est considéré par beaucoup comme le plus réussi des Vespa.

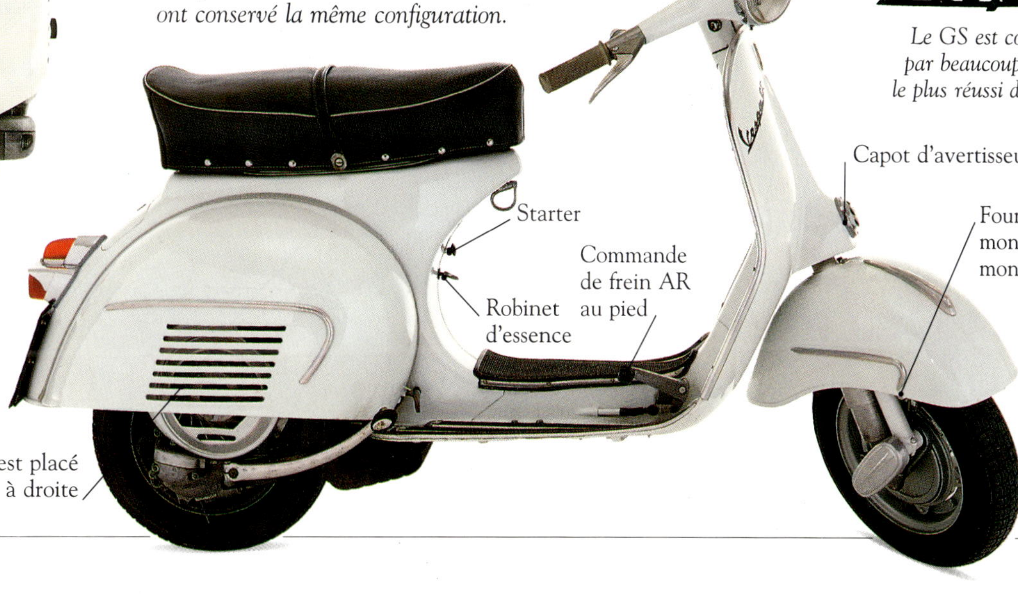

Carlo Guzzi (ci-dessus) donna son nom à la firme qu'il fonda avec Giorgio Parodi. Guzzi est mort en 1964, à l'âge de 75 ans.

Moto Guzzi

Les promoteurs de Moto Guzzi étaient deux pilotes d'avion de la Première Guerre mondiale, Giorgio Parodi et Giovanni Ravelli, auxquels s'était joint leur ingénieur mécanicien Carlo Guzzi. Ravelli trouva la mort au combat, les deux survivants s'installèrent à Mandello del Lario. Leur premier prototype, dessiné par Guzzi, fut construit en 1920. Ce prototype était doté d'un monocylindre horizontal de 500 cm^3, à quatre soupapes et arbre à cames en tête. La configuration à deux soupapes fut choisie par la suite pour le modèle de production. Excellente conception, parfaite réalisation et hautes performances allaient faire de Moto Guzzi l'un des premiers constructeurs italiens.

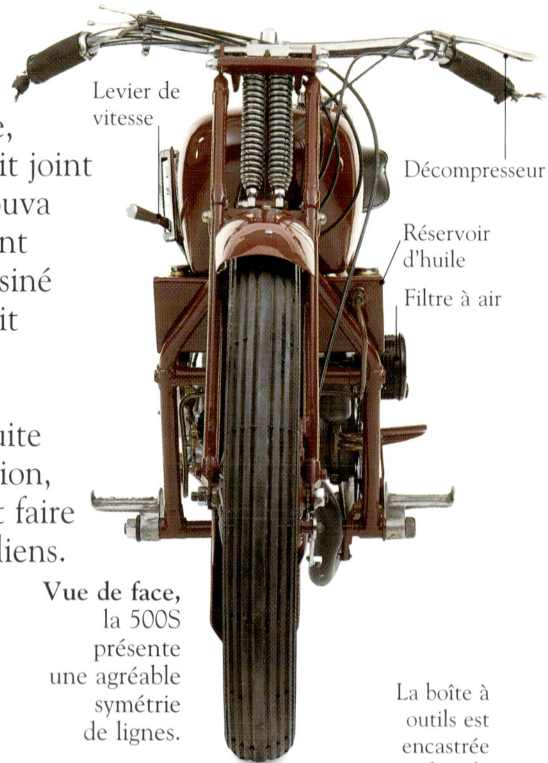

Vue de face, la 500S présente une agréable symétrie de lignes.

La Moto Guzzi 500S de 1928

La 498 cm^3 Moto Guzzi détient le record de la longévité. Le modèle de 1920 était de conception si avant-gardiste que l'on put conserver les mêmes cotes d'alésage et de course sur le dernier monocylindre, construit en 1976. Le modèle S, avec son changement de vitesse manuel et sa roue arrière non suspendue, était l'une des versions les moins sophistiquées.

Le fameux volant d'inertie extérieur, baptisé « coupe-jambon », fut, jusqu'à la fin des années 60, une spécificité des gros monocylindres Moto Guzzi. Le même moteur équipait également des triporteurs.

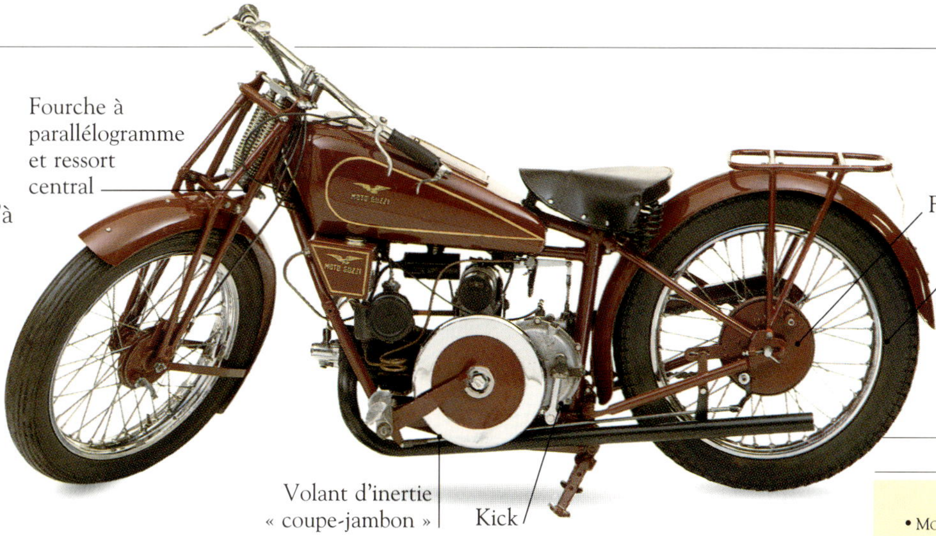

CARACTÉRISTIQUES

La Moto Guzzi 500S

- MOTEUR Monocylindre horizontal, soupapes opposées
- ALÉSAGE X COURSE 88 mm x 82 mm
- CYLINDRÉE 498 cm³
- PUISSANCE 18 ch à 4 000 tr/mn
- CARBURATION Carburateurs Amac
- ALLUMAGE Par bobine
- TRANSMISSION Par chaîne, boîte manuelle à trois rapports
- EMBRAYAGE Multidisque à sec
- CADRE Double berceau tubulaire, platines moteur en tôle d'acier
- SUSPENSION Fourche à parallélogramme à l'AV, AR rigide
- FREINS A tambour à l'AV et à l'AR
- POIDS 130 kg
- VITESSE MAX. 100 km/h
- DATE DE CONSTRUCTION 1928

MOTO GUZZI

L'aigle était un motif utilisé dans l'armée de l'air italienne. Guzzi et Parodi le choisirent en hommage à leur ami Giovanni Ravelli, mort au combat.

Les Moto Guzzi de l'après-guerre

Moto Guzzi ne craignait pas de se tenir à ses bonnes idées, comme ce monocylindre à plat que la marque conserva durant cinquante ans. Une nouvelle configuration fut adoptée en 1967, qui est depuis lors le principal cheval de bataille des Guzzi. A l'origine, le bicylindre en V à 90° à transmission secondaire acatène était destiné à la police et à l'armée ; il fut ensuite adapté sur les engins de tourisme et de sport.

Caractéristiques

La Moto Guzzi Dondolino de 1946

- Moteur Monocylindre culbuté
- Cylindrée 498,4 cm^3
- Puissance 33 ch à 5 500 tr/mn
- Transmission Par chaîne, boîte à quatre rapports
- Cadre Double berceau en tubes et tôle emboutie, moteur porteur
- Suspension A parallélogramme à l'AV, bras oscillant à l'AR avec ressorts sous le moteur
- Poids 128 kg
- Vitesse max. 170 km/h

La Moto Guzzi Dondolino de 1946
La moto de course Dondolino fut fabriquée de 1946 à 1951. Les monocylindres Moto Guzzi réalisèrent des prouesses en compétition, tant entre les mains de pilotes d'usine qu'entre celles de coureurs indépendants.

Les Moto Guzzi de course

Moto Guzzi évolua prudemment en ce qui concernait ses routières, mais sortit quelques étonnants engins de course, dont des trois-cylindres à compresseur, des quatre-cylindres en ligne entraînés par arbre, des V-twins à 120° et la stupéfiante 500 cm^3 V8, apparue en 1954.

La Moto Guzzi V8
Conçue par le fameux designer de Moto Guzzi Giulio Carcano, la V8 atteignit, en 1957, 243 km/h sur 10 km départ arrêté, mais Guzzi se retira de la compétition la même année, de sorte que le potentiel de la V8 ne fut jamais exploité.

Le pilote d'usine Bill Lomas illustre la légèreté du moteur V8.

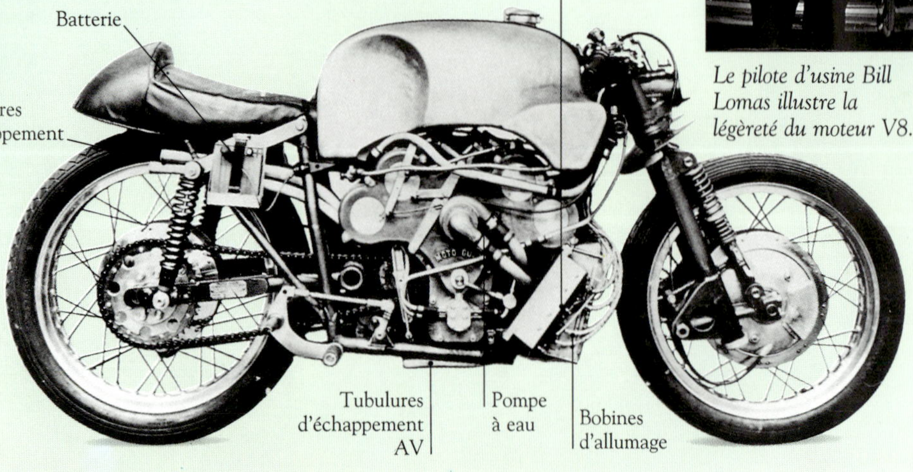

Caractéristiques

La Moto Guzzi V7 de 1970

- Moteur V-twin culbuté transversal
- Cylindrée 757 cm³
- Puissance 40 ch à 5 000 tr/mn
- Transmission Par arbre, boîte à quatre rapports
- Cadre Double berceau d'acier tubulaire, moteur porteur
- Suspension Fourche télescopique à l'AV, bras oscillant à l'AR
- Poids 234 kg
- Vitesse max. 180 km/h

La Moto Guzzi V7 Special de 1970
La première V7 était équipée d'un moteur de 704 cm³ ; en 1969, la cylindrée fut portée à 757 cm³ et d'autres légères modifications furent effectuées. Le modèle amélioré, baptisé V7 Spécial, conservait le style de ses prédécesseurs.

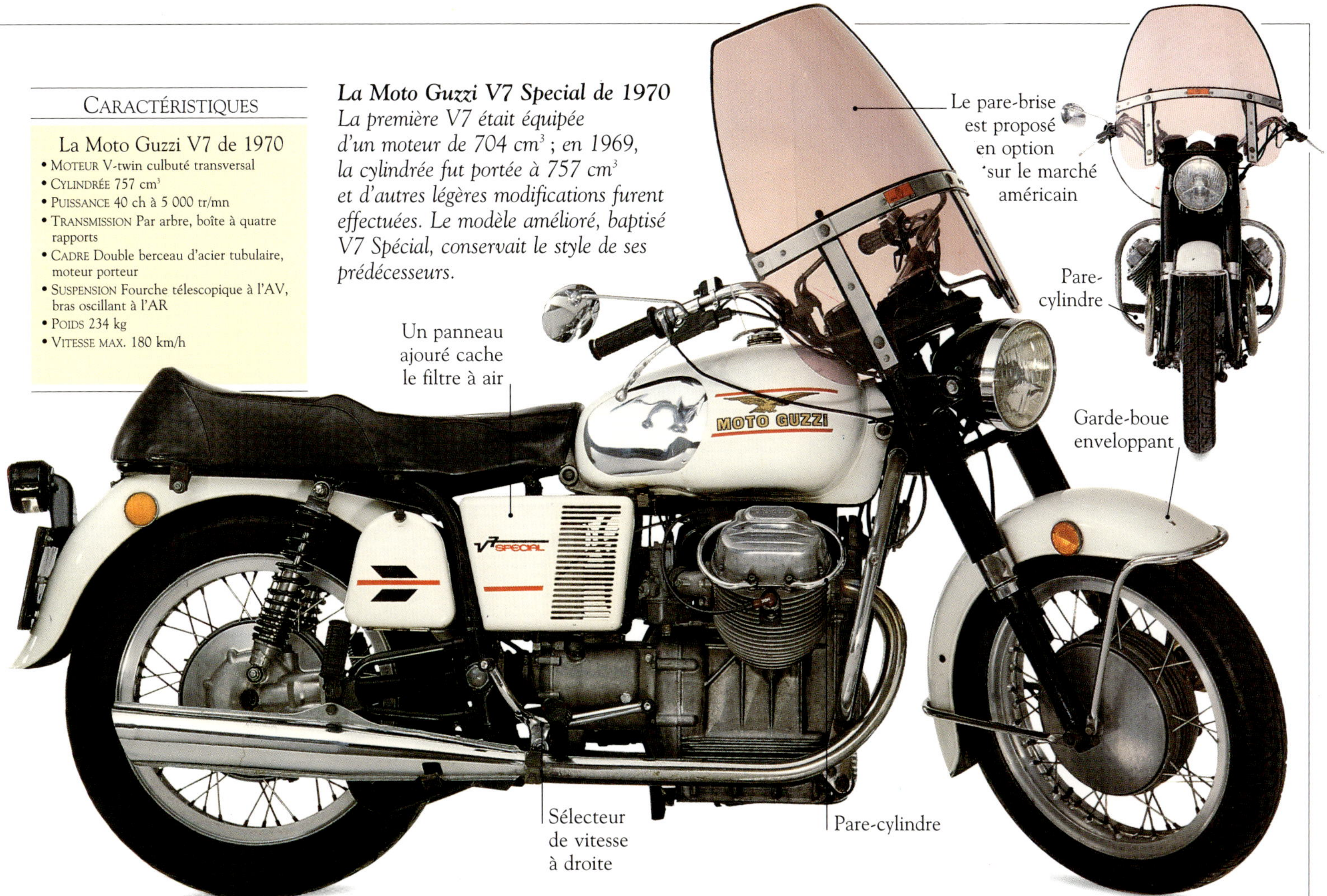

La Moto Guzzi 850 Le Mans Mark 1
L'introduction, en 1972, d'un châssis offrant une meilleure tenue de route changea le caractère du V-twin. Les premières 750 cm³ sportives furent suivies, à partir de 1976, par la longue lignée des Le Mans 850 cm³.

Caractéristiques

La Moto Guzzi Le Mans de 1976

- Moteur V-twin culbuté
- Cylindrée 844 cm³
- Puissance 71 ch à 7 300 tr/mn
- Transmission Par arbre, boîte à cinq rapports
- Cadre Double berceau tubulaire
- Suspension Fourche télescopique à l'AV, bras oscillant à l'AR
- Poids 216 kg
- Vitesse max. 212 km/h

MV Agusta 350

MV Agusta a fondé sa légende sur sa fabuleuse réussite en compétition. Entre 1950 et 1976, année où la firme dut baisser les bras face aux deux-temps japonais, MV Agusta remporta 37 championnats du monde et 273 Grands Prix. En 1958, 1959 et 1960, la marque remporta toutes les courses de championnat en solo. MV Agusta s'adjugea son dernier grand titre mondial en 1974, son dernier Grand Prix en Allemagne en 1976.

Les racers d'usine ont évolué au fil des ans. Le cadre de la MV 350 (ci-dessus de face) remonte à 1960 ; le moteur a été utilisé de 1954 à 1961.

John Surtees, le pilote le plus titré de MV Agusta, a remporté sept championnats pour l'écurie. On le voit ici au départ du Junior TT de 1956.

La MV 350 cm³ de Grand Prix

Les premières MV de GP furent des 125 cm³ monocylindres et des 500 quatre cylindres. La 350 cm³ quatre cylindres n'apparut qu'en 1953 et n'accéda véritablement au succès qu'en 1958 en remportant le premier de ses quatre titres mondiaux.

Les deux couvercles d'arbre à cames dominent la silhouette du moteur MV Agusta (dépouillé ici de son carénage). Le levier d'embrayage est incliné vers le haut pour faciliter la conduite en position de course.

Les carters sont en alliage de magnésium

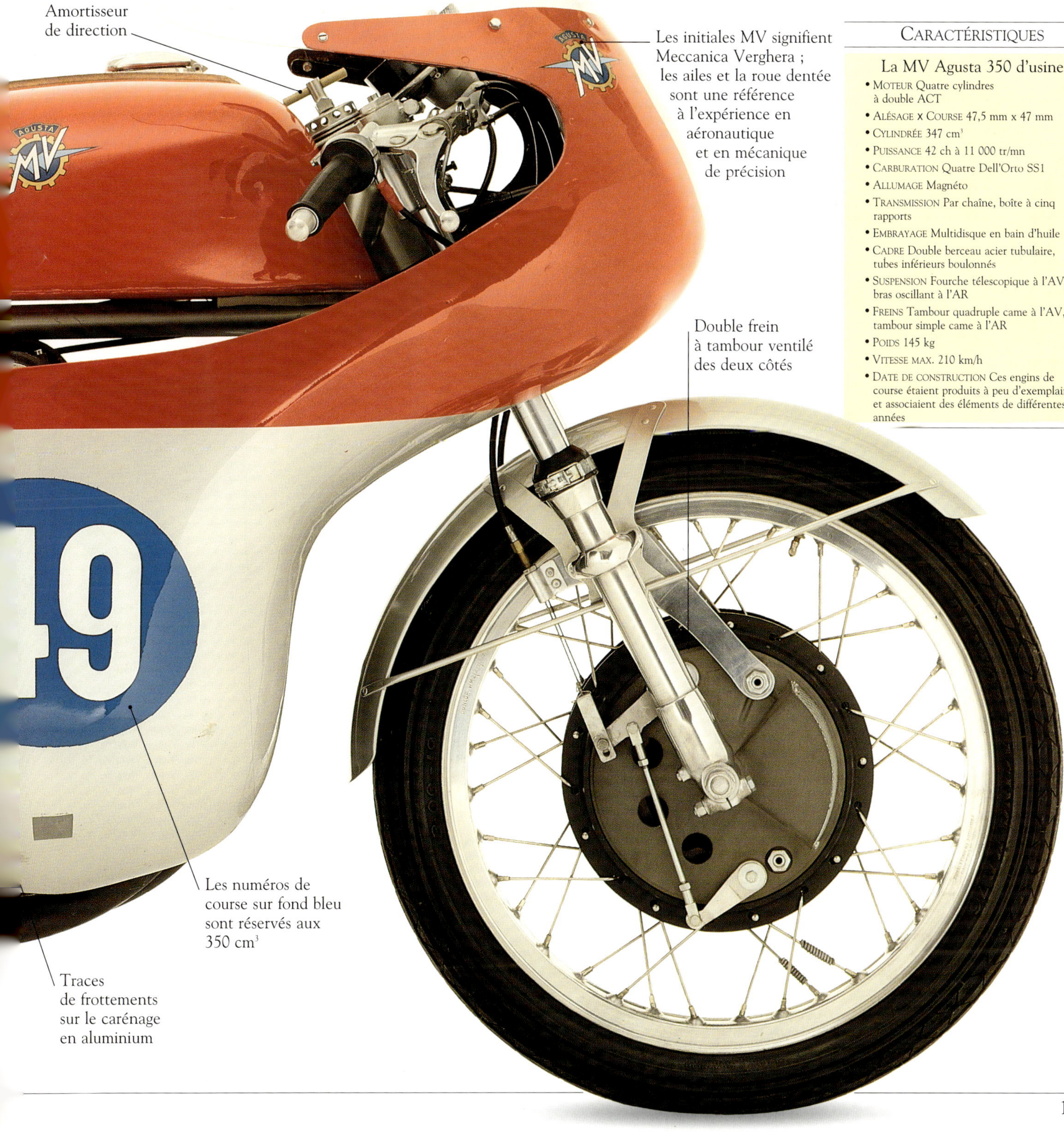

Amortisseur de direction

Les initiales MV signifient Meccanica Verghera ; les ailes et la roue dentée sont une référence à l'expérience en aéronautique et en mécanique de précision

Double frein à tambour ventilé des deux côtés

Les numéros de course sur fond bleu sont réservés aux 350 cm³

Traces de frottements sur le carénage en aluminium

Caractéristiques

La MV Agusta 350 d'usine

- Moteur Quatre cylindres à double ACT
- Alésage x Course 47,5 mm x 47 mm
- Cylindrée 347 cm³
- Puissance 42 ch à 11 000 tr/mn
- Carburation Quatre Dell'Orto SS1
- Allumage Magnéto
- Transmission Par chaîne, boîte à cinq rapports
- Embrayage Multidisque en bain d'huile
- Cadre Double berceau acier tubulaire, tubes inférieurs boulonnés
- Suspension Fourche télescopique à l'AV, bras oscillant à l'AR
- Freins Tambour quadruple came à l'AV, tambour simple came à l'AR
- Poids 145 kg
- Vitesse max. 210 km/h
- Date de construction Ces engins de course étaient produits à peu d'exemplaires et associaient des éléments de différentes années

Le légendaire Mike Hailwood faisant ses débuts en course sur une 250 cm³ MV Agusta.

MV Agusta

LA CONSTRUCTION AÉRONAUTIQUE a toujours représenté l'activité essentielle du groupe MV Agusta. L'usine a commencé à fabriquer des deux-roues – du scooter au gros cube sportif en passant par les engins de course – après la Seconde Guerre mondiale, et a continué durant trente ans. Elle est revenue aux avions dans les années 70, quand les motos ont cessé d'être rentables.

CARACTÉRISTIQUES

La MV Agusta 125 de 1953

- MOTEUR Monocylindre 4 temps à simple ACT
- CYLINDRÉE 123,5 cm³
- PUISSANCE 14 ch à 10 000 tr/mn
- TRANSMISSION Par chaîne, boîte à quatre rapports
- CADRE Double berceau
- SUSPENSION Fourche télescopique à l'AV, bras oscillant à l'AR
- POIDS 75 kg
- VITESSE MAX. 160 km/h

La MV Agusta 125 de 1953

Outre ses fabuleuses motos d'usine, MV s'est intéressé aux compétition-clients de petite cylindrée. Dans les années 50, les coureurs amateurs ont souvent conduit ces engins à la victoire. MV n'a jamais commercialisé ses quatre-cylindres de course.

Le casque de Mike Hailwood dans l'équipe MV.

CARACTÉRISTIQUES

La MV Agusta 175CS de 1956

- MOTEUR Monocylindre à arbre à cames en tête
- CYLINDRÉE 174 cm³
- PUISSANCE 11 ch à 6 700 tr/mn
- TRANSMISSION Par chaîne, boîte à quatre rapports
- CADRE Double berceau interrompu, moteur porteur
- SUSPENSION Fourche Earles à l'AV, bras oscillant à l'AR
- POIDS 110 kg
- VITESSE MAX. 115 km/h

La MV Agusta 175CS Disco Volante de 1956

La 175CS est une moto homogène, élégante et bien conçue. Elle tirait son surnom de « soucoupe volante » de la forme de son réservoir de carburant (évidente dans la vue de face).

CARACTÉRISTIQUES

La MV Agusta 600 de 1968

- MOTEUR Quatre cylindres à double arbre à cames en tête
- CYLINDRÉE 591,8 cm^3
- PUISSANCE 52 ch à 8 200 tr/mn
- TRANSMISSION Par arbre, boîte à cinq rapports
- CADRE Double berceau tubulaire
- SUSPENSION Fourche télescopique à l'AV, bras oscillant à l'AR
- POIDS 221 kg
- VITESSE MAX. 160 km/h

La MV Agusta 600 de 1968

Dès 1950, MV Agusta avait construit le prototype d'une quatre-cylindres de tourisme, mais elle ne fut commercialisée qu'en 1966. Au vu des succès de MV en compétition, il est étonnant que la première quatre-cylindres ait été conçue comme une moto de tourisme à transmission acatène, mais la production se poursuivit jusqu'à l'arrivée des 750 sportives, en 1971. Les quatre-cylindres MV étaient toutes très coûteuses.

L'avant de la MV Agusta 600 est dominé par son phare de voiture Fiat.

La moto possède deux avertisseurs séparés, d'intensité différente

Clignotants en bout de guidon

Distributeur d'allumage installé en position centrale

Double carburateur à cornet

Freins à disque actionnés par câble

Dynamo entraînée par courroie, installée sous la boîte de vitesses

L'emblème du réservoir commémore les 37 victoires des MV en championnat du monde.

La MV Agusta 750S America de 1975

Cette version révisée de la 750, sortie en 1975, visait le marché américain. Malheureusement, elle se vendit mal aux États-Unis, et finit par être commercialisée dans d'autres pays. Comme toutes les quatre-cylindres, elle cessa d'être fabriquée en 1977.

CARACTÉRISTIQUES

La MV Agusta 750S America de 1975

- MOTEUR Quatre cylindres en ligne à double arbre à cames en tête
- CYLINDRÉE 789 cm^3
- PUISSANCE 75 ch à 8 500 tr/mn
- TRANSMISSION Par arbre, boîte à cinq rapports
- CADRE Double berceau
- SUSPENSION Fourche télescopique à l'AV, bras oscillant à l'AR
- POIDS 240 kg
- VITESSE MAX. 210 km/h

Selle recouverte de daim

Le marché américain imposait un échappement plus silencieux

Jantes en alliage

Double frein à disque

Transmission par arbre

Quatre carburateurs de 26 mm

Autres Classiques

La Bianchi ES250/1 de 1937

Le pionnier qu'était Eduardo Bianchi construisit ses premières bicyclettes à pédales dans les années 1880. Avant le début du siècle, il avait fixé un moteur sur l'une de ses bicyclettes, ce qui fit de lui le premier fabricant italien de motos. Bianchi élargit bientôt ses activités aux moteurs d'avions, de voitures et de camions. Après la guerre, l'entreprise dut affronter la concurrence. Elle a fermé son département motos en 1967, mais on continue à fabriquer des bicyclettes portant le prestigieux emblème de Bianchi.

Caractéristiques

La Bianchi ES250/1 de 1937

- Moteur Monocylindre à arbre à cames en tête
- Cylindrée 248 cm³
- Puissance 10 ch à 4 800 tr/mn
- Transmission Par chaîne, boîte à quatre rapports
- Cadre Berceau interrompu et moteur porteur
- Suspension Fourche à parallélogramme à l'AV, coulissante à l'AR
- Poids 148 kg
- Vitesse max. 105 km/h

Caractéristiques

La Moto Morini 3 1/2 de 1974

- Moteur V-twin culbuté
- Cylindrée 344 cm³
- Puissance 39 ch à 8 500 tr/mn
- Transmission Par chaîne, boîte à six rapports
- Cadre Berceau d'acier tubulaire
- Suspension Fourche télescopique à l'AV, bras oscillant à l'AR
- Poids 154 kg
- Vitesse max. 161 km/h

La Morini 3 1/2 Sport de 1974

Morini a assis sa réputation sur le développement de configurations simples : au championnat du monde 1963, ses monocylindres 250 cm³ ont bien failli battre les puissantes Honda. La V-twin 350 cm³, mise sur le marché en 1972, était proposée en version sport ou routière ; Morini construisit aussi des 250 et 500 cm³. Il est aujourd'hui intégré au groupe Cagiva.

Caractéristiques

La Bimota Tesi 1D de 1992

- Moteur Bicylindre en V à 90°, 4 temps à commande desmodromique
- Cylindrée 904 cm³
- Puissance 118 ch à 9 000 tr/mn
- Transmission Par chaîne, boîte à six rapports
- Cadre En alliage d'aluminium et moteur porteur
- Suspension Par bras oscillant AV et AR
- Poids 188 kg
- Vitesse max. 266 km/h

Caractéristiques
La Laverda Jota 180 de 1982
• Moteur Trois cylindres à double arbre à cames en tête • Cylindrée 920 cm³ • Puissance 90 ch à 8 000 tr/mn • Transmission Par chaîne, boîte à quatre rapports • Cadre Berceau tubulaire • Suspension Fourche télescopique à l'AV, bras oscillant à l'AR • Poids 236 kg • Vitesse max. 224 km/h

La Laverda Jota 180 de 1982

Cette moto issue de la trois-cylindres Laverda 1 000 cm³ a été la plus rapide des motos de série de la fin des années 70. La Jota représentait le triomphe de la force brutale sur le raffinement : elle était bruyante, lourde, vibrait énormément ; le souci écologique qui accompagna la naissance des années 80 mit fin à sa production.

L'usine Laverda, qui fabriquait également des machines agricoles, a choisi le même logo pour ses motos.

L'orange est devenu la couleur distinctive des Laverda.

La Jota fut l'une des dernières sportives à ne pas être carénée.

La Bimota Tesi 1D de 1992

Le spécialiste qu'est Bimota ne construit guère que 300 motos par an, destinées à recevoir des moteurs d'autres marques. Le dessin exclusif et les techniques de fabrication d'avant-garde pèsent lourd sur le prix de ces machines. La Tesi a été la première moto moderne de série à posséder une direction à biellettes.

La direction à biellettes remplace la conventionnelle fourche télescopique.

Le Japon

Après un démarrage modeste, le Japon s'est hissé, en moins de quinze ans, au rang de premier producteur mondial de motos.

Déjà en 1909, au Japon, la firme Miyata fabriquait des prototypes de motocyclettes. Par ailleurs, le pays importait des engins étrangers, et pendant dix ans des Harley-Davidson y furent fabriquées sous licence, intégrant à partir de 1935 des composants japonais. La guerre laissa le pays en plein chaos financier. Les transports publics étaient désorganisés et les véhicules privés inexistants. Les besoins en moyens de transport individuels présidèrent à la naissance de nouvelles marques, telles que Honda (pp. 112-117), et imprimèrent un nouvel élan aux entreprises existantes. La période était aux deux-roues petits, maniables, essentiellement utilitaires.

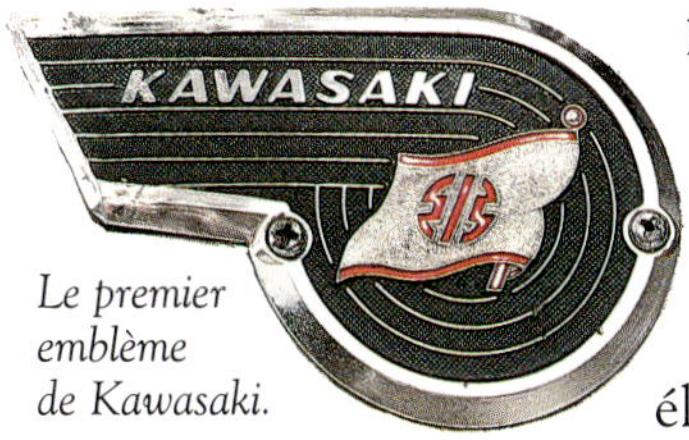

Le premier emblème de Kawasaki.

Les quatre « grands »

La guerre de Corée et la récession économique qui s'ensuivit contraignirent la plupart des constructeurs à fermer leurs portes au milieu des années 50. Honda – le premier –, Suzuki (pp. 124-127) et Yamaha (pp. 128-131) prirent de l'ampleur ; Kawasaki (pp. 120-123), le plus petit des quatre « grands », ne rejoignit le groupe qu'en 1961. De petites entreprises comme Bridgestone, Lilac, Tohatsu, Marusho et Meguro connurent le succès. Le fabricant d'appareils photographiques Olympus et le spécialiste en radio Sanyo s'aventurèrent également sur le marché de la moto.

La Honda Gold Wing de 1992.

De nouveaux marchés

Honda exporta ses premiers engins en 1959. Suzuki, Yamaha et Kawasaki suivirent peu après. Sur le marché intérieur, les fabricants se livraient une guerre sans merci, créant de nouveaux modèles, inaugurant des solutions techniques de fabrication modernes, mettant au point de nouvelles stratégies de vente. Pendant ce temps, les constructeurs britanniques, les plus brillants de l'époque, se reposaient sur leurs lauriers. En 1961, Honda était devenu le premier producteur du monde. Les motos japonaises étaient propres, fiables, agréables à conduire. Si elles n'étaient pas révolutionnaires dans leur conception, elles révélaient au monde occidental la qualité et la fiabilité de leur mécanique. Moteurs à ACT, démarreurs électriques, clignotants et boîtes à cinq rapports n'étaient certes pas une nouveauté, sinon par le fait qu'ils étaient montés d'origine sur les motos japonaises de série, même sur les 125 cm³.

La Honda Benly de 1960.

La Kawasaki KR 750 de 1979.

Dans l'arène des courses

En 1959, Honda fit sa première apparition en compétition au Tourist Trophy de l'île de Man (pp. 152-153), remportant le prix par équipe en catégorie 125 cm³. La marque aligna l'année suivante des engins plus rapides et, en 1961, Honda s'adjugea les cinq premières places en 125 et 250 cm³, et décrocha les titres aux championnats de monde dans ces deux catégories. Suzuki, Yamaha et, plus tard, Kawasaki vinrent à leur tour imposer leur domination sur les circuits.

Toujours plus gros, toujours mieux

Les fabricants britanniques se croyaient invincibles dans le domaine des grosses cylindrées. La Honda CB750 (p. 114) allait, en 1968, se charger de les détromper. Aussi rapide que les meilleures du moment, la CB750 éclipsa ses rivales par ses perfectionnements. Kawasaki, Suzuki et Yamaha s'engouffrèrent bientôt dans la brèche, et depuis plus de trente ans les Japonais se maintiennent à la première place, en occupant sur le marché la moindre parcelle de terrain.

La Suzuki GT750 de 1971.

Honda

Fils de forgeron, né en 1906, Soïchiro Honda fonda Honda Motors en 1948. Il est mort en 1992.

AU MILIEU DES ANNÉES 50, le succès de ses premiers deux-roues avait déjà placé Honda en tête sur le marché intérieur. En 1959, sa première équipe d'usine participa au TT, dans lequel l'écurie remporta, en 1961, les catégories des 125 et 250 cm^3. Honda eut tôt fait de s'adapter aux marchés étrangers, jusqu'à les dominer avant la fin de la même décennie.

La Honda C100 Super Cub de 1958

La Cub était conçue à l'origine comme un véhicule utilitaire bon marché. Son succès fut tel qu'elle détient à ce jour le record mondial des ventes toutes catégories et que l'on continue à fabriquer des dérivés de ce modèle.

CARACTÉRISTIQUES

La Honda C100 Super Cub de 1958

- MOTEUR Monocylindre horizontal culbuté
- CYLINDRÉE 49 cm^3
- PUISSANCE 45 ch à 9 500 tr/mn
- TRANSMISSION Par chaîne, embrayage automatique, boîte à trois rapports
- CADRE En acier embouti
- SUSPENSION Fourche à roue poussée à l'AV, bras oscillant à l'AR
- POIDS 64,9 kg
- VITESSE MAX. 69,6 km/h

La première quatre-cylindres Honda de 250 cm^3 a fait son apparition en Europe en 1960. Elle a remporté les championnats du monde en 1961, 1962 et 1963. Ici, l'Australien Tom Phillis, gagnant du Grand Prix de France 1961.

La Honda RC160 de 1959

Honda créa sa première quatre-cylindres en vue des championnats japonais de 1959. L'écurie ne participa pas au TT cette année-là, mais le modèle fut revu et présenté en Europe l'année suivante. En 1961, Mike Hailwood remporta le championnat du monde des 250 cm^3 sur une Honda RC162.

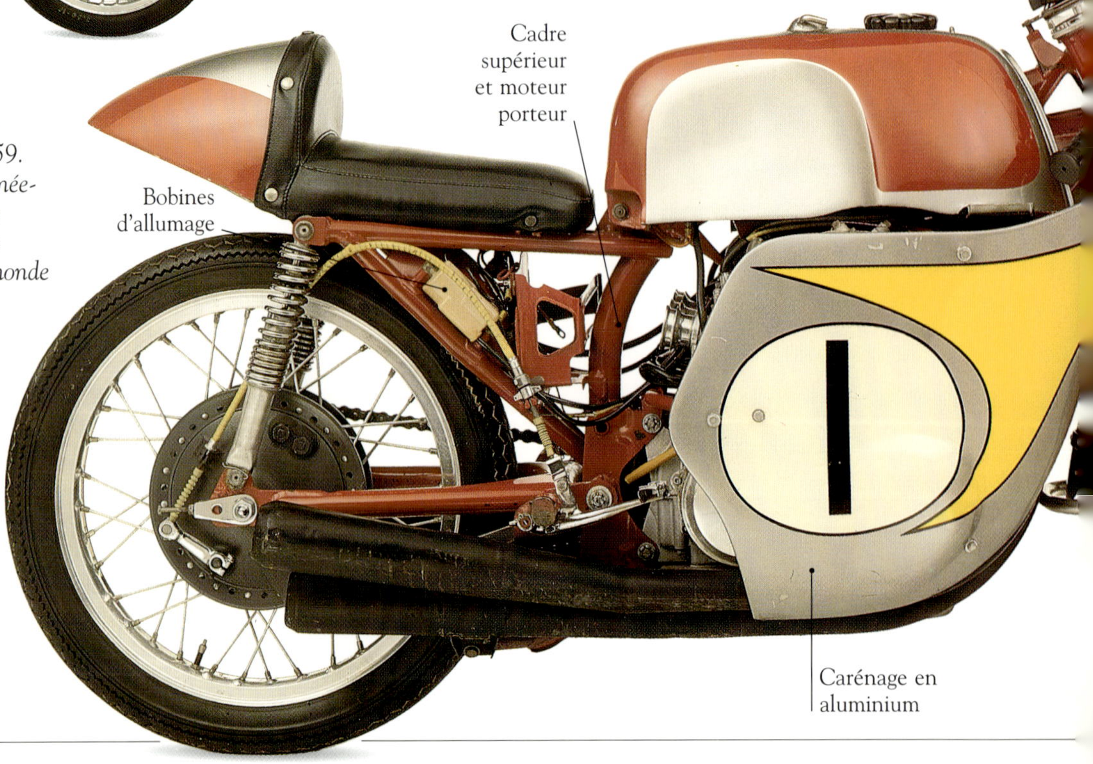

CARACTÉRISTIQUES

La Honda RC160 de 1959

- MOTEUR Quatre cylindres en ligne à double arbre à cames en tête
- CYLINDRÉE 249 cm^3
- PUISSANCE 35 ch à 14 000 tr/mn
- TRANSMISSION Par chaîne, boîte à cinq rapports
- CADRE Épine dorsale tubulaire
- SUSPENSION Fourche à roue poussée à l'AV, bras oscillant à l'AR
- POIDS 124 kg
- VITESSE MAX. 201 km/h

La Honda CB72 Dream de 1967
Elle affiche le style typique des premières Honda, avec son cadre à épine dorsale en acier embouti et sa fourche à roue poussée. Ces caractéristiques seront bientôt réservées aux seuls véhicules utilitaires, tandis que Honda adoptera la fourche télescopique et le cadre tubulaire. Le nom de ce modèle plaisait beaucoup à Soïchiro Honda.

CARACTÉRISTIQUES

La Honda CB72 Dream de 1967

- MOTEUR Bicylindre face à la route, arbre à cames en tête
- CYLINDRÉE 250 cm³
- PUISSANCE 23 ch à 8 500 tr/mn
- TRANSMISSION Par chaîne, boîte à quatre rapports
- CADRE En acier embouti, moteur porteur
- SUSPENSION A roue poussée à l'AV, bras oscillant à l'AR
- POIDS 152 kg
- VITESSE MAX. 156 km/h

La Honda CB77 Super Hawk de 1966
Fait exceptionnel pour une routière des années 60 (sauf chez Honda), la puissance maximale de la CB77 se situait à 9 000 tr/mn. Elle se conduisait, freinait et tenait la route mieux que presque tous les autres motos de sa catégorie. Elle vint à bout des préjugés européens, prouvant que les Japonais savaient fabriquer des machines à la fois belles et puissantes.

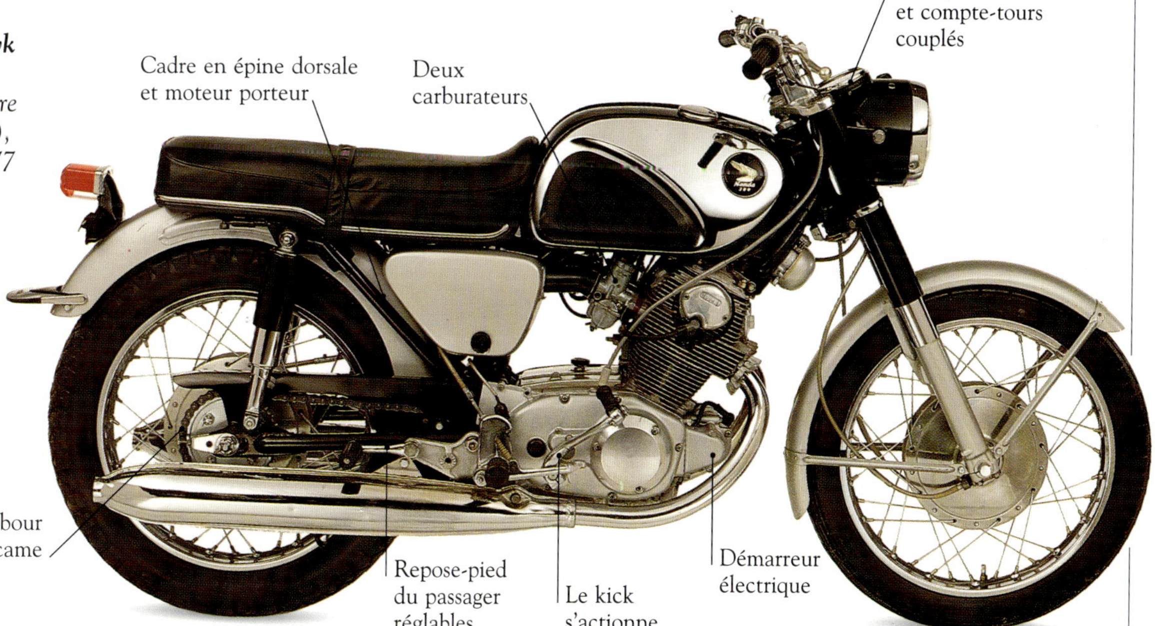

Dans les années 60, la publicité Honda mettait en avant le plaisir de rouler à moto.

CARACTÉRISTIQUES

La Honda CB77 Super Hawk de 1966

- MOTEUR Bicylindre à arbre à cames en tête
- CYLINDRÉE 305 cm³
- PUISSANCE 27,4 ch à 9 000 tr/mn
- TRANSMISSION Par chaîne, boîte à quatre rapports
- CADRE Tubulaire en épine dorsale
- SUSPENSION Fourche télescopique à l'AV, bras oscillant à l'AR
- POIDS 160 kg
- VITESSE MAX. 166 km/h

Honda

Après avoir, dans un premier temps, concédé l'exclusivité des grosses cylindrées aux fabricants européens et américains, Honda mit sur le marché sa CB750 en 1968 – première incursion des Japonais dans la « cour des grands ». Parfaite illustration de l'esprit Honda, la CB750 alliait à un prix abordable un niveau élevé de performances, de fiabilité et de sophistication. Elle ne fut surpassée qu'en 1973, par la Kawasaki Z1 (pp. 120-121).

Honda a choisi une aile unique pour emblème.

La Honda CB750 de 1969
Avec sa CB750, Honda mit les quatre-cylindres à portée des budgets moyens et instaura freins à disque, boîte cinq vitesses et démarreur électrique en tant qu'éléments essentiels à une grosse cylindrée moderne. En dépit de critiques sur son poids et sa maniabilité, la CB750 obtint un énorme succès. Elle servit de modèle à la création de quatre-cylindres de cylindrée inférieure, dont des 350 cm³.

La Honda CBX1000 de 1980
La CB750 à quatre cylindres en ligne avait ouvert à Honda le marché des grosses cylindrées. Dix ans plus tard, la marque créait la CBX, une six-cylindres en ligne qui, bien que splendide, effraya la clientèle et n'eut jamais les faveurs du public.

Caractéristiques

La Honda CBX1000 de 1980

- Moteur Six cylindres en ligne à double arbre à cames en tête
- Cylindrée 1 047 cm³
- Puissance 105 ch à 9 000 tr/mn
- Transmission Par chaîne, boîte à cinq rapports
- Cadre Treillis tubulaire supérieur
- Suspension Fourche télescopique à l'AV, bras oscillant à l'AR
- Poids 252 kg
- Vitesse max. 217 km/h

CARACTÉRISTIQUES

La Honda CB750 de 1969

- MOTEUR Quatre cylindres en ligne à arbre à cames en tête
- CYLINDRÉE 736 cm³
- PUISSANCE 67 ch à 8 000 tr/mn
- TRANSMISSION Par chaîne, boîte à cinq rapports
- CADRE Double berceau tubulaire
- SUSPENSION Fourche télescopique, bras oscillant à l'AR
- POIDS 220 kg
- VITESSE MAX. 200 km/h

LA MOTO DU FUTUR

La NR750 est la plus complexe et la plus chère des motos de série jamais construites. Cette machine à la technologie et aux matériaux futuristes est non seulement une superbe moto, mais se veut aussi un symbole du savoir-faire Honda.

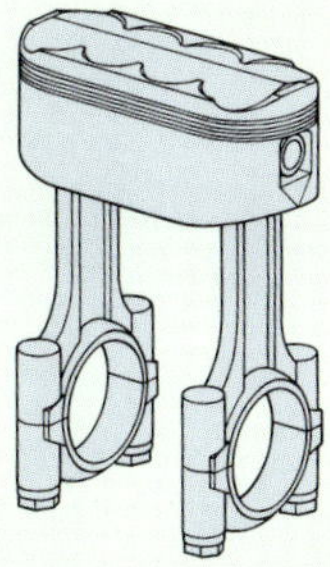

La NR750 possède des pistons ovales à deux bielles.

En 1985, Freddie Spencer a remporté pour Honda plusieurs Grands Prix (pp. 144-147) en 500 cm³.

CARACTÉRISTIQUES

La Honda RS500 de 1984

- MOTEUR V3 à 90° 2 temps, admission à clapets
- CYLINDRÉE 499 cm³
- PUISSANCE 130 ch à 11 500 tr/mn
- TRANSMISSION Par chaîne, six vitesses
- CADRE Double berceau en alliage à section carrée
- SUSPENSION Fourche télescopique antiplongée ; AR : bras oscillant et monoamortisseur
- POIDS 120 kg (estimation)
- VITESSE MAX. 282 km/h

La Honda RS500 de 1984
Honda a toujours préféré les quatre-temps aux deux-temps. La marque a renoué avec les Grands Prix en 1979, avec un moteur quatre-temps, mais remporta le championnat 1983 avec cette superbe deux-temps.

Honda Gold Wing

LA GOLD WING FUT BAPTISÉE en 1975, en référence à l'emblème de la marque – une aile dorée. Cette quatre-cylindres de 1 000 cm^3 était alors la plus grosse et la plus sophistiquée qu'on ait construite au Japon. Au début des années 80, Honda avait assis sa réputation et possédait dans le monde entier des usines de fabrication de voitures et de motos. En 1981, la Gold Wing vit sa fabrication transférée du Japon à l'Ohio, de façon à satisfaire le marché américain, mais elle continua d'être exportée, y compris vers le Japon. En 1988, une six-cylindres Gold Wing de 1 520 cm^3 sortit aux États-Unis – plus imposante et plus complexe encore.

Vue arrière de l'imposante Gold Wing.

La Honda GL1500/6 Gold Wing de 1991
Issue de la quatre-cylindres, la nouvelle Gold Wing aligne deux cylindres supplémentaires et une cylindrée de 1 500 cm^3. On l'adore ou on la hait : elle représente pour certains le summum du luxe sur deux roues, pour d'autres un engin lourd, cher et inesthétique. L'exemplaire photographié ici est la 500 000e Honda produite aux États-Unis.

– LE SAVIEZ-VOUS ? –
Il existe un club international des propriétaires de Gold Wing, qui rassemble plus de 65 000 membres.

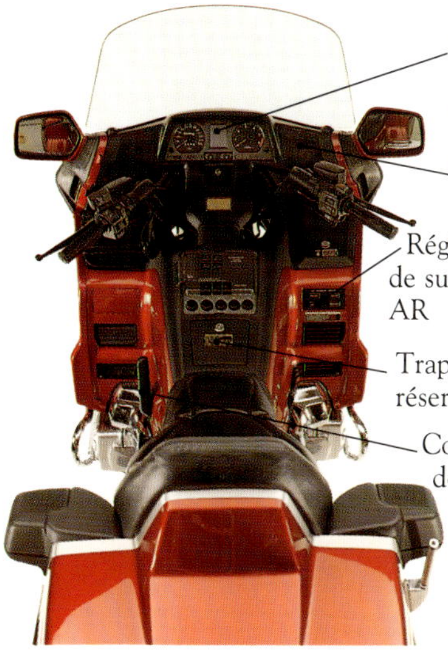

LA HONDA GOLD WING DE 1975

La première Gold Wing était commercialisée sans sacoches ni carénage. Les acheteurs modifiaient souvent leur moto pour une utilisation en grand tourisme, ce qui incita Honda à installer ces accessoires en série.

CARACTÉRISTIQUES

La Honda GL1500/6 Gold Wing

- MOTEUR Six cylindres 4 temps à plat, à arbre à cames en tête, refroidi par eau
- ALÉSAGE X COURSE 71 mm x 64 mm
- CYLINDRÉE 1 520 cm³
- PUISSANCE 100 ch à 5 200 tr/mn
- CARBURATION Deux carburateurs à dépression de 33 mm
- ALLUMAGE Électronique
- TRANSMISSION Par arbre, quatre rapports + overdrive + marche AR électrique
- EMBRAYAGE Hydraulique multidisque en bain d'huile
- CADRE Double berceau
- SUSPENSION Fourche télescopique à l'AV ; AR : suspensions oléopneumatiques
- FREINS Deux freins à disque à l'AV, 1 à l'AR
- POIDS 368 kg
- VITESSE MAX. 187 km/h
- DATE DE CONSTRUCTION 1991

Les Motos de Tourisme

Une remorque augmente considérablement la capacité d'une moto. Un attelage souple permet à la moto de s'incliner dans les virages.

VOYAGER A MOTO, c'est pénétrer de plain-pied dans les paysages traversés au lieu d'en être isolé par l'habitacle d'une voiture. Du week-end au tour du monde, du cyclomoteur à la grosse cylindrée, il existe plusieurs types de tourisme à moto : certains se contentent de leur carte de crédit et de leur brosse à dents, d'autres veulent disposer de tout leur confort, du siège pliant au sèche-cheveux. Transporter tout le nécessaire pour camper à deux, ne serait-ce que pendant un week-end, requiert ingéniosité et bon sens, car il faut préserver la tenue de route.

CARACTÉRISTIQUES

La BMW R75/5 de 1971
- MOTEUR Bicylindre à plat
- CYLINDRÉE 745 cm³
- PUISSANCE 50 ch à 6 200 tr/mn
- TRANSMISSION Par arbre, boîte à quatre rapports
- CADRE Double berceau
- SUSPENSION Fourche télescopique à l'AV, bras oscillant à l'AR
- POIDS 210 kg
- VITESSE MAX. 175 km/h

La BMW R75/5 de 1971
La rusticité des BMW en fait les préférées des amateurs de tourisme. A la fois fiables et confortables, elles permettent de couvrir de longues distances. La firme est l'une des rares à prendre sérieusement en compte les besoins des touristes à moto.

Le porte-bagages AR convient surtout aux objets légers

Compartiment à cartes à volet transparent

Une sacoche de réservoir permet de ranger cartes et objets de valeur, et protège le conducteur du vent

Le porte-bagages est boulonné sur le cadre

Sacoches en cuir. Certains préfèrent le PVC ou la toile, moins onéreux

La transmission par arbre exige peu d'entretien

Le moteur souple et fiable offre un bon confort à vitesse de croisière

Les « roule-toujours » apprécient la longévité des pneus

La Honda Gold Wing GL1100 avec side-car et remorque
En matière de tourisme motocycliste, deux écoles s'affrontent : les adeptes du strict minimum et ceux qui emportent leur maison avec eux. La Honda Gold Wing est appréciée par la seconde catégorie ; beaucoup l'équipent d'accessoires pour pouvoir emporter encore plus de bagages, jouir du confort ou être indépendants.

CARACTÉRISTIQUES

La Honda GL1100 de 1982

- MOTEUR Quatre cylindres à plat 4 temps, refroidi par eau
- CYLINDRÉE 1 085 cm³
- PUISSANCE 90 ch à 7 500 tr/mn
- TRANSMISSION Par arbre, cinq rapports
- CADRE Berceau tubulaire
- SUSPENSION Fourche télescopique, AR : bras oscillant, side-car à caisse suspendue
- POIDS 307 kg (moto seule)
- VITESSE MAX. 185 km/h (moto seule)

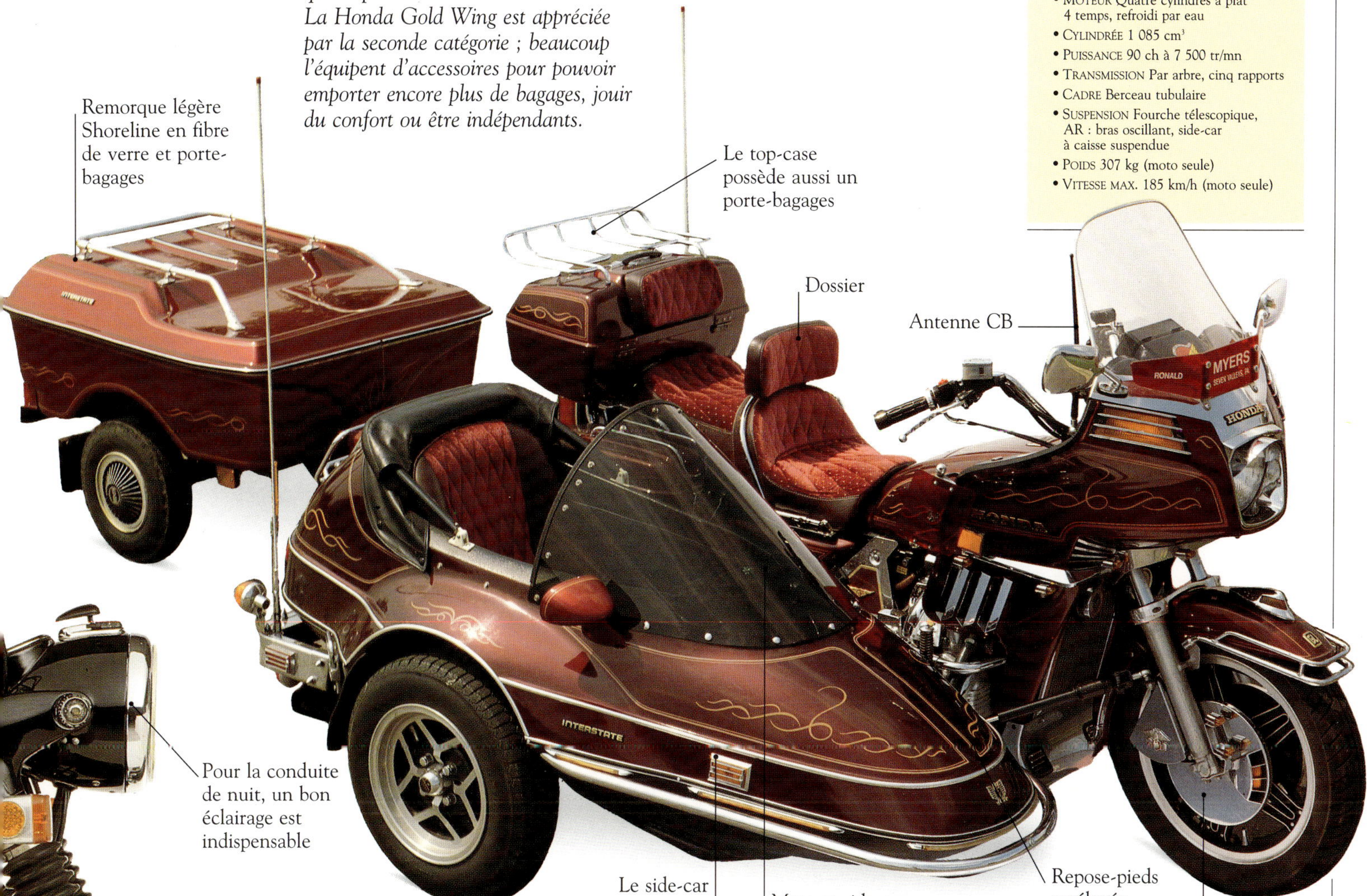

LE SAVIEZ-VOUS ?
En 1912, Carl Stevens Clancy fut le premier motocycliste à faire le tour du monde, couvrant quelque 29 000 kilomètres depuis les États-Unis vers l'Europe, l'Afrique, le Japon et retour à New York.

Le rallye des Éléphants Les rallyes sont très appréciés des amateurs de tourisme motocycliste. Le plus fameux d'entre eux est le rallye des Éléphants, qui a lieu en Allemagne, en plein hiver (à droite). Des motards affluent de toute l'Europe, par un froid généralement glacial, pour partager soupe et anecdotes (ci-dessus).

Kawasaki Z1

LE GÉANT INDUSTRIEL Kawasaki construit des avions, des robots, des bateaux, des ponts... et accessoirement des motos. Il a fabriqué ses premiers deux-roues à la fin des années 40, mais sa production n'a atteint le niveau des autres « grands » que dans les années 60. En 1969, Kawasaki a remporté le championnat du monde avec une remarquable trois-cylindres deux temps, ce qui l'a enfin classé dans la catégorie des constructeurs de machines de haute performance. L'arrivée de la Z1 en 1973 a encore amélioré cette réputation : le premier quatre-temps Kawasaki surpassait la 750 Honda ; il se forgea en outre une excellente réputation de fiabilité.

Vue de l'arrière, la Z1 montre une impeccable symétrie.

La Kawasaki Z1 de 1973
Performances, esthétique et prix modéré ont fait de la Z1 « la » superbike du milieu des années 70. Son succès ne lui a été contesté que lorsque Suzuki lui a fait l'honneur de copier son moteur sur ses gros quatre-temps. Vingt ans plus tard, on continue à produire des moteurs huit soupapes issus de celui de la Z1.

Quand elle est sortie, la Z1 n'avait aucune rivale. Sa plus proche concurrente était une 750 cm³ Honda simple ACT.

Le fameux tandem français d'endurance Godier-Genoud (on voit ci-dessus Genoud à Thruxton, en 1975) comptait parmi ceux qui brillèrent en compétition au guidon de la quatre-cylindres Kawasaki Z1.

Maître cylindre de frein

Le guidon haut et large était inadapté aux vitesses élevées

Clignotants sur supports chromés

Les premiers cadres avaient tendance à se déformer au niveau de la colonne de direction. Il fut renforcé, mais la tenue de route ne fut jamais parfaite

L'unique disque de frein était insuffisant pour la puissance de la Z1

Catadioptres latéraux obligatoires aux États-Unis

Le point fort de la Z1 est son moteur de 903 cm³, dont on continue à produire des dérivés

Caractéristiques

La Kawasaki 900 Z1

- Moteur Quatre cylindres en ligne à double arbre à cames en tête
- Alésage x Course 66 mm x 66 mm
- Cylindrée 903 cm³
- Puissance 82 ch à 8 500 tr/mn
- Carburation Quatre VM 28 Mikuni
- Allumage Batterie de 12 V et bobine
- Transmission Par chaîne, boîte à cinq rapports
- Embrayage Multidisque en bain d'huile
- Cadre Double berceau tubulaire
- Suspension Fourche télescopique, bras oscillant à l'AR
- Freins A disque à l'AV, à tambour à l'AR
- Poids 229,5 kg
- Vitesse max. 211 km/h
- Date de construction 1973

Kawasaki

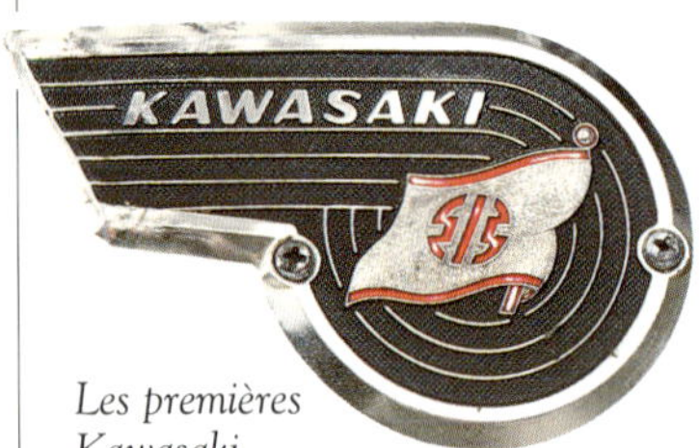

Les premières Kawasaki utilisaient le logo du secteur « industrie lourde » de la marque.

A LA DIFFÉRENCE D'AUTRES MARQUES JAPONAISES, Kawasaki n'a jamais cherché à conquérir le marché des petites cylindrées utilitaires, préférant au contraire cultiver sa réputation de constructeur de machines haut de gamme. C'est ainsi que la firme est demeurée la plus petite des quatre « grandes ».

CARACTÉRISTIQUES

La Kawasaki W1 de 1965
- MOTEUR Bicylindre culbuté
- CYLINDRÉE 624 cm³
- PUISSANCE 53 ch à 7 000 tr/mn
- TRANSMISSION Par chaîne, boîte à quatre rapports
- CADRE Double berceau tubulaire
- SUSPENSION Fourche télescopique ; bras oscillant à l'AR
- POIDS 216 kg
- VITESSE MAX. 174 km/h

La Kawasaki W1 de 1965
Les Japonais ont progressé et se sont adaptés rapidement. Superficiellement, la W1 est une imitation de la BSA Star Twin (p. 69) ; ce fut aussi la plus grosse cylindrée japonaise du début des années 60. Elle a rapidement dépassé son modèle.

Le triple échappement est une exclusivité de la trois-cylindres Kawasaki.

CARACTÉRISTIQUES

La Kawasaki H1 Mach III de 1970
- MOTEUR Trois cylindres 2 temps
- CYLINDRÉE 498 cm³
- PUISSANCE 60 ch à 8 000 tr/mn
- TRANSMISSION Par chaîne, boîte à cinq rapports
- CADRE Double berceau tubulaire
- SUSPENSION Fourche télescopique à l'AV ; bras oscillant à l'AR
- POIDS 174 kg
- VITESSE MAX. 192 km/h

La H1 Mach III de 1970
Lancée en 1969, la trois-cylindres Kawasaki se tissa une réputation de moto très performante, mais à la tenue de route... perfectible. Quelle que fût leur cylindrée, rares étaient les routières capables de rivaliser avec elle en puissance et en accélération.

Insigne de réservoir.

Kork Ballington remporta le titre mondial des 250 et 350 cm³ en 1978 et 1979 sur des twins à distributeurs rotatifs.

Sans son carénage, la KR250 dévoile la configuration originale de son moteur.

Le vert est traditionnellement la couleur de Kawasaki en compétition

Caractéristiques

La Kawasaki KR250 de 1979

- Moteur Bicylindre 2 temps à distributeurs rotatifs, refroidi par eau
- Cylindrée 249 cm³
- Puissance 68 ch
- Transmission Par chaîne, boîte à six rapports
- Cadre Double berceau tubulaire
- Suspension Fourche télescopique ; AR : suspension oscillante Kayaba à monoamortisseur
- Poids 104 kg
- Vitesse max. 241 km/h

La Kawasaki KR250 de 1979

Les deux-temps à admission par disque rotatif s'étaient montrés performants, mais au prix d'une largeur excessive du moteur. En montant les deux cylindres l'un derrière l'autre et en utilisant deux vilebrequins, Kawasaki a réduit la largeur de la KR250 à celle d'un monocylindre. Ce modèle a remporté le titre 1979 en 250 cm³ – le deuxième des quatre succès consécutifs des KR250. La version 350 cm³ était aussi brillante.

Siège profilé pour réduire la traînée aérodynamique.

La Kawasaki Z1300 de 1984

A la fin des années 70 et au début de la décennie suivante, les designers japonais ne cessèrent d'augmenter la puissance et le poids des machines, sans prendre suffisamment en compte les autres caractéristiques des motos, comme la tenue de route. La Z1300 est le symbole de cette politique du « toujours plus gros ».

Caractéristiques

La Kawasaki Z1300 de 1984

- Moteur Six cylindres en ligne à double arbre à cames en tête, refroidi par eau
- Cylindrée 1 286 cm³
- Puissance 120 ch à 8 000 tr/mn
- Transmission Par arbre, boîte à cinq rapports
- Cadre Double berceau tubulaire
- Suspension Fourche télescopique à l'AV ; bras oscillant à l'AR
- Poids 296 kg
- Vitesse max. 217 km/h

Suzuki RT63

AVANT LA SECONDE GUERRE MONDIALE, Suzuki fabriquait des métiers à tisser. Le déclin du textile japonais conduisit l'entreprise à se reconvertir dans la production de moyens de transport bon marché. Le premier prototype, sorti en 1951, n'était guère plus qu'une bicyclette motorisée. En 1955, Suzuki lança sa première véritable moto – un monocylindre deux temps de 125 cm³ à trois vitesses. D'abord spécialisée dans les deux-temps, la marque aborda les quatre-temps dans les années 70. Emboîtant le pas à Honda, Suzuki commença à exporter en 1961. Dans la même foulée, la marque fit son entrée dans les Grands Prix, ainsi qu'au TT de 1960 et au championnat du monde 1962 en 50 cm³.

Le Néo-Zélandais Hugh Anderson a offert à Suzuki quatre titres de champion du monde. Il a remporté celui de 1963 sur cette moto, en catégorie 125 cm³.

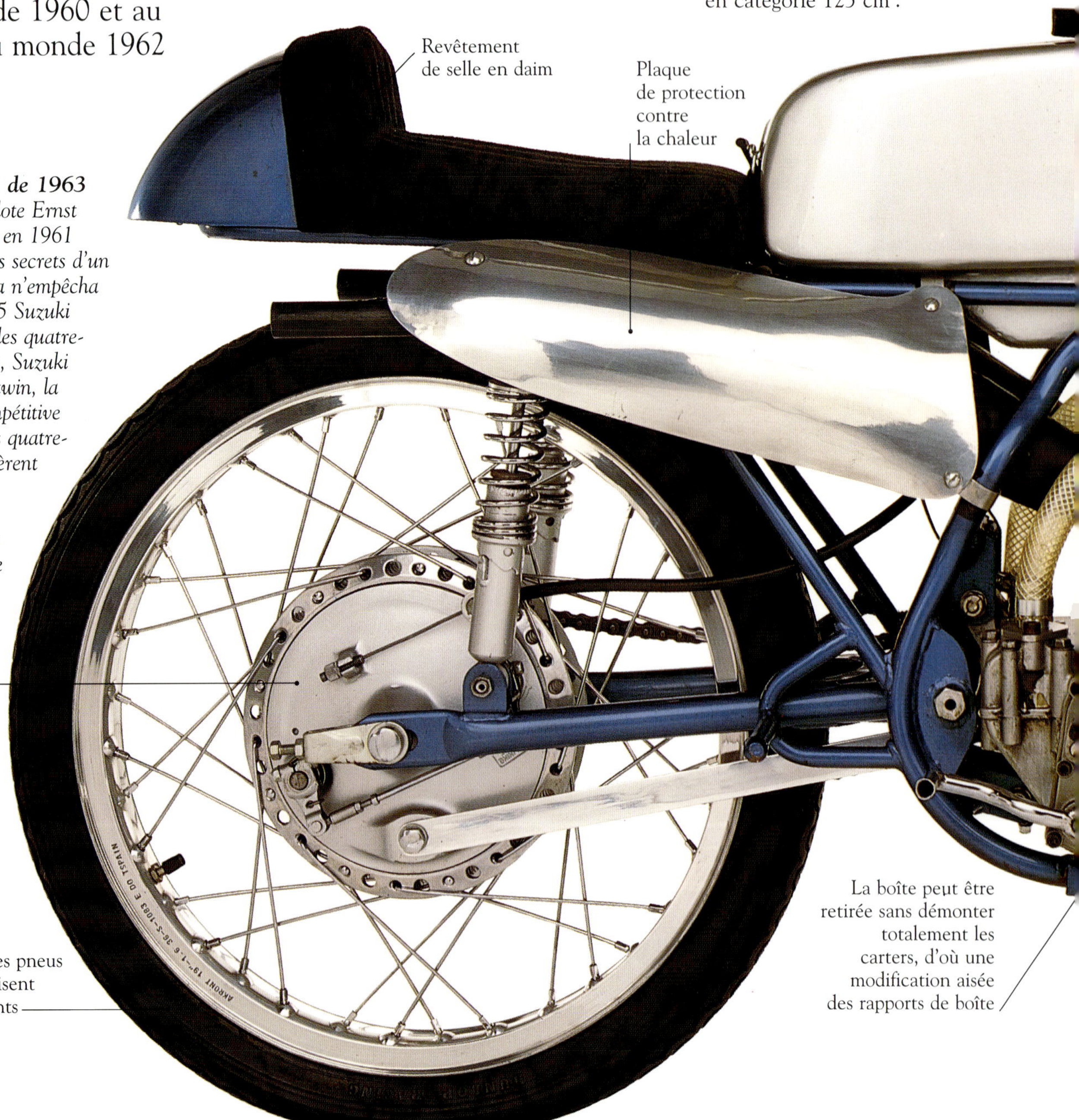

La Suzuki GP RT63 de 1963
Transfuge de MZ, le pilote Ernst Degner rejoignit Suzuki en 1961 en apportant avec lui les secrets d'un deux-temps évolué ; cela n'empêcha pas la monocylindre 125 Suzuki 1962 d'être battue par les quatre-temps Honda. En 1963, Suzuki sortit un tout nouveau twin, la RT63, qui ne resta compétitive qu'une seule saison. Les quatre-cylindres Honda dominèrent l'année 1964, et, au championnat, le pilote Suzuki Hugh Anderson n'obtint que la troisième place en 125 cm³.

Les premiers deux-temps japonais de course étaient très pointus et sujets au serrage. La fiabilité de la machine était très sensible au réglage du carburateur et au dosage du mélange.

—Le Saviez-Vous ?—
La puissance utile fournie par ce type de deux-temps de course se situait dans une plage très étroite de régime moteur : à peine 500 tr/mn.

Caractéristiques

La Suzuki RT63

- Moteur Bicylindre 2 temps à admission par disques rotatifs
- Alésage x Course 43 mm x 42,6 mm
- Cylindrée 124 cm^3
- Puissance 25,5 ch à 12 000 tr/mn
- Carburation Deux carburateurs Mikuni à cuve séparée
- Allumage Par magnéto
- Transmission Par chaîne, boîte à huit rapports
- Embrayage Multidisque à sec
- Cadre Berceau tubulaire
- Suspension Fourche télescopique à l'AV ; bras oscillant à l'AR
- Freins AV : double frein à tambour, AR : tambour double came
- Poids 94 kg
- Vitesse max. 184 km/h
- Date de construction 1963

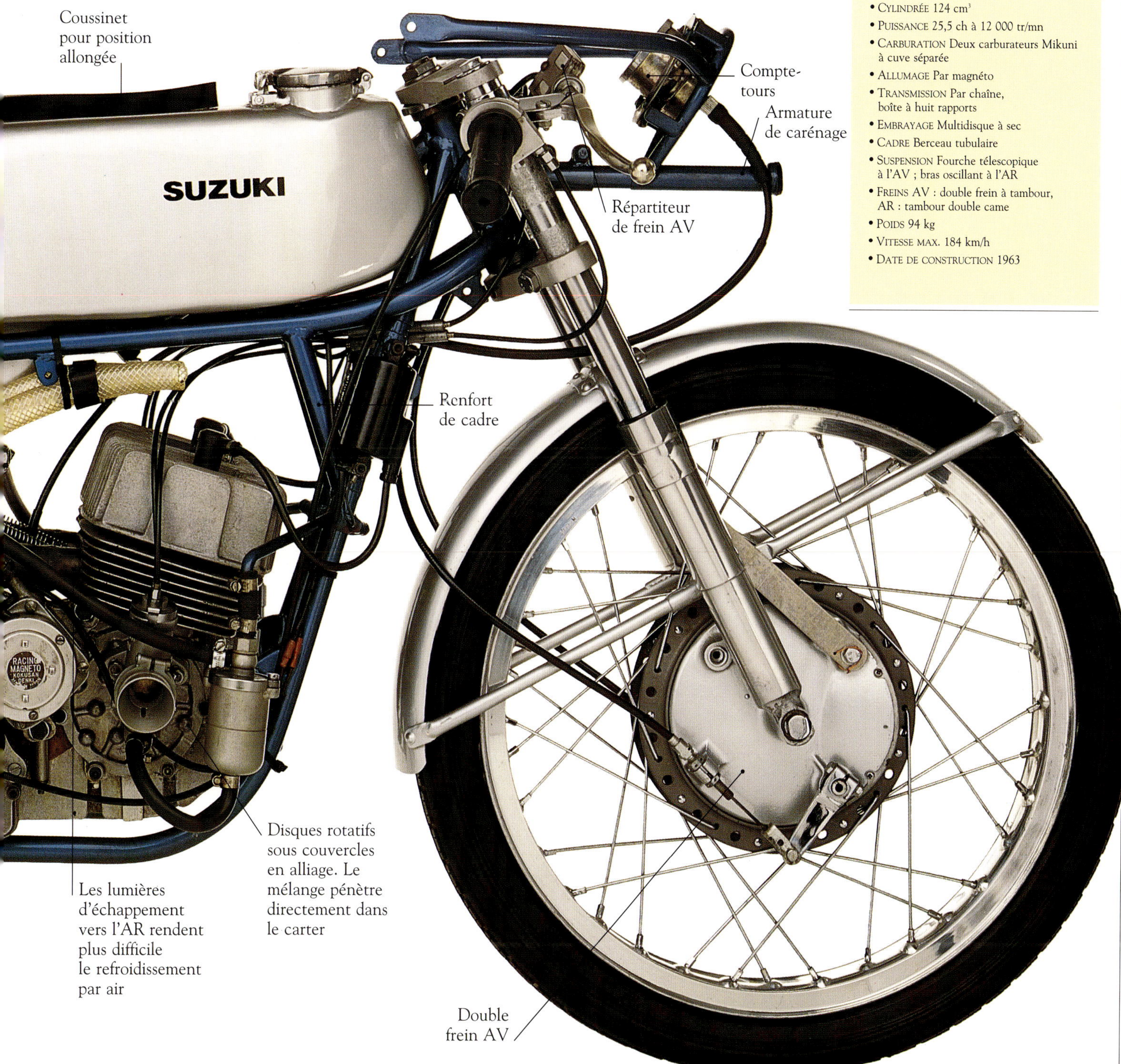

Suzuki

APRÈS AVOIR ABANDONNÉ la vitesse pour se spécialiser dans les motos de tourisme et de motocross, Suzuki remporta en 1970 son premier championnat du monde de motocross, et lança l'année suivante une gamme de trois-cylindres deux temps. Devant l'échec d'un modèle à moteur rotatif Wankel, la firme se tourna, en 1976, vers les quatre-temps, en s'inspirant d'abord de la superbe Kawasaki à double arbre à cames en tête (pp. 120-121). Dans les années 70, Suzuki reparut en Grand Prix, avec un deux-temps de 500 cm^3 à disques rotatifs.

CARACTÉRISTIQUES

La Suzuki TC250 de 1968

- MOTEUR Bicylindre vertical 2 temps
- CYLINDRÉE 247 cm^3
- PUISSANCE 30 ch à 8 000 tr/mn
- TRANSMISSION Par chaîne, boîte à six rapports
- CADRE Double berceau tubulaire
- SUSPENSION Fourche télescopique, bras oscillant à l'AR
- POIDS 137 kg
- VITESSE MAX. 148 km/h

La Suzuki TC250 de 1968

La TC250 était une version américaine trail de la X6 lancée en 1965. Plus grosse Suzuki de son époque, la X6 alliait performances, boîte à six vitesses et lubrification automatique, et contribua à asseoir la réputation internationale de la marque.

LA RE5 DE 1976

La RE5 de 1976 est l'une des rares motos des années 70 à posséder un moteur rotatif Wankel. A son actif : un excellent rapport poids/puissance et une grande souplesse de conduite, gâchés par une énorme consommation et un manque de fiabilité.

CARACTÉRISTIQUES

La Suzuki GT750 de 1971

- MOTEUR Trois cylindres 2 temps refroidi par eau
- CYLINDRÉE 738 cm³
- PUISSANCE 67 ch à 6 500 tr/mn
- TRANSMISSION Par chaîne, boîte à cinq rapports
- CADRE Double berceau
- SUSPENSION Fourche télescopique, bras oscillant à l'AR
- POIDS 238 kg
- VITESSE MAX. 174 km/h

La Suzuki GT750 de 1971

Suzuki aborda en 1971 le marché des grosses cylindrées, avec un moteur original à trois cylindres, deux temps, refroidi par eau. La marque construisit également une version course. La production des deux-temps de grosse cylindrée s'interrompit au milieu des années 70 pour des raisons de contrôle de la pollution, et Suzuki se reconvertit dans les quatre-temps.

Les instruments comprennent un indicateur de température d'eau.

La Suzuki Katana de 1982

Pour sa Katana, Suzuki fit appel aux services de la société allemande Target Design. La gamme était conçue autour du gros quatre-cylindres de la marque, un moteur correct mais sans caractère. Le restyling allemand lui redonna un peu de souffle, mais la Katana fut vite remplacée par une nouvelle génération de motos sportives.

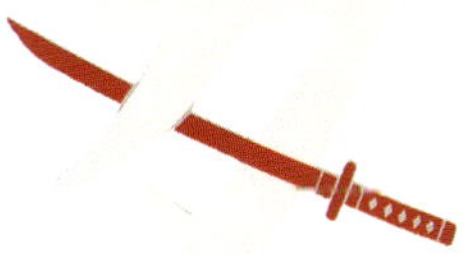

Katana désigne un sabre japonais, présent sur l'insigne de la machine.

CARACTÉRISTIQUES

La Suzuki Katana de 1982

- MOTEUR Quatre cylindres seize soupapes à double ACT
- CYLINDRÉE 997 cm³
- PUISSANCE 108 ch
- TRANSMISSION Par chaîne boîte à cinq rapports
- CADRE Double berceau tubulaire
- SUSPENSION Fourche télescopique, bras oscillant à l'AR
- POIDS 250 kg
- VITESSE MAX. 225 km/h

Yamaha

SUR LE MARCHÉ comme dans les compétitions, Yamaha emboîta le pas à Honda, en produisant d'excellents deux-temps. Entre 1961 et 1968, la marque remporta plusieurs titres mondiaux et domina le développement technologique des suspensions dans les années 70, avec les systèmes cantilever. Dans le domaine des quatre-temps, Yamaha innova également, notamment en lançant les premières culasses à cinq soupapes et les valves à l'échappement.

CARACTÉRISTIQUES

La Yamaha YDS3C Big Bear de 1965

- MOTEUR Bicylindre 2 temps
- CYLINDRÉE 246 cm^3
- PUISSANCE 21 ch à 7 500 tr/mn
- TRANSMISSION Par chaîne, boîte à cinq rapports
- CADRE Double berceau tubulaire
- SUSPENSION Fourche télescopique à l'AV, bras oscillant à l'AR
- POIDS 159 kg
- VITESSE MAX. 142 km/h

La Yamaha YDS3C Big Bear de 1965

Yamaha assit sa réputation, en matière de performances, sur des bicylindres deux temps tels que la Big Bear. Sur cette machine à vocation essentiellement routière, on a installé des pots surélevés, destinés à l'origine à une utilisation en tout-terrain.

La trousse à outils logée sous le réservoir comportait une pompe à vélo

Tachymètre et compte-tours

Système de graissage automatique

Protection contre la chaleur

Les ressorts de fourche sont montés à l'extérieur des amortisseurs

Le twin deux temps Yamaha fut l'un des concepts les plus durables de l'histoire de la moto

Les pots surélevés étaient à la mode aux États-Unis

La Yamaha YZ250 de 1974

Yamaha remporta en 1973 le championnat du monde de moto-cross. L'année suivante, la firme lança la suspension à monoamortisseur qui devait faire école tant sur les routières qu'en compétition. La YZ250 obtint un énorme succès auprès des pilotes amateurs de motocross.

Plaque de numérotation du concurrent

Puissant monocylindre refroidi par air

L'habillage de la YZ250 est facilement démontable pour l'entretien.

CARACTÉRISTIQUES

La Yamaha YZ250 de 1974

- MOTEUR Monocylindre 2 temps refroidi par air
- CYLINDRÉE 246 cm^3
- PUISSANCE 21 ch à 7 500 tr/mn
- TRANSMISSION Par chaîne, boîte à cinq rapports
- CADRE Double berceau tubulaire
- SUSPENSION Fourche télescopique ; cantilever à l'AR
- POIDS 159 kg
- VITESSE MAX. 141,5 km/h

Un pare-étincelles est installé en bout d'échappement

Cartouche de gaz d'amortisseur

Filtre à air

La 1000 Exup, à gauche avec son habillage, expose, ci-dessous, son moteur 4 cylindres à double arbre à cames en tête.

La Yamaha FZR1000 Exup de 1992

Yamaha n'a abordé les quatre-temps qu'à la fin des années 60, mais a rapidement rattrapé son retard. 1985 a vu la sortie des FZ à cinq soupapes par cylindre. La valve d'échappement variable, qui procure une plus large plage de puissance utilisable, n'est apparue qu'en 1989.

CARACTÉRISTIQUES

La Yamaha FZR1000 Exup

- MOTEUR Quatre cylindres à double arbre à cames en tête, refroidi par eau
- CYLINDRÉE 1 002 cm³
- PUISSANCE 125 ch à 10 000 tr/mn
- TRANSMISSION Par chaîne, boîte à six rapports
- CADRE A deux poutres aluminium
- SUSPENSION Fourche télescopique inversée ; bras oscillant et mono-amortisseur progressif à l'AR
- POIDS 240 kg
- VITESSE MAX. 269 km/h

Les ouïes d'entrée d'air de la FZR alimentent les carburateurs verticaux via le filtre à air.

LE SAVIEZ-VOUS ?

Le logo Yamaha se compose de trois diapasons, car la firme fabriquait à l'origine des instruments de musique. Torakusu Yamaha a construit son premier orgue en 1887, après quoi sa compagnie s'est hissée au premier rang mondial de la spécialité. Yamaha a ouvert son secteur d'engins motorisés en 1955.

Yamaha TR3

Don Emde, vainqueur en 1972 des 200 Miles de Daytona, portant le drapeau à damier et le trophée. Son père avait remporté la course en 1948.

Yamaha considère la compétition comme un exercice de marketing et le terrain d'essai de nouvelles technologies. Après des débuts discrets sur les circuits internationaux, la marque remporta les championnats du monde 250 cm³ en 1964 et 1965, le titre des 125 cm³ en 1967, les deux en 1968. Yamaha retira alors des circuits ses machines d'usine, se contentant pendant longtemps de fournir des compétition-client à des équipes privées. Ces motos de course, très proches de la série, obtinrent des résultats spectaculaires. La compétition perfectionnait les machines, puis ces améliorations, comme la suspension cantilever et le refroidissement par eau, bénéficiaient à leur tour aux routières.

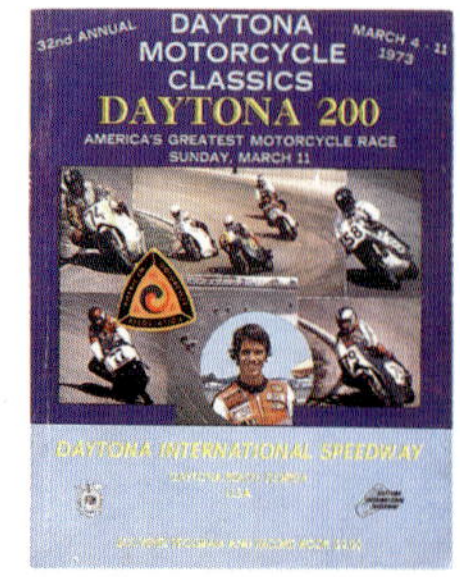

Don Emde (au centre) sur le programme 1973 de la course de Daytona.

La Yamaha TR3 de 1972
Héritière d'une longue lignée de prestigieux racers de production, la TR3 fut la dernière Yamaha refroidie par air, avant l'arrivée des redoutables TZ à refroidissement par eau. Pilotée par Don Emde, cet engin remporta en 1972 les 200 Miles de Daytona. La TR3 a été la plus petite cylindrée à remporter cette course – premier de douze succès consécutifs pour la firme.

Les combinaisons de cuir colorées ont fait leur apparition à la fin des années 60.

La combinaison de Don Emde en 1972.

La botte du pilote est usée, pour avoir frotté sur la piste dans les virages

Daytona est un circuit rapide, où l'aérodynamique fait la différence. Ici, Emde aborde une portion relevée de la piste, où les vitesses maximales sont atteintes. Il réalisera 166 km/h de moyenne. Le numéro 99 était celui de Ray Hempstead, qui termina deuxième.

CARACTÉRISTIQUES

La Yamaha TR3

- MOTEUR Bicylindre 2 temps
- ALÉSAGE x COURSE 64 mm x 54 mm
- CYLINDRÉE 347 cm³
- PUISSANCE 58 ch à 9 000 tr/mn
- CARBURATION Deux carburateurs Mikuni
- ALLUMAGE Par magnéto
- TRANSMISSION Par chaîne, boîte à six rapports
- EMBRAYAGE Multidisque à sec
- CADRE Double berceau tubulaire
- SUSPENSION Fourche télescopique à l'AV ; bras oscillant à l'AR
- FREINS Double tambour à l'AV, simple tambour à l'AR
- POIDS 106,5 kg
- VITESSE MAX. Non communiquée
- DATE DE CONSTRUCTION 1972

Les trois diapasons du logo Yamaha

Des attaches rapides permettent de retirer le carénage en quelques secondes

Boîtier d'allumage électronique

Renforts de cadre

Ressorts de maintien de l'échappement

Les freins à tambour quadruple came sont évidés pour le refroidissement

Sur les routières, une pompe à huile était fixée ici. Sur les racers, l'huile était directement mélangée à l'essence

L'équilibrage des roues est assuré par des enroulements de fil de plomb autour des rayons

HUSQVA
WARNING
Husqvarna

Le Reste du Monde

Des usines du Brésil aux ateliers de Biélorussie, on construit des motos partout dans le monde.

L'emblème Bultaco.

De la Corée au Canada, et de la Belgique au Brésil, tous les pays ont, à un moment donné, construit des motocyclettes. Certains grands de la spécialité, comme les États-Unis, l'Italie ou l'Allemagne, conservent au moins une entreprise motocycliste d'envergure ; dans d'autres, comme la France, qui a pourtant joué un rôle important dans l'histoire de la moto, il ne reste quasiment rien du passé.

Les motos dans l'économie nationale

La santé de l'industrie motocycliste d'un pays est un indicateur inverse de celle de son économie générale. Nombre d'usines françaises et belges – dont FN et Sarolea – ont fermé leurs portes dans les années 50 et 60, à l'issue d'un long déclin. La relative prospérité de leur économie nationale a permis une plus large accession du public à la voiture, entraînant une diminution de la demande en deux-roues. En Hollande, la compagnie Eysink déposa son bilan en 1956, après plus d'un demi-siècle d'activité. En France, on ne construit plus que des cyclomoteurs. En Espagne, l'industrie motocycliste, née dans les années 40, a commencé par produire des deux-temps simples et peu coûteux destinés au marché intérieur. Les années 60 et 70 l'ont vue exporter largement des engins tout-terrain, puis être freinée par les restrictions douanières. Dans le même temps, une population devenue plus aisée achetait de plus en plus de voitures et de moins en moins de motos.

Brochure publicitaire Nimbus.

Husqvarna TC610 moto-cross, 1992.

L'Europe de l'Est et l'Asie

La disparition du Rideau de fer a exposé plusieurs constructeurs d'Europe de l'Est aux dures réalités de l'économie de marché. La Tchécoslovaquie, par exemple, possédait une industrie motocycliste prospère avant la Seconde Guerre mondiale : la firme Laurin & Klement était dans le peloton de tête des constructeurs européens et entraînait dans sa foulée d'autres fabricants tchécoslovaques. Sous le régime communiste n'existaient que deux marques, Jawa et CZ, qui produisaient en grandes quantités des engins destinés au marché intérieur et à l'exportation ; on s'interroge aujourd'hui sur leur devenir. Tandis que des industries dépérissaient, d'autres naissaient : le monde voit aujourd'hui apparaître des motos fabriquées en Corée, en Chine et à Taïwan. Les marques japonaises sont implantées dans la plupart des pays, même au Brésil, où l'on produit sur place des Honda ou des Yamaha.

Terrot 175 cm³ type 2, 1924.

Le Nord et le Sud

En 1913, déjà, l'Australie avait fabriqué une motocyclette à moteur quatre temps monocylindrique – la Rova-Kent –, dont la production ne dura qu'un an. Tilbrook ouvrit ses portes en 1950, pour les refermer en 1953. Au Canada, le constructeur de scooter des neiges Bombardier fabriqua dans les années 70 et 80, sous la marque Can-Am, des motos de compétition. Le Brésil, pour sa part, a construit, sous le nom d'Amazonas, un énorme engin doté d'un moteur de coccinelle Volkswagen. Enfin, la Nouvelle-Zélande fabrique en nombre limité des Britten de course. De nouvelles marques apparaissent tandis que d'autres disparaissent ici ou là, contribuant à l'évolution générale de la moto.

Böhmerland 600 cm³, trois places, 1927.

Autriche

C'est sous la marque Püch que furent construites, en 1903, les premières motos autrichiennes. D'autres fabricants suivirent, mais il fallut attendre les années 60 et KTM pour qu'un constructeur accède à une renommée internationale comparable. Aujourd'hui, Püch ne produit plus que des cyclomoteurs.

Caractéristiques

La Püch 220 de 1926
- Moteur Deux temps à double piston et cylindre en U
- Cylindrée 223 cm^3
- Puissance 4,5 ch à 3 500 tr/mn
- Transmission Par chaîne, pas de boîte de vitesses
- Cadre Berceau tubulaire
- Suspension Fourche à parallélogramme, AR rigide
- Poids 77 kg
- Vitesse max. 75 km/h

La Püch 220 de 1926
Le monocylindre deux temps à double piston fut inventé en 1912 par Adalberto Garelli. Püch adopta et développa le principe en 1923, puis conserva cette configuration pendant près d'un demi-siècle.

KTM

Fondé en 1953, KTM fabriqua d'abord de petits deux-roues – cyclomoteurs, scooters et motos – à moteur Rotax. Le succès des KTM de compétition équipées de moteurs « maison » valut à la marque une réputation mondiale.

La KTM 246 cm^3 de 1979
Le pilote russe Moïsseïev remporta le championnat de motocross 1974 sur une KTM. A l'époque, les moteurs Rotax avaient été abandonnés au profit d'engins conçus et fabriqués par la firme ; c'est le cas du modèle présenté ici.

Tchécoslovaquie

En Tchécoslovaquie, Laurin & Klement construisirent leurs premiers motocycles en 1899. De l'industrie d'avant la Seconde Guerre mondiale, seuls survécurent Jawa et CZ en tant qu'usines nationalisées travaillant en étroite collaboration. Jawa s'illustra dans les courses de speedway, CZ remporta plusieurs titres mondiaux en motocross.

La CZ Cross de 1974
Nationalisé après la guerre, CZ continua à produire des deux-temps ainsi que des motos de course à arbre à cames en tête. La marque remporta à plusieurs reprises le championnat du monde de motocross dans les années 60.

Caractéristiques

La CZ Cross de 1974
- Moteur Monocylindre 2 temps
- Cylindrée 380 cm³
- Puissance 42 ch à 6 800 tr/mn
- Transmission Par chaîne, boîte à quatre rapports
- Cadre Simple berceau dédoublé tubulaire
- Suspension Fourche télescopique, bras oscillant à l'AR
- Poids Inconnu
- Vitesse max. 121 km/h

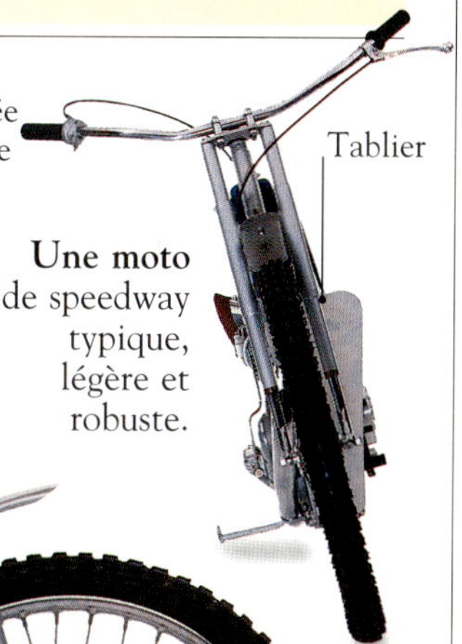

Une moto de speedway typique, légère et robuste.

La Eso Speedway de 1966
Eso se lança en 1949 dans la production de motos de speedway. Jawa absorba Eso en 1962 et poursuivit dans la même voie.

Caractéristiques

La Eso Speedway de 1966
- Moteur Monocylindre 4 temps culbuté, refroidi par air
- Cylindrée 497 cm³
- Puissance 50 ch à 8 000 tr/mn
- Transmission Par chaîne, un seul rapport
- Cadre Berceau tubulaire interrompu et moteur porteur
- Suspension Fourche télescopique, pas de suspension AR
- Poids 83 kg
- Vitesse max. Fonction du rapport

La Böhmerland de 1927
Ces extraordinaires machines furent construites de 1925 à 1939. Elles furent dessinées par Albin Liebisch, qui avait également conçu le moteur, qui porte son nom. En 1935, l'empattement fut ramené à une dimension plus normale. La production de la Böhmerland fut interrompue par la guerre.

Caractéristiques

La Böhmerland
- Moteur Monocylindre 4 temps culbuté
- Cylindrée 603 cm³
- Puissance 16 ch à 3 000 tr/mn
- Transmission Par chaîne, boîte à trois rapports
- Cadre Tubes soudés
- Suspension AV seulement, à roue poussée
- Poids 227 kg
- Vitesse max. 95 km/h

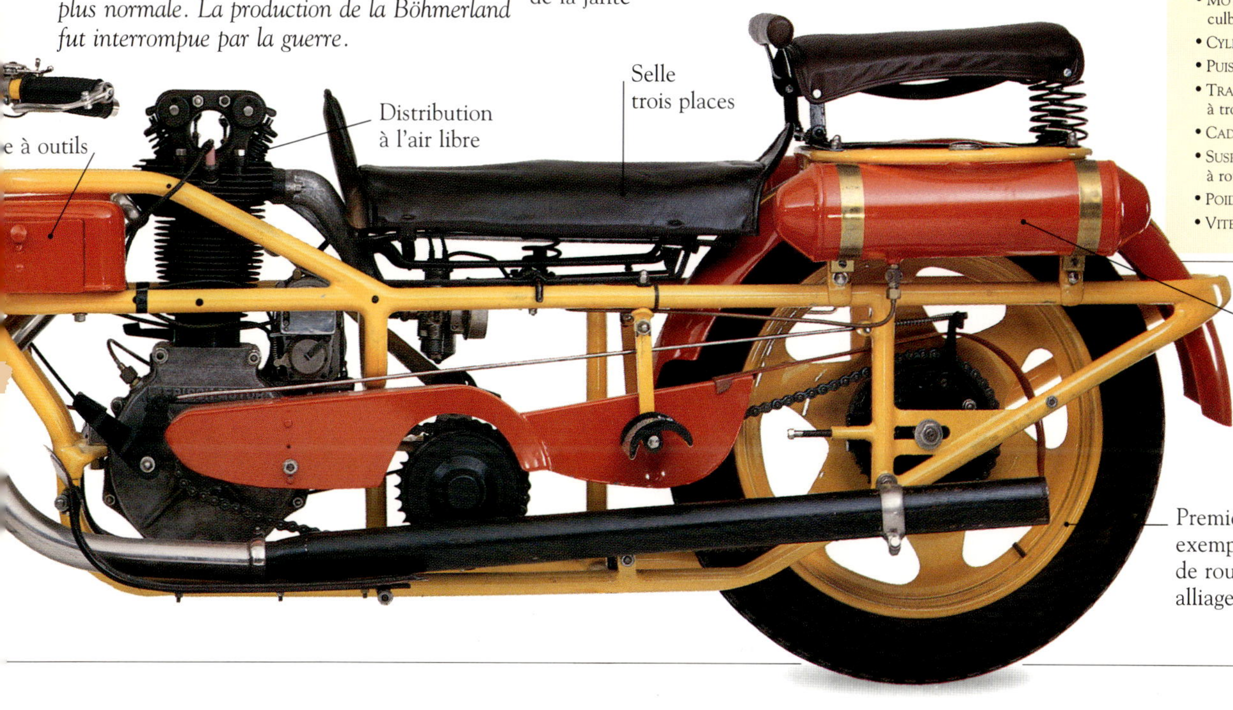

France

Peugeot, dont l'activité débuta en 1899, construisit des engins de course perfectionnés à arbre à cames en tête (comme ci-dessus).

LE MOTEUR A EXPLOSION, s'il a fait son apparition en Allemagne, dut une grande part de son développement à la collaboration des Français De Dion et Bouton. Leurs moteurs, vendus séparément, contribuèrent, à la fin du siècle dernier, à la création d'une industrie florissante en France, qui devint le centre du sport motocycliste : la première course motocycliste (Paris-Nantes) s'y déroula en 1896, le premier Grand Prix (pp. 144-147) en 1913. L'arrivée sur le marché de moyens de transport peu coûteux – tels que cyclomoteurs et 2CV Citröen – donna un coup de frein quasi définitif à l'industrie française de la moto.

La Deronzière de 1907
Deronzière fabriqua des motocycles de 1906 à la fin de la Première Guerre mondiale. La marque créa son propre moteur de 282 cm³, qui se singularisait par son allumage sans bougie, avec une étincelle fournie directement dans le cylindre par une magnéto basse tension.

CARACTÉRISTIQUES

La Deronzière de 1907

- MOTEUR Monocylindre 4 temps, soupapes opposées (admission automatique)
- CYLINDRÉE 282 cm³
- PUISSANCE 1,5 ch (estimation)
- TRANSMISSION Par courroie, un seul rapport
- CADRE Tubulaire fermé
- SUSPENSION A roue poussée à l'AV, pas de suspension AR
- POIDS 45 kg
- VITESSE MAX. 40 km/h

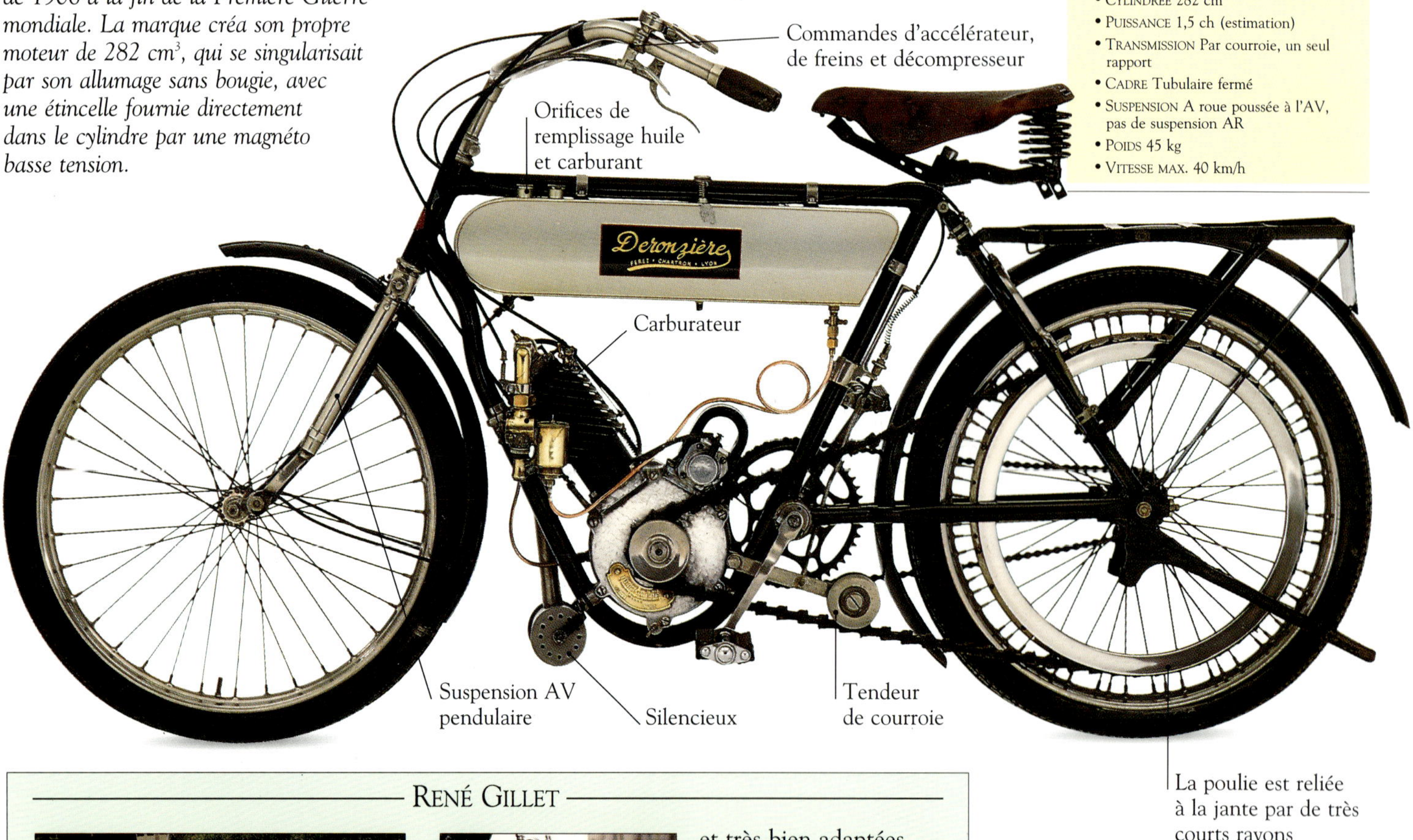

RENÉ GILLET

A partir de 1898, Gillet construisit des motos réputées pour leur robustesse et leur fiabilité, plus que pour leurs capacités sportives, et très bien adaptées à l'utilisation en side-car. Au nombre des plus célèbres motos de Gillet figurent les bicylindres en V de 750 et 1 000 cm³ qui équipèrent l'armée et la police. L'entreprise se diversifia et, après la Seconde Guerre mondiale, choisit de se concentrer sur les petits deux-temps. Elle cessa son activité en 1957.

LE SAVIEZ-VOUS ?

Le premier Grand Prix des 250 cm³ se déroula en France en 1913, et fut remporté par un dénommé Bange, au guidon d'une Terrot. Dernière victoire française en Grand Prix : celui de Grande-Bretagne en 1983, dans la catégorie des 250 cm³. Jacques Bolle pilotait une Pernod.

En 1923, Terrot construisit une 350 cm³ conventionnelle à moteur JAP et entraînement à courroie et poulie variable. La firme fabriqua bientôt son propre moteur et la Terrot évolua progressivement. La plus célèbre production de la marque fut la 500 cm³ culbutée, représentée ici avec son énorme phare chromé. Terrot construisit également des 350 et 500 cm³ de course très efficaces.

Les 500 cm³ Terrot (ci-dessus), avec leur emblème, leur réservoir chromé et leur phare caractéristiques, étaient très populaires en France. Ce design simple mais efficace connaît aujourd'hui un grand succès auprès des restaurateurs et des collectionneurs.

Les premières Terrot furent construites à Dijon en 1902. L'entreprise s'installa, à la fin des années 20, dans l'une des usines les plus modernes d'Europe. Elle entra dans le groupe Peugeot à la fin des années 50, et sa production propre cessa en 1961.

Brochures publicitaires Terrot des années 50.

CARACTÉRISTIQUES
La Terrot de 1924
• MOTEUR Monocylindre 2 temps refroidi par air
• CYLINDRÉE 173 cm³
• PUISSANCE 3,5 ch à 4 000 tr/mn
• TRANSMISSION Par courroie, boîte à deux rapports
• CADRE Rigide simple berceau
• SUSPENSION Fourche oscillante Terrot, pas de suspension AR
• POIDS 60 kg
• VITESSE MAX. 50 km/h

La Terrot de 1924

Terrot a produit une vaste gamme de machines, de l'utilitaire à la moto de course. Bien conçue, la deux-temps de 173 cm³ représentée ci-dessous fut très populaire. Terrot resta fidèle à la transmission finale par courroie, longtemps après que la plupart des constructeurs l'eurent abandonnée au profit des chaînes. Les premiers modèles comportaient une poulie motrice variable et pas de boîte de vitesses.

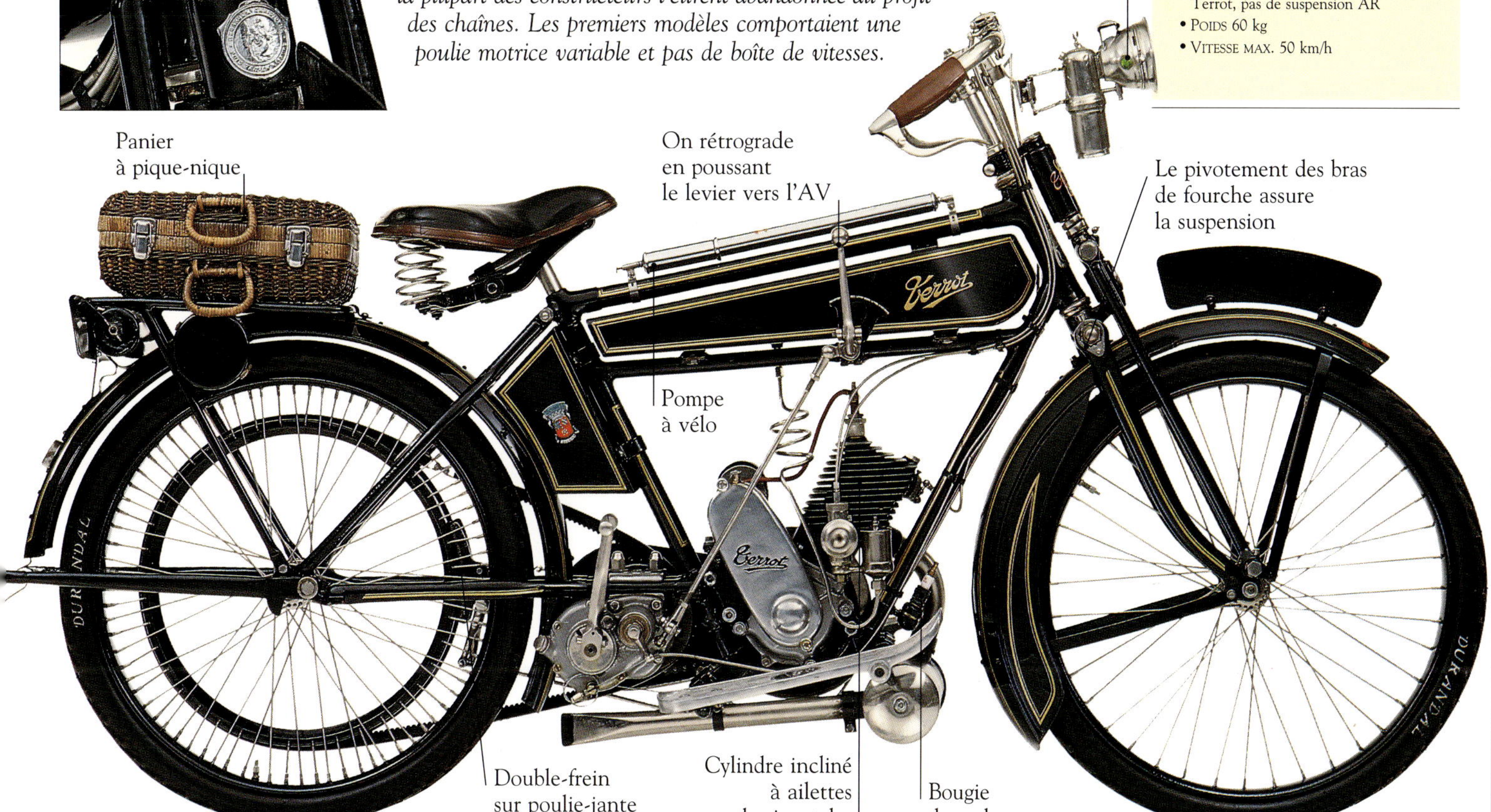

Scandinavie

Il n'y a jamais eu de gros marché pour les motos en Scandinavie, de sorte que cette industrie s'y est relativement peu développée. La longévité et les succès en course de la compagnie suédoise Husqvarna avaient servi d'encouragement aux marques plus modestes. Lito a construit, dans les années 60, en nombre limité, d'excellentes motos de cross, et Husaberg prit la suite. En revanche, les célèbres Husqvarna sont aujourd'hui fabriquées en Italie.

Caractéristiques

La Nimbus 750 de 1953

- Moteur Quatre cylindres en ligne à arbre à cames en tête
- Cylindrée 746 cm^3
- Puissance 22 ch à 4 500 tr/mn
- Transmission Par arbre, boîte à trois rapports
- Cadre Double berceau en acier embouti
- Suspension Fourche télescopique, pas de suspension AR
- Poids 185 kg
- Vitesse max. 115 km/h

La Nimbus 750 de 1953
La firme danoise Nimbus a ouvert ses portes en 1919. Interrompue en 1928, la production redémarra en 1934, avec un modèle entièrement renouvelé. La dernière Nimbus remonte à 1959. Il s'agissait d'un modèle militaire – les forces armées absorbant l'essentiel de la production danoise.

Brochure de l'après-guerre présentant une version civile de la Nimbus.

La Husqvarna 500 de 1935
Husqvarna fabriquait de l'armement avant de diversifier sa production (1903) et d'aborder la moto. Des mono- et bicylindres furent construites, équipées de moteurs d'autres constructeurs. Le nom commença à se faire connaître hors de Scandinavie en 1930, grâce à des 350 et 500 cm^3 de course novatrices. Le V-twin était alors une nouveauté sur les circuits européens. Le modèle fut amélioré, mais, en dépit de ses succès en course, son potentiel ne fut jamais véritablement exploité. L'écurie fut démantelée en 1935, mais des pilotes privés continuèrent à courir sur des motos de la marque.

Caractéristiques

La Husqvarna 500 de 1935

- Moteur Bicylindre en V culbuté
- Cylindrée 497 cm^3
- Puissance 44 ch à 6 800 tr/mn
- Transmission Par chaîne, boîte à quatre rapports
- Cadre Fermé tubulaire
- Suspension Fourche à parallélogramme, pas de suspension AR
- Poids 127 kg
- Vitesse max. 190 km/h

Le pilote Husqvarna Stanley Woods (à droite), juste avant le départ du Senior TT de 1934. Il était en deuxième position quand il tomba en panne sèche dans le dernier tour.

La Husqvarna Enduro 504WR de 1973
Husqvarna centra sa production d'après guerre sur les deux-temps, construisant des engins exceptionnels de motocross et d'enduro ; la production de routières fut interrompue en 1961. En 1986, Husqvarna vendit ses droits à Cagiva, en Italie.

CARACTÉRISTIQUES

La Husqvarna 504WR de 1973

- MOTEUR Monocylindre 2 temps refroidi par air
- CYLINDRÉE 454 cm³
- PUISSANCE 32 ch (estimation)
- TRANSMISSION Par chaîne, boîte à cinq rapports
- CADRE Simple berceau dédoublé
- SUSPENSION Fourche télescopique AV et bras oscillant AR à deux combinés
- POIDS 120 kg (estimation)
- VITESSE MAX. 155 km/h

Un concurrent Husqvarna d'enduro trace un sillon bien droit, témoignant ainsi de la tenue de cap de sa machine, même dans la boue.

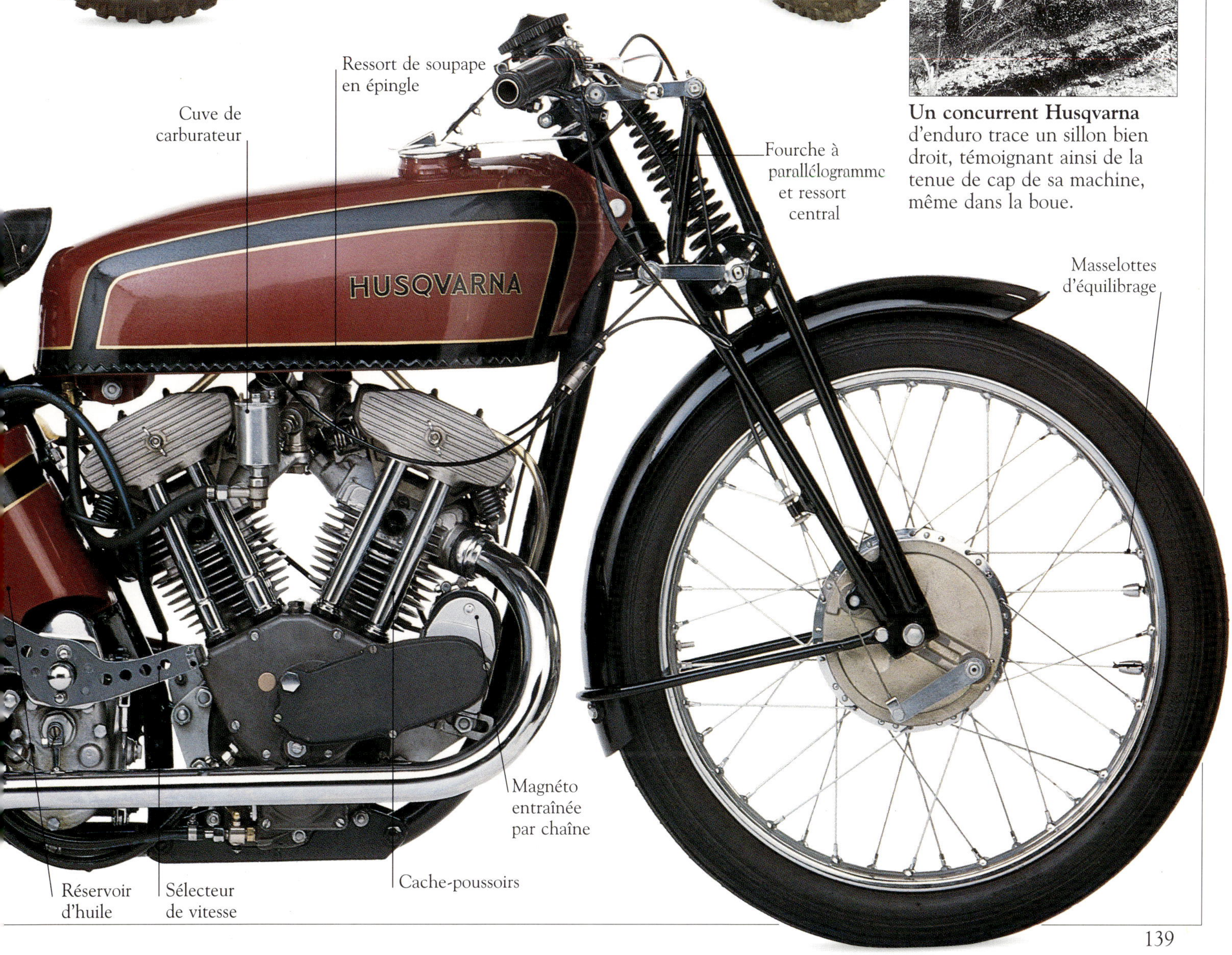

Espagne

L'ESPAGNE A COMMENCÉ à produire des motos dans les années 40. Depuis, Montesa, Bultaco et Ossa ont exporté un grand nombre de deux-roues tout-terrain, tandis que Derbi, qui concentrait son activité sur les cyclomoteurs, obtenait d'éclatants succès en compétition. La crise industrielle des années 80 n'a laissé survivre que Montesa et Derbi.

Le pouce levé de l'emblème Bultaco.

CARACTÉRISTIQUES

La Bultaco Metralla de 1975

- MOTEUR Monocylindre 2 temps refroidi par air
- CYLINDRÉE 244 cm³
- PUISSANCE 25 ch à 7 500 tr/mn
- TRANSMISSION Par chaîne, boîte à six rapports
- CADRE Berceau tubulaire
- SUSPENSION Fourche télescopique, bras oscillant à l'AR
- POIDS 123 kg
- VITESSE MAX. 137 km/h

La chaîne sous carter a une meilleure longévité

Deux-temps simple et efficace à admission par la jupe du piston

Frein AV à tambour double came

La Bultaco Metralla de 1975
Routière espagnole typique, la Metralla possède un moteur monocylindre deux temps, monté dans un cadre conventionnel. Ossa et Montesa ont produit des engins similaires. Rudimentaires par rapport à leurs concurrentes étrangères, ces machines ont été peu exportées.

Martin Lampkin (à droite) en passe de remporter le championnat mondial de trial 1975 sur la moto ci-dessous.

OSSA

Ossa a dû ses résultats en championnat à sa monocylindre 250 cm³. Santiago Herrero (à gauche) a remporté plusieurs Grands Prix sur cette machine, en 1969 et 1970. Après la mort de son pilote au TT 1970, Ossa se retira de la compétition.

Le trèfle à quatre feuilles d'Ossa.

Un prototype de 1 000 cm³ : cette quatre-cylindres deux temps, créée en 1972, a terminé de façon spectaculaire sa première et dernière course (à gauche).

CARACTÉRISTIQUES

La Bultaco Sherpa de 1974

- MOTEUR Monocylindre 2 temps refroidi par air
- CYLINDRÉE 348 cm³
- PUISSANCE 21 ch à 5 000 tr/mn
- TRANSMISSION Par chaîne, boîte à cinq rapports
- CADRE Simple berceau dédoublé
- SUSPENSION Fourche télescopique, bras oscillant à l'AR
- POIDS 100 kg
- VITESSE MAX. En fonction du rapport choisi
- Les chiffres concernent la version victorieuse au championnat du monde (à droite)

La Bultaco Sherpa de 1974
Élaborée dans les années 60 par le pilote britannique Sammy Miller (p. 156), la Sherpa allait devenir l'une des meilleures motos espagnoles de trial. Bultaco continua à dominer la spécialité pendant les années 70, s'adjugeant le titre mondial pendant cinq années consécutives.

CARACTÉRISTIQUES

La Montesa Cota 311 de 1992

- MOTEUR Monocylindre 2 temps refroidi par air
- CYLINDRÉE 258 cm³
- PUISSANCE Non mesurée
- TRANSMISSION Par chaîne, six rapports
- CADRE En alliage, tubes à section carrée
- SUSPENSION Fourche télescopique, monoamortisseur à l'AR
- POIDS 83 kg
- VITESSE MAX. En fonction du rapport choisi

La Montesa Cota de 1992

Montesa fut fondée en 1944 par Pedro Permanyer et Francisco Bulto – lequel créa ensuite sa propre firme, Bultaco. Dans les années 60 et 70, la marque exporta des motos tout-terrain, puis remporta le championnat du monde de trial en 1980. Depuis, Montesa a connu des difficultés et ne survit guère que grâce à ses liens avec Honda (pp. 112-115).

Le champion d'Europe
Carlos Rocamora au guidon d'une Impala, la meilleure des routières Montesa.

PORTUGAL

Casal reste le seul fabricant de motos au Portugal. Fondée en 1966, la firme a d'abord produit des engins motorisés par Zündapp, avant de créer ses propres moteurs deux temps. L'essentiel de la production concerne des 50 cm³ (en bas, à gauche). Le moteur est un deux-temps conventionnel à admission par la jupe du piston. Les modèles sportifs (en haut, à gauche) sont refroidis par eau. La marque a très peu exporté. Quelques machines de trial et de motocross ont aussi été dessinées et construites par Casal.

60
BSA
BSA

Le Sport Motocycliste

LE SPORT MOTOCYCLISTE est né dès l'instant où deux adeptes de la moto se sont rencontrés. Les fervents des deux-roues ont toujours voulu savoir quelle machine était la plus rapide, la plus fiable, et, de tout temps, les constructeurs ont cherché à valoriser leur production. Du Sahara aux déserts glacés de Sibérie, sur le sable, dans la boue ou sur des pistes aménagées, les motos courent partout dans le monde.

Les Grands Prix

LE PREMIER GRAND PRIX DE FRANCE s'est déroulé en 1913, et, par la suite, maintes grandes rencontres internationales ont pris le nom de « Grand Prix ». Les championnats du monde, qui regroupent un certain nombre de Grands Prix, ont débuté en 1949. En 1961, le Grand Prix d'Argentine fut la première course de championnat organisée ailleurs qu'en Europe. Après les succès des Britanniques, les motos italiennes ont pris le relais. Dans les années 70, les deux-temps japonais ont dominé la catégorie reine des 500 cm³.

Kenny Roberts (ci-dessus) fut le premier Américain à remporter un championnat du monde – celui des 500 sur une Yamaha en 1978, lors de sa première tentative ; il réitéra en 1979 et 1980.

La Yamaha OW48 de 1979

Les deux-temps Yamaha à admission par la jupe du piston ont connu de grands succès dans les années 70, de la 125 à la 750 cm³. Giacomo Agostini offrit à Yamaha son premier titre mondial 500 en 1975, mais Barry Sheene gagna en 1976 et 1977 sur une Suzuki à distributeurs rotatifs. Les talents de pilote de Kenny Roberts contrebalançant l'avantage technique des Suzuki, le titre revint à Yamaha en 1978, 1979 (moto ci-contre) et 1980.

L'OW 48 doit son extraordinaire garde au sol aux formes très torturées des quatre pots de détente. Celui qui débouche près de la selle vient du cylindre gauche.

CARACTÉRISTIQUES

La Yamaha OW48

- MOTEUR 4 cylindres en ligne 2 temps
- ALÉSAGE x COURSE 56 mm x 50,5 mm
- CYLINDRÉE 498 cm³
- PUISSANCE 130 ch
- ALIMENTATION 4 Mikuni
- ALLUMAGE Électronique
- TRANSMISSION Par chaîne, boîte à six rapports
- EMBRAYAGE Multidisque à sec
- CADRE Double berceau d'acier tubulaire
- SUSPENSION Fourche télescopique, monoamortisseur à l'AR
- FREINS Deux disques à l'AV, 1 disque à l'AR
- POIDS 145 kg
- VITESSE MAX. 290 km/h
- DATE DE CONSTRUCTION 1979

Les pilotes sur la ligne de départ du Grand Prix d'Angleterre 1979. Le futur vainqueur, Kenny Roberts, est le deuxième à partir de la gauche. On aperçoit plus loin Barry Sheene, qui finira deuxième. Le départ s'effectue « à la poussette ».

LES STYLES DE PILOTAGE

La catégorie des 500 cm³ a toujours été considérée comme l'épreuve reine des Grands Prix, mais il faut aussi compter avec les 125 et 250. On a également vu des épreuves réservées aux 50, 80 et 350 cm³. La lutte est souvent plus difficile, même pour un pilote expérimenté, sur une faible cylindrée (comme à gauche, dans le Grand Prix d'Espagne 1992 des 125 cm³), où quelques fractions de secondes seulement séparent les concurrents à l'arrivée.

Il fut un temps où les coureurs étaient inscrits dans plusieurs catégories lors d'une même saison de Grand Prix, mais la sophistication technologique des machines a maintenant rendu cette possibilité difficile. En petite cylindrée, la différence se fait surtout dans la vitesse en virage. Les coureurs en 500 doivent dominer la puissance de leur engin et adoptent un style plus spectaculaire. A gauche, Luca Cadalora, sur une 250, vire au contraire dans le style souple typique de la catégorie.

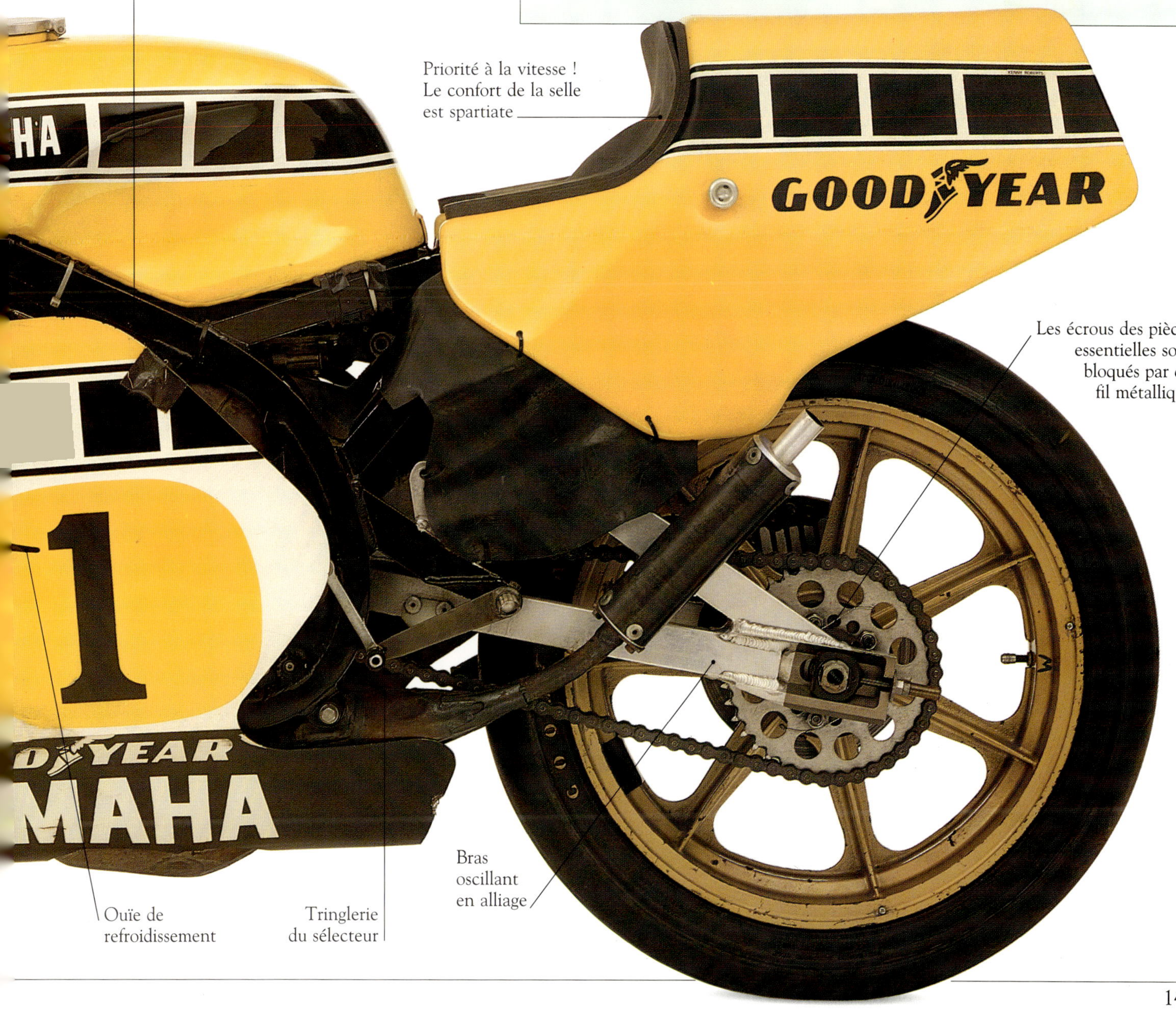

Les Grands Prix

Les courses de Grand Prix ont radicalement changé au fil des années. Les pistes sont devenues plus sûres, et les circuits routiers, comme celui de l'île de Man, ne sont plus utilisés en Grand Prix. Du fait des coûts en constante augmentation, les motos de course sont littéralement transformées en affiches publicitaires par leurs sponsors. Le public et les médias s'intéressent de plus en plus à la compétition. La quête de puissance et de rapidité a entraîné une évolution rapide des motos : compétitive pendant une saison, une machine peut être totalement dépassée l'année suivante. Outre leur rôle de promotion de la marque, les courses stimulent les innovations, qui sont ensuite répercutées sur les modèles de série.

Kevin Schwantz, pilote d'usine Suzuki (ici en pleine action), a remporté le Grand Prix d'Italie 1992 en 500 cm^3.

La Suzuki RGV500 de 1992
Dans le monde de la compétition, les constructeurs s'efforcent d'apporter à leurs machines le « plus » qui leur donnera la victoire sur l'adversaire. Avec des engins qui développent 170 ch à la roue arrière, la puissance ne pose pas problème ; la plupart des innovations visent à maîtriser cette énergie et à améliorer le contrôle du pilote sur sa machine.

Pour transmettre au sol 170 ch, des pneumatiques appropriés sont essentiels. En Grand Prix, le choix des pneus décide souvent de la victoire ou de la défaite.

CARACTÉRISTIQUES

La Suzuki RGV500

- MOTEUR Quatre cylindres en V, à double vilebrequin, 2 temps, refroidi par eau
- ALÉSAGE x COURSE 56 mm x 50,6 mm
- CYLINDRÉE 498 cm^3
- PUISSANCE 170 ch à 13 000 tr/mn
- CARBURATION Deux carburateurs double corps à boisseau plat
- ALLUMAGE Électronique à courbe d'avance programmable
- TRANSMISSION Par chaîne, boîte extractible à six rapports
- EMBRAYAGE Multidisque à sec
- CADRE Double poutre aluminium
- SUSPENSION Fourche télescopique inversée, AR : monoamortisseur à progressivité variable
- FREINS Double disque en fibre de carbone à l'AV, simple disque à l'AR
- POIDS 130 kg
- VITESSE MAX. 298 km/h

LES STYLES DE PILOTAGE EN GRAND PRIX

Geoff Duke était réputé pour son style élégant, à mettre partiellement au compte des pneus course de l'époque.

L'Italien Tarquinio Provini courait le menton posé sur le réservoir.

L'évolution des machines de compétition s'est accompagnée d'une optimisation des techniques de pilotage. La tenue de route phénoménale des engins modernes autorise les concurrents à faire pleinement usage de l'accélération de leur moto.

Aujourd'hui, l'énorme puissance et les pneus de large section permettent au coureur de se déhancher complètement dans les virages.

Reniflard de réservoir

Les freins en fibre de carbone fonctionnent mieux à chaud ; on les recouvre d'un carter par temps froid ou humide

Le carénage est en fibre de carbone renforcée de Kevlar

Les branches des jantes en alliage sont creuses

En course, Kevin Schwantz a pour numéro fétiche le 34

Radiateur

Pneu de course slick

L'avant surbaissé réduit la résistance au vent, facilite les accélérations et la vitesse de pointe.

Les Superbikes

Wayne Rainey a remporté le championnat américain de Superbike 1983 sur cette Kawasaki. Passé chez Honda, le pilote réitéra en 1987, avant d'offrir à Yamaha trois titres mondiaux en 500 cm³. Il a malheureusement été victime, en 1993, d'un très grave accident.

INVENTÉES PAR LES AMÉRICAINS, les courses de superbikes ont séduit la planète. Un championnat du monde de la spécialité a été créé en 1988. Ne sont autorisées à concourir que des machines ressemblant de près aux modèles de série – une réglementation qui évite la flambée des coûts et renforce l'intérêt des spectateurs. La compétition est âpre et les courses sont spectaculaires. Bon nombre de pilotes de Grand Prix ont fait leurs premières armes en superbike : c'est le cas, par exemple, des champions du monde américains Freddie Spencer, Eddie Lawson et Wayne Rainey.

La Kawasaki ZX750 de 1983

Même si la superbike type peut ressembler de très près à une moto de série, bon nombre de ses composants ont été améliorés, de façon à alléger la machine et à augmenter sa vitesse. Les superbikes sont conçues pour offrir une maniabilité et une tenue de route optimales dans les conditions de course. Cette Kawasaki ZX750 a été pilotée en 1983 par Wayne Rainey.

Des fixations spéciales permettent de démonter rapidement le carénage

Cartouche de gaz de l'amortisseur AR

Le siège remodelé empêche de glisser en arrière en phase d'accélération

Bras oscillant en alliage de section carrée ; plus solide et plus léger que le modèle standard

Embrayage à sec spécial compétition

Le Saviez-Vous ?

Le pilote Honda Fred Merkel a remporté les deux premiers titres mondiaux de superbike en 1989 et 1990. Depuis, Ducati a dominé la catégorie, en partie grâce à la limitation de la cylindrée des quatre-cylindres à 750 cm^3, contre 1 000 cm^3 pour les deux-cylindres. Les V-twins Ducati 888 (p. 93) ont donc été nettement avantagés dans le championnat.

Les 200 Miles de Daytona

La plus célèbre compétition américaine sur route s'est courue pour la première fois en 1937 et a toujours été furieusement disputée. Dite « sur route », la course se déroulait pourtant à l'origine sur une plage de Floride. Depuis 1961, elle se déroule sur une piste prévue à cet effet, et est soumise, depuis 1985, à la réglementation concernant les superbikes.

Bien que non inclus dans le championnat du monde, les 200 Miles de Daytona sont probablement la plus prestigieuse compétition solo de superbikes. Sur la piste relevée, les engins atteignent des vitesses impressionnantes. La course se déroule en mars, et ouvre traditionnellement la saison internationale de compétition.

Caractéristiques

La Kawasaki ZX750

- MOTEUR Quatre cylindres en ligne à double arbre à cames en tête
- ALÉSAGE X COURSE 66 mm x 54 mm
- CYLINDRÉE 738 cm^3
- PUISSANCE Non mesurée
- CARBURATION Quatre Mikuni de 34 mm
- ALLUMAGE Électronique
- TRANSMISSION Par chaîne, boîte à cinq rapports
- EMBRAYAGE Multidisque à sec
- CADRE Double berceau tubulaire
- SUSPENSION Fourche télescopique à l'AV, cantilever à l'AR
- FREINS Deux disques à l'AV, 1 disque à l'AR
- POIDS 219 kg
- VITESSE MAX. 257 km/h (estimation)
- DATE DE CONSTRUCTION 1983

Les Courses d'Endurance

CES COURSES, QUI S'ÉTALENT parfois sur vingt-quatre heures, constituent une épreuve sévère pour l'homme et la machine. Il s'agit pour l'équipe de couvrir la plus grande distance possible en un temps donné. La fiabilité de la moto compte alors tout autant que la vitesse, et les arrêts au stand – pour le plein, un changement de pneus ou de pilote – peuvent parfois décider de la victoire. Les deux ou trois pilotes de l'équipe se relaient au guidon, et, même au bout de vingt-quatre heures, les écarts peuvent ne pas dépasser quelques secondes. En cas de panne, le pilote doit pousser seul sa moto jusqu'à son stand, pour qu'elle y soit réparée. La plus célèbre épreuve d'endurance est le Bol d'Or français, qui remonte à 1922.

Dans un départ de type « Le Mans » (comme ici au Mans), les pilotes traversent la piste et bondissent en selle.

La Triumph Trident de 1971
En 1971, Triumph remportait le Bol d'Or pour la seconde fois, sur le fameux circuit Bugatti du Mans. Les pilotes de l'écurie, Ray Pickrell et Percy Tait, accomplirent 616 tours de circuit sur la Triumph Trident ci-dessous, à la vitesse moyenne de 114 km/h.

Le Saviez-Vous ?

Les 8 Heures de Suzuka constituent probablement la course d'endurance la plus importante au monde. Elle se déroule devant 140 000 spectateurs, et les constructeurs japonais font l'impossible pour gagner sur le territoire national.

Aux 24 Heures du Mans 1992. Après douze heures de pilotage, Terry Rymer file vers la victoire de l'équipe Kawasaki. A peine si le temps au tour diminue pendant la nuit !

Caractéristiques

La Triumph Trident Bol d'Or

- Moteur Trois cylindres en ligne refroidi par air, 4 temps
- Alésage x Course 67 mm x 70 mm
- Cylindrée 749 cm³
- Puissance Non mesurée
- Carburation Trois Amal Concentric de 30 mm
- Allumage 12 volts à trois bobines
- Transmission Par chaîne, cinq rapports
- Embrayage Multidisque
- Cadre Double berceau tubulaire construit par Rob North
- Suspension Fourche télescopique, bras oscillant à l'AR
- Freins Disques à l'AV et à l'AR
- Poids 179 kg
- Vitesse max. 264 km/h
- Date de construction 1971

Des arrêts au stand très courts sont essentiels. Ici, l'écurie Godier-Genoud au ravitaillement pendant le Bol d'Or 1977.

Les phares sont orientés pour offrir une visibilité maximale dans les courbes et au freinage

Double disque en fonte

Le numéro est éclairé afin de faciliter le travail des techniciens de l'écurie et des chronométreurs

Les plaquettes de frein doivent être changées plusieurs fois durant la course

Le très convoité Tourist Trophy.

Les Courses du TT

LES COURSES SUR ROUTES OUVERTES étant interdites sur le territoire anglais, les fervents de la spécialité ont opté pour l'île de Man. Inaugurées en 1907, les courses du Tourist Trophy sont les plus célèbres et les plus exigeantes du monde. Les obstacles naturels rendent les épreuves très dangereuses ; tout en restant extrêmement populaire, le TT ne compte plus, depuis 1977, pour le championnat du monde.

Si le revêtement de la chaussée a été amélioré, les lieux traversés par le TT ont très peu changé au fil des ans. Le Quarter Bridge Hotel (ci-dessus) est toujours là ; un rond-point a simplement été ajouté à cet endroit.

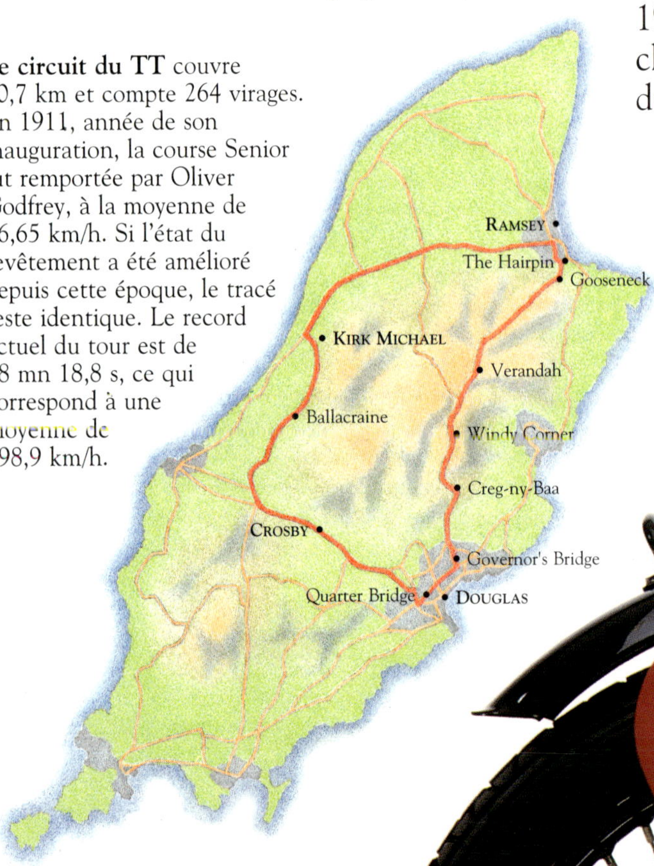

Le circuit du TT couvre 60,7 km et compte 264 virages. En 1911, année de son inauguration, la course Senior fut remportée par Oliver Godfrey, à la moyenne de 76,65 km/h. Si l'état du revêtement a été amélioré depuis cette époque, le tracé reste identique. Le record actuel du tour est de 18 mn 18,8 s, ce qui correspond à une moyenne de 198,9 km/h.

La Norton Manx de 1938

Norton a compté parmi les constructeurs les plus célèbres de l'histoire du TT. En 1907, Rem Fowler remportait l'épreuve réservée aux bicylindres. Quatre-vingt-cinq ans plus tard, Steve Hislop gagnait le Senior TT au guidon d'une Norton à moteur rotatif. Dans l'intervalle, la marque s'est adjugé 19 TT en Senior et 12 en Junior. Les plus fameuses Norton de course ont été les monocylindres à arbre à cames en tête, qui ont fait leurs débuts au TT en 1927 et obtenu leur dernière victoire en 1961. Le nom Manx leur vient de celui des habitants de l'île de Man.

Échappement mégaphone

CARACTÉRISTIQUES

La Norton Manx 500

- MOTEUR Monocylindre à arbre à cames en tête
- ALÉSAGE X COURSE 79 mm x 100 mm
- CYLINDRÉE 490 cm³
- PUISSANCE 35 ch (estimation)
- CARBURATION Amal à cuve séparée
- ALLUMAGE Magnéto de course
- TRANSMISSION Par chaîne, quatre rapports
- EMBRAYAGE Multidisque à sec
- CADRE Berceau tubulaire
- SUSPENSION Fourche à parallélogramme, AR coulissante
- FREINS A tambour à l'AV et à l'AR
- POIDS 172 kg (estimation)
- VITESSE MAX. 177 km/h
- DATE DE CONSTRUCTION 1938

Governor's Bridge constitue le dernier virage de la piste avant le sprint final jusqu'à la ligne d'arrivée.

Les trois premiers du Senior TT 1938 : le vainqueur Harold Daniell (au centre), Stanley Woods (à gauche) et Freddie Frith.

Par trois fois, Harold Daniell a conduit Norton à la victoire en TT. Il réitéra sa victoire de 1938 en 1947 et 1949.

Après deux semaines de courses et de manifestations, beaucoup de visiteurs quittent l'île de Man avec ce badge souvenir.

Steve Hislop dans le Senior TT 1992, à Creg-ny-Baa, en passe d'offrir à Norton sa première victoire au TT depuis dix-neuf ans.

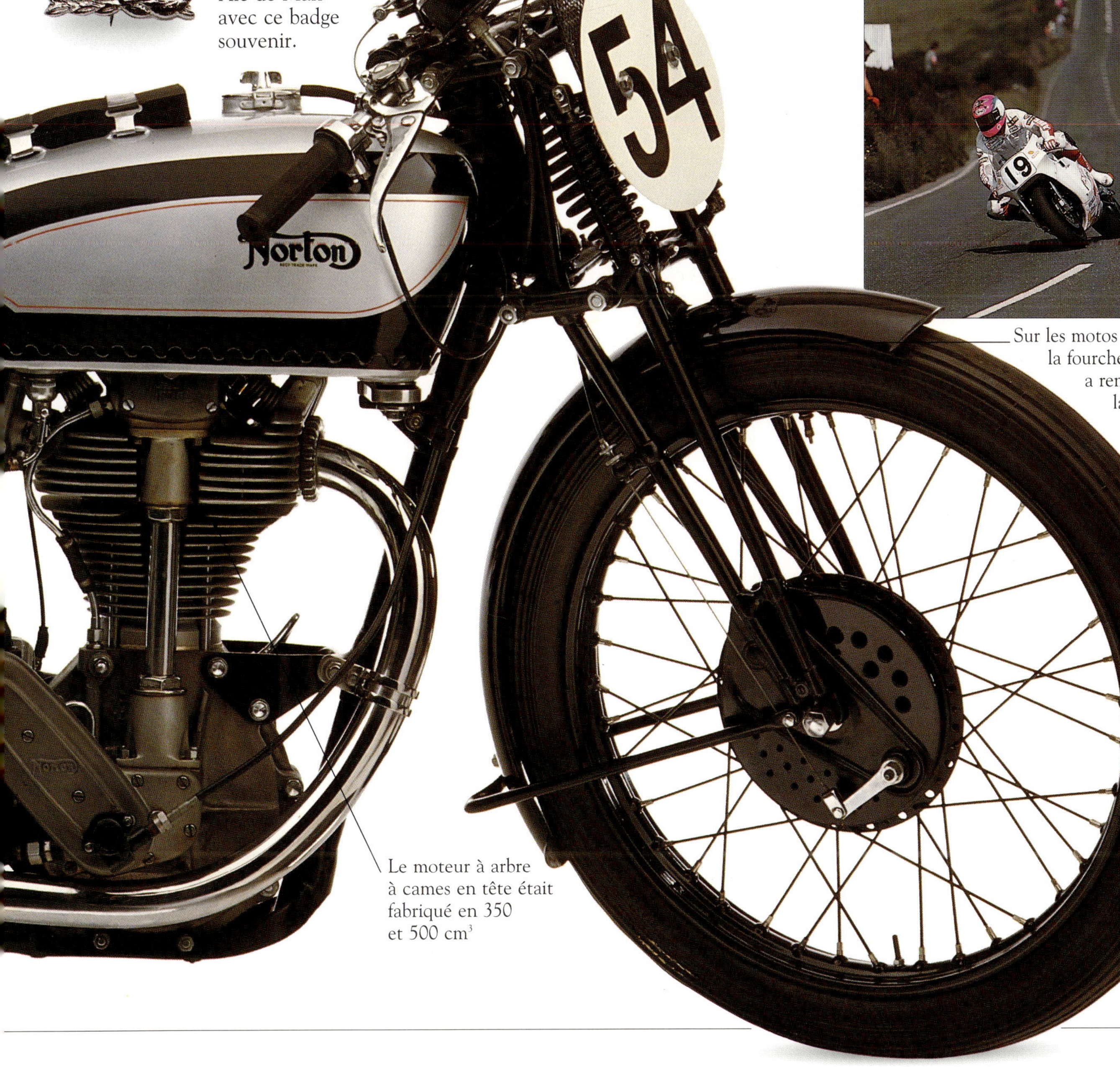

Protection contre les cailloux

Sur les motos de course du TT, la fourche télescopique a remplacé, en 1938, la suspension à parallélogramme

Le moteur à arbre à cames en tête était fabriqué en 350 et 500 cm³

Le Motocross

L'idée de conduire une moto autour d'un champ, dans un bourbier ou sur des bosses n'est pas née à un endroit ni à un moment précis, mais elle est issue du « scrambling », qui vit le jour en Grande-Bretagne dans les années 20. Les compétitions internationales ont débuté après la Seconde Guerre mondiale par le Motocross des Nations. Un championnat d'Europe fut organisé en 1952, et transformé en 1957 en championnat du monde. Le motocross est très prisé aux États-Unis, dont le championnat national a été baptisé Supercross. Certaines compétitions s'y déroulent de nuit, sous les spots, sur des pistes artificielles créées dans des stades.

Au départ, tous les pilotes sont sur une même ligne en travers de la piste. Passer le premier virage en tête est décisif.

La Husqvarna TC610 motocross de 1992
L'élément essentiel d'une moto de cross est sa suspension, qui doit à la fois amortir les bosses pour le pilote et maintenir la roue en contact avec le sol. Sur ce modèle, le débattement de la suspension est de 280 mm à l'AV et de 300 mm à l'AR. La moto concourt dans la catégorie de plus en plus prisée des quatre-temps, bien que la plupart des engins de Grands Prix soient encore des deux-temps.

CARACTÉRISTIQUES

La Husqvarna TC160

- MOTEUR Monocylindre à double arbre à cames en tête refroidi par eau
- ALÉSAGE X COURSE 98 mm x 76,5 mm
- CYLINDRÉE 577 cm^3
- PUISSANCE 50 ch (estimation)
- CARBURATION Carburateurs Dell'Orto
- ALLUMAGE Électronique
- TRANSMISSION Par chaîne, boîte à six rapports
- EMBRAYAGE Multidisque en bain d'huile
- CADRE Berceau tubulaire
- SUSPENSION Fourche télescopique inversée ; AR : bras oscillant avec monoamortisseur et biellettes
- FREINS Disque à l'AV et à l'AR
- POIDS 117 kg
- VITESSE MAX. En fonction du rapport choisi
- DATE DE CONSTRUCTION 1993

Les circuits de motocross varient les difficultés. Le Grand Prix d'Angleterre, qui se tient à Hawkstone Park, est réputé pour sa longue côte (ci-dessus) et son terrain sablonneux.

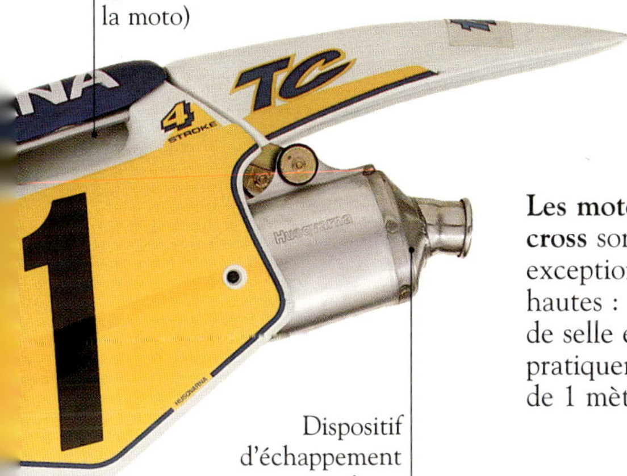

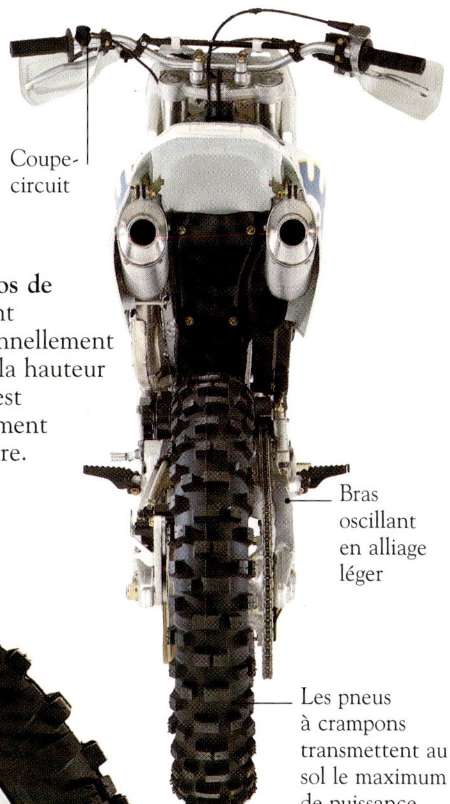

Les motos de cross sont exceptionnellement hautes : la hauteur de selle est pratiquement de 1 mètre.

— LA TENUE DE MOTOCROSS —

Le motocross est un sport très physique. Le « crossman » doit porter des vêtements qui le protègent sans lui ôter sa liberté de mouvements, bien aérés à cause de la transpiration.

Les sauts spectaculaires font toujours partie du motocross, comme le montre cette KTM (p. 134) en plein vol.

Le Trial

Les motos de trial modernes passent quasiment partout. Ici, Diego Bosis escaladant une face rocheuse.

Le trial, l'une des catégories les plus anciennes du sport moto, était conçu comme un banc d'essai de la mécanique. Du fait de la fiabilité et des performances toujours plus grandes des machines, ce sont désormais les conducteurs qui sont testés sur leur habileté à passer une série d'obstacles. Dans les secteurs contrôlés, appelés « zones », d'un parcours de trial, les fautes sont pénalisées de 1 à 5 points – un pied à terre coûte 1 point, contre 5 pour une sortie de parcours. Les rencontres de trial attirent souvent moins les spectateurs que les participants. Amateurs ou professionnels, ils se comptent par centaines, par exemple aux Six Jours d'Écosse créés en 1910. Cette spécialité très exigeante qu'est le trial n'est pas inscrite au championnat du monde.

Sammy Miller remporta sur Ariel de nombreuses compétitions de trial avant d'opter, en 1965, pour Bultaco (pp. 140-141). Il créa ensuite pour Honda plusieurs motos novatrices. En quarante ans, il a gagné un millier d'épreuves de trial, dont les Six Jours d'Écosse.

La Bultaco Sherpa de 1964
Elle est l'ancêtre des motos modernes de trial. Avant la Bultaco, le trial était dominé par les monocylindres quatre temps de grosse cylindrée ; ce prototype, créé par Sammy Miller et conduit par lui à de nombreuses victoires internationales, a inauguré le quasi-monopole des deux-temps sur la spécialité.

Caractéristiques

La Bultaco Sherpa de 1964

- Moteur Monocylindre 2 temps
- Alésage x Course 72 mm x 60 mm
- Cylindrée 244 cm³
- Puissance 19,5 ch
- Carburation Carburateur IRZ
- Allumage Générateur Femsa et bobine
- Transmission Par chaîne, boîte à quatre rapports
- Embrayage Multidisque en bain d'huile
- Cadre Simple berceau dédoublé tubulaire
- Suspension Fourche télescopique, bras oscillant à l'AR
- Freins Bultaco à tambour à l'AV et à l'AR
- Poids 92,5 kg
- Vitesse max. Non déterminée
- Date de construction 1964

Le Néo-Zélandais Steve Merriman se prépare, lors du trial mondial d'Irlande 1992, à engager sa moto dans une crevasse.

Les Six Jours Internationaux d'Enduro

Les compétitions d'enduro se disputent contre la montre. Des pénalités sanctionnent tout retard (ou avance) à l'arrivée au contrôle. Des épreuves particulières sont prévues, comme le remplacement d'un pneu en temps limité. La rencontre la plus importante est celle des Six Jours internationaux d'enduro, instaurés en 1913 (sous le nom de Six Jours internationaux de trial jusqu'en 1984), et qui rassemblent des équipes de différents pays.

Les motos de trial ont évolué de façon à rester performantes sur tous les types de terrain.

Les motos d'enduro doivent être conformes au code de la route. Le phare est obligatoire.

En tout-terrain, un virage se négocie souvent jambe intérieure en avant, comme ci-dessus.

Réservoir étroit de faible capacité

L'angle de braquage très accentué permet de virer quasiment sur place

Garde-boue léger en aluminium

Les pneus à crampons sont très peu gonflés, pour une meilleure adhérence

Culasse à ailettes radiales

Moteur et bas du cadre sont protégés par un sabot

Câble de tachymètre

La roue AV de 21 pouces facilite le franchissement des obstacles

Le Speedway

Né aux États-Unis en 1902, le speedway, littéralement « piste de vitesse », a gagné l'Australie, puis l'Europe. Dans cette spécialité, les motos, dépourvues de freins, évoluent sur des pistes de 400 mètres, recouvertes de poussière ; on vire toujours à gauche, raison pour laquelle la moto n'a pas de repose-pied de ce côté. Les courses sont de deux types : par équipe ou individuelles. Dans le premier cas, elles se font avec douze coureurs (six par équipe) et sont disputées en seize épreuves partielles opposant chacune quatre concurrents. Dans le second cas, les concurrents, au nombre de seize, doivent disputer vingt épreuves.

Le départ est primordial. Le concurrent qui aborde en tête le premier virage dispose d'un avantage important.

L'Américain Bruce Penhall gagna, en 1981, le championnat du monde de speedway, avec la moto ci-dessous (recouverte du drapeau national).

La moto est dotée d'un silencieux. Les pistes de speedway se trouvant souvent en zone habitée, les normes antibruit sont strictes

La Weslake de speedway 1981
Les motos de speedway sont parmi les plus spécialisées. L'allure générale de ces machines n'a guère évolué depuis les années 40, mais de nombreux détails en ont été changés. Les Weslake ont dominé le speedway à la fin des années 70 et au début de la décennie suivante.

Le réservoir contient la quantité de méthanol suffisante pour accomplir les quatre tours de l'épreuve

Derrière la flasque colorée se cache une roue conventionnelle à rayons

Le carburateur est protégé par une housse

Huile dans le cadre

Pompe à huile

Le concurrent contrôle le dérapage au moyen du guidon, de l'accélération et du poids de son corps.

Le Speedway sur glace

Spécialité des pays froids comme la Scandinavie, la Pologne et la Russie, le speedway sur glace se déroule en quatre tours d'une piste ovale de 400 mètres. Les pneus des motos sont munis d'une rangée de clous qui se fichent dans la glace et autorisent des évolutions spectaculaires. Dans les virages, le genou gauche du concurrent est protégé par un vieux morceau de pneu. En général, les motos sont plus grosses que celles de speedway et dotées d'une boîte à deux rapports.

Une grille en tubes entoure le pneu clouté.

Caractéristiques

La Weslake de speedway

- Moteur Monocylindre à 4 soupapes refroidi par air
- Alésage x Course 80 mm x 85,9 mm
- Cylindrée 500 cm³
- Puissance 48 ch
- Carburation Carburateur Amal de 34 mm
- Allumage Électronique Interspan
- Transmission Pas de boîte ; rapports établis en fonction de la piste
- Embrayage Multidisque à sec
- Cadre Berceau ouvert et moteur porteur
- Suspension Fourche télescopique
- Freins Néant
- Poids 83 kg
- Vitesse max. 60 à 80 km/h (en fonction de l'état de la piste et du rapport choisi)
- Date de construction 1981
- Carburant Méthanol, qui permet de développer une puissance plus élevée que l'essence

Le Saviez-Vous ?

Le Néo-Zélandais Ivan Mauger est la vedette mondiale du speedway. Entre 1968 et 1979, il a remporté six championnats du monde, quatre coupes du monde par équipe, deux championnats du monde en duo et trois titres mondiaux sur piste longue.

Les Courses de Désert

LE RALLYE PARIS-DAKAR, créé par Thierry Sabine, s'est déroulé pour la première fois en 1979. Le parcours, qui s'étend sur quelque 15 000 kilomètres, traverse principalement du désert, et 10 à 25 pour cent seulement des concurrents sont encore en course au bout de trois semaines pour franchir la ligne d'arrivée. Les étapes quotidiennes s'échelonnent de 400 à 1 200 kilomètres. Il existe d'autres compétitions du même type, comme le rallye des Pharaons, mais le Paris-Dakar reste la plus longue et la plus rude, ainsi que la plus médiatisée.

Lors du Paris-Dakar 1991, le pilote John Watson-Miller fut contraint à l'abandon trois jours avant l'arrivée, lors d'un accident où il eut les deux pieds cassés.

La Honda XRV750 de 1990

Honda a engagé huit motos dans le Paris-Dakar 1991. Seules deux d'entre elles ont terminé le rallye. Au guidon de celle-ci, John Watson-Miller a été accidenté à trois jours de la fin. La catégorie Marathon, dans laquelle concourt ce modèle, autorise l'utilisation de motos de série légèrement modifiées – les interventions concernant exclusivement le réservoir, l'amortissement et l'échappement. Les compétitions sur longue distance sont très suivies en Espagne, en France et en Italie, où il existe un gros marché pour ce type de machines.

Les instruments de navigation électroniques sont installés derrière la selle

Réservoir supplémentaire

Les pneus sont remplis d'une mousse anticrevaison

L'arrivée d'air haute évite la pénétration du sable

Le réservoir de carburant est énorme par rapport à la machine

Protège-disque en plastique

Boîte à outils

Un sabot métallique protège le bas moteur

Sur les longues distances, les pilotes restent groupés, afin de pouvoir se porter mutuellement assistance.

Le pilote Luigino Medardo sur sa Gilera RC600, lors du Paris-Dakar 1991.

Il est particulièrement difficile de s'orienter dans le désert, où les points de repère manquent ; s'y égarer peut se révéler fatal. Pendant l'étape, les pilotes n'ont droit à aucune assistance extérieure, mais ils peuvent s'entraider. Les concurrents se déplacent souvent en petits groupes, comme on le voit à gauche. Le recours au satellite est interdit, mais les motos sont équipées d'un dispositif informatique sophistiqué, qui indique en permanence leur position, évalue les réserves de carburant et calcule la vitesse moyenne du véhicule.

Les détails de l'itinéraire sont consignés sur le « road-book »

Vue de l'arrière, la moto se révèle très haute.

Suspension à grand débattement

Réservoir d'eau

Les pilotes d'usine changent de pneus régulièrement

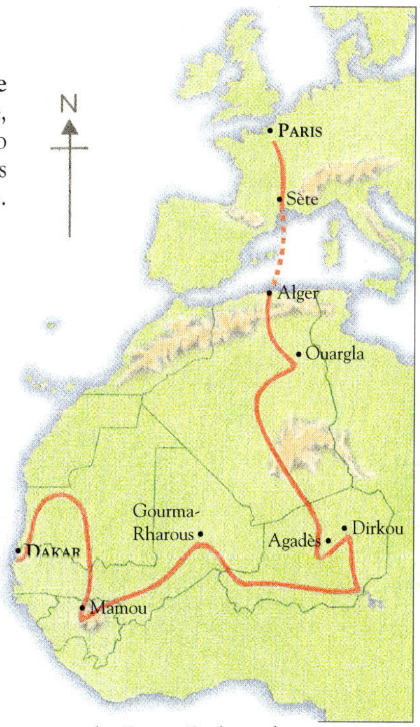

L'itinéraire du Paris-Dakar change chaque année. Ici, le trajet choisi en 1991. En 1992, l'arrivée eut lieu non pas à Dakar, mais au Cap, en Afrique du Sud.

CARACTÉRISTIQUES

La Honda XRV750 de 1990

- MOTEUR Bicylindre en V à 52°, 4 temps
- ALÉSAGE x COURSE 81 mm x 72 mm
- CYLINDRÉE 742 cm³
- PUISSANCE 59 ch à 5 500 tr/mn
- CARBURATION Double carburateur de 36,5 mm
- ALLUMAGE Électrique
- TRANSMISSION Par chaîne, boîte à cinq rapports
- EMBRAYAGE A sept disques
- CADRE Double berceau
- SUSPENSION Oléopneumatiques réglables ; fourche AV : déb. 220 mm ; AR commandée par biellettes, déb. 210 mm
- FREINS Simple disque, 2 pistons à l'AV, 1 piston à l'AR
- POIDS 210 kg
- VITESSE MAX. 185 km/h

Spécialités des États-Unis

Scott Parker profite d'un virage pour surveiller ses poursuivants. Il a remporté le championnat national en 1988, 1989 et 1990.

Très tôt, le sport motocycliste a acquis aux États-Unis un statut professionnel. Dans les premières années du siècle, des organisateurs construisaient des ovales relevés en planches et n'épargnaient pas leur argent pour attirer les meilleurs pilotes. Le public assistait massivement à ces courses, dont la popularité profitait aux constructeurs. Les pistes étaient cependant très dangereuses, et le public commença à les délaisser à la suite d'une série de terribles accidents. Les courses sur cendrée prirent le relais. Elles se déroulaient sur ovale ou sur parcours de type TT, comportant virages à gauche et sauts. Un championnat national fut instauré en 1959, dans lequel figuraient des compétitions sur route. La même moto devait participer à tous les types d'épreuve, ce qui a conduit à l'élaboration d'un modèle aussi robuste que polyvalent, caractéristique de la production américaine.

La Harley-Davidson XR 750 de 1972

En 1968, un nouveau règlement américain concernant les pistes en cendrée autorisa la participation des 750 cm³ culbutées. Harley-Davidson sortit alors un nouveau moteur à cylindre fonte : le XR 750. Ce moteur fut largement amélioré pour la saison 1972 et devint un classique américain. Sur la machine représentée ici, Mark Brelsford remporta le championnat de l'American Motorcycle Association 1972.

La Sun Oil Company fabriquait des huiles moteur pour H-D, suivant les spécifications du constructeur.

LES COURSES DANS LE DÉSERT AMÉRICAIN

Les Américains sont friands des courses de désert. Le désert de Baja (ci-dessus) sert souvent de cadre à ces compétitions.

Dans les années 50, les concurrents amateurs, sur différents types de machines, se massaient par centaines au départ des courses de désert (ci-dessus).

Mark Brelsford a couru en 1972 sous le numéro 87 et a eu droit l'année suivante au numéro 1 du champion

Fourche italienne Ceriani

Radiateur d'huile

Pour les courses sur ovale, pas de frein AV

En dépit de leur faible poids, les jantes nervurées en alliage léger sont particulièrement robustes

Les pneus sont sculptés au rasoir, au couteau ou au moyen d'un outil électrique, suivant le type de piste

Ricky Graham en plein « vol » sur sa XR 750 sur lors d'une course de type TT.

Les pilotes balancent leur moto dans les virages des ovales, à plus de 160 km/h.

CARACTÉRISTIQUES

La Harley-Davidson XR 750

- MOTEUR Bicylindre en V à 45° culbuté
- ALÉSAGE X COURSE 79 mm x 76 mm
- CYLINDRÉE 750 cm^3
- PUISSANCE Plus de 90 ch
- CARBURATION Deux carburateurs Mikuni
- ALLUMAGE Par magnéto
- TRANSMISSION Par chaîne, boîte à quatre rapports
- EMBRAYAGE Multidisque en bain d'huile
- CADRE Berceau tubulaire
- SUSPENSION Fourche télescopique à l'AV, bras oscillant à l'AR
- FREINS Pas de frein AV, simple disque à l'AR
- POIDS 134 kg
- VITESSE MAX. 209 km/h
- DATE DE CONSTRUCTION 1972

Les Dragsters

LES COMPÉTITIONS DE DRAGSTERS se disputent entre deux concurrents sur une ligne droite d'un quart de mile (402 m). Le gagnant de la rencontre est déterminé par éliminations successives. Des catégories sont dégagées en fonction du type de machine et du carburant. De la moto de série aux engins à plusieurs moteurs et compresseurs, alimentés en méthanol ou nitrométhane, la diversité est de rigueur. Nées sur les lacs salés de Californie et du Middle West, les courses de dragsters ont gagné le reste du monde. En Europe a été créée une variante, le sprint, dans laquelle le pilote court seul contre la montre.

Avec 400 ch arrivant d'un seul coup aux roues, même les énormes pneus lisses des dragsters ont du mal à coller à la piste.

La Kawasaki 2 400 cm³ Dragster de 1977
L'équation d'un dragster est simple : puissance maximale pour poids minimal. On peut facilement doubler ou tripler la puissance d'une moto en multipliant le nombre des moteurs – un énorme pneu arrière se chargeant de transmettre la motricité au sol. La puissance phénoménale mise en jeu se traduit par une usure rapide des machines, qui sont généralement reconstruites après chaque rencontre. Le dragster ci-contre, que l'on doit à Jan Smit, fut piloté par le Néerlandais Henk Vink.

Les amateurs américains de courses de dragsters ont toujours eu une préférence pour les Harley. Ci-contre, Marion Owens sur un engin à deux moteurs de la marque.

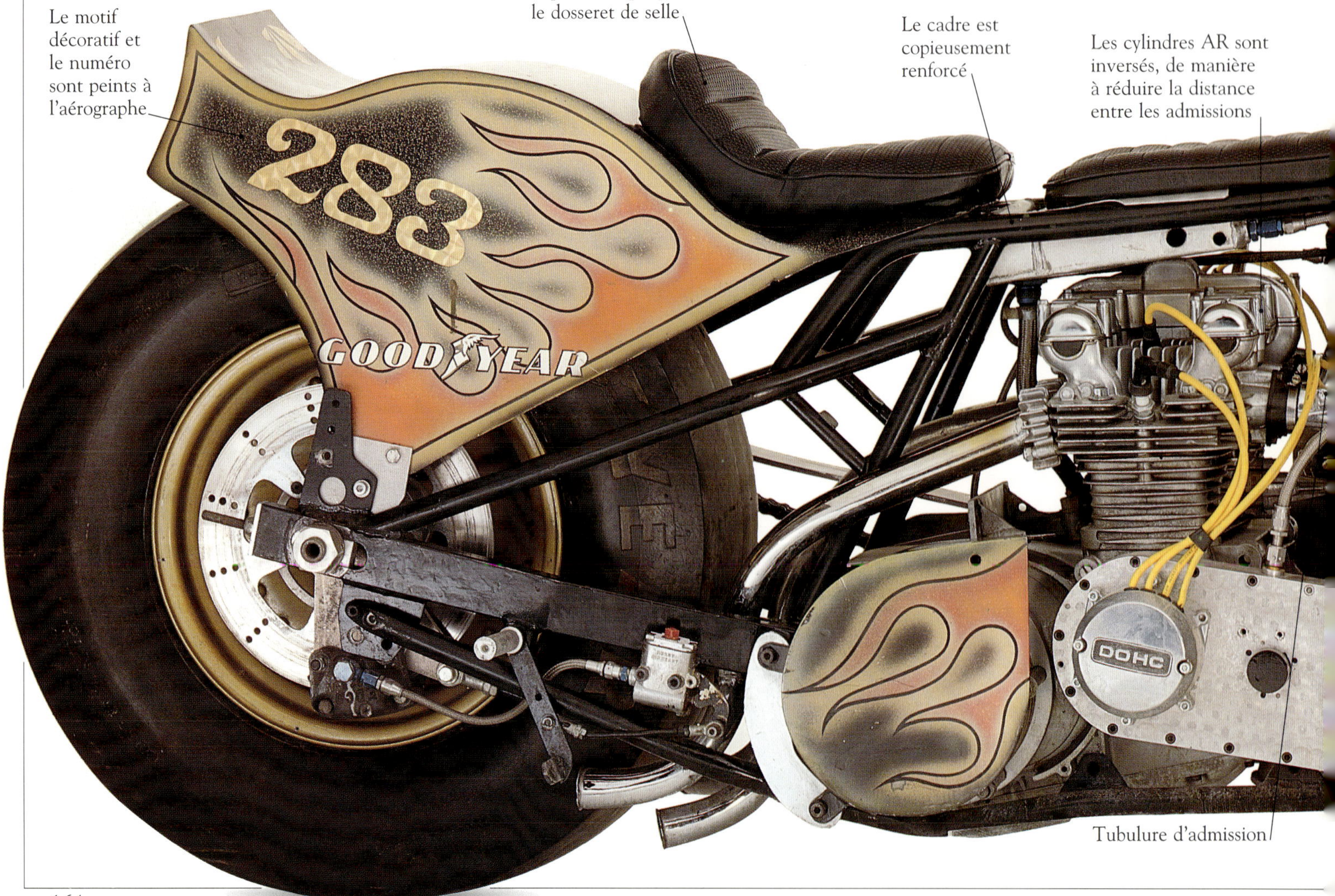

Le motif décoratif et le numéro sont peints à l'aérographe

Sous l'intense accélération, le pilote est plaqué contre le dosseret de selle

Le cadre est copieusement renforcé

Les cylindres AR sont inversés, de manière à réduire la distance entre les admissions

Tubulure d'admission

Le Saviez-Vous ?

Le meilleur temps réalisé sur un quart de mile (402 m) départ arrêté est de 7 s 08. Il a été signé, en 1980, par l'Américain Bo O'Brechta sur une Kawasaki 1200.

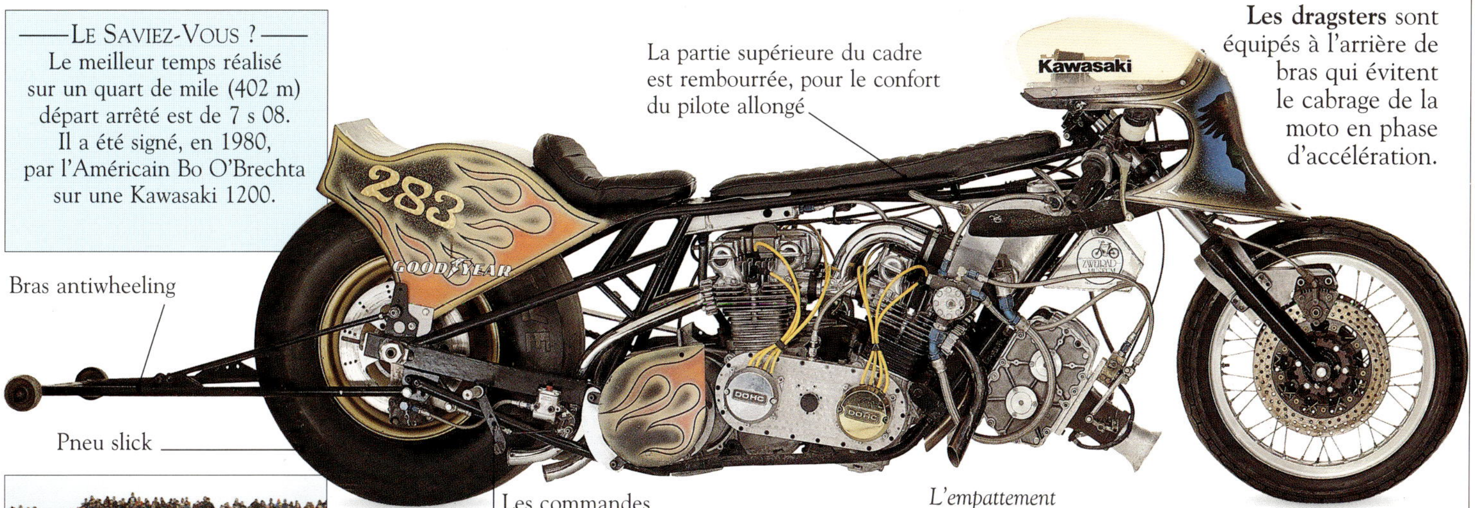

La partie supérieure du cadre est rembourrée, pour le confort du pilote allongé

Les dragsters sont équipés à l'arrière de bras qui évitent le cabrage de la moto en phase d'accélération.

Bras antiwheeling

Pneu slick

Les commandes au pied sont installées très en arrière

L'empattement est énorme.

Henk Vink s'était déjà débarrassé de son rival anglais John Hobbs sur un dragster à moteur unique.

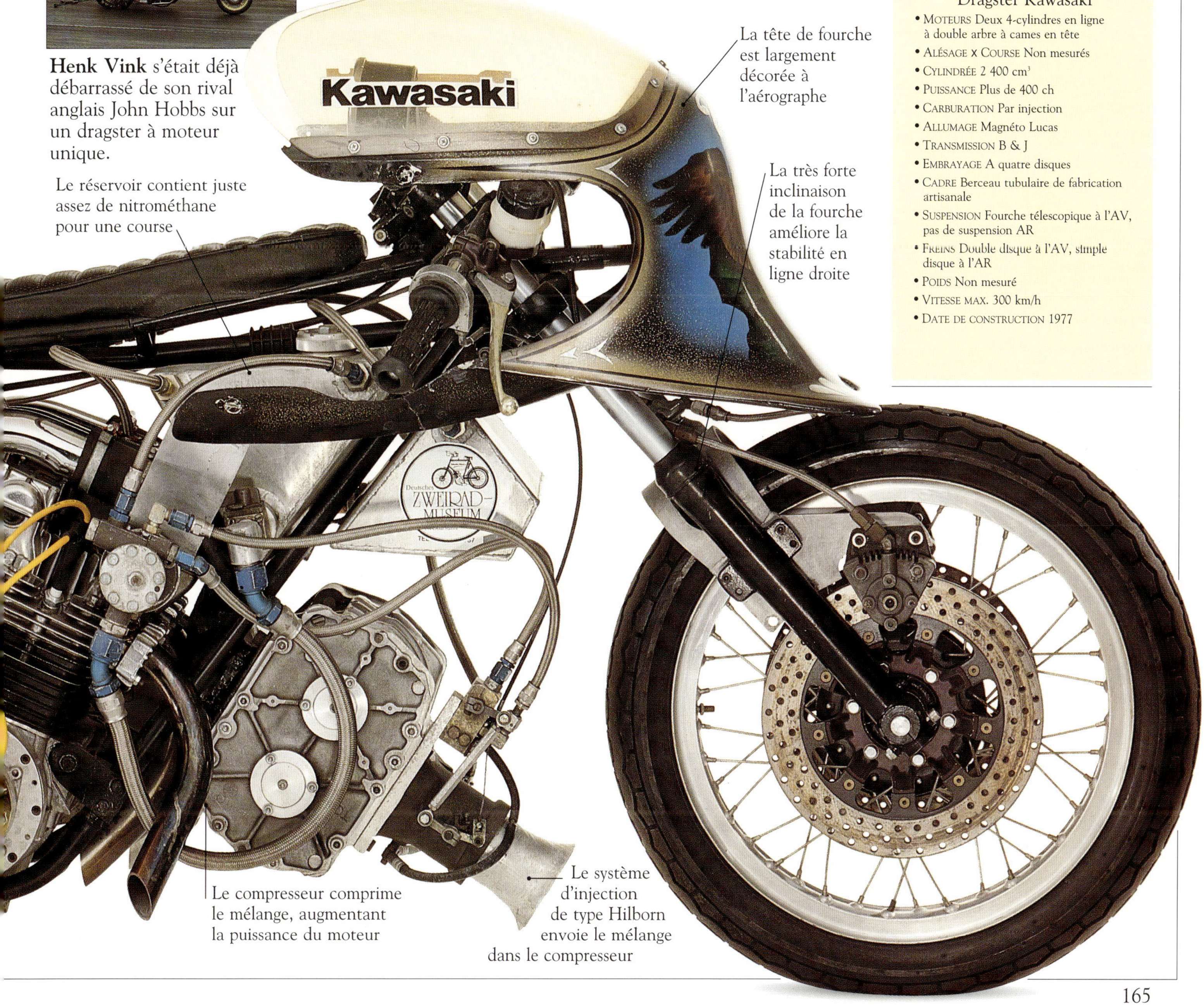

La tête de fourche est largement décorée à l'aérographe

Le réservoir contient juste assez de nitrométhane pour une course

La très forte inclinaison de la fourche améliore la stabilité en ligne droite

Le compresseur comprime le mélange, augmentant la puissance du moteur

Le système d'injection de type Hilborn envoie le mélange dans le compresseur

Caractéristiques

Dragster Kawasaki

- Moteurs Deux 4-cylindres en ligne à double arbre à cames en tête
- Alésage x Course Non mesurés
- Cylindrée 2 400 cm³
- Puissance Plus de 400 ch
- Carburation Par injection
- Allumage Magnéto Lucas
- Transmission B & J
- Embrayage A quatre disques
- Cadre Berceau tubulaire de fabrication artisanale
- Suspension Fourche télescopique à l'AV, pas de suspension AR
- Freins Double disque à l'AV, simple disque à l'AR
- Poids Non mesuré
- Vitesse max. 300 km/h
- Date de construction 1977

Les Courses de Side-Car

A L'ORIGINE, LE SIDE-CAR avait une destination utilitaire, ce qui n'empêcha pas l'invention de courses qui lui soient spécifiquement destinées. De structure boulonnée sur une moto, le side-car est devenu concept à part entière dans les années 50, et les machines de Grand Prix s'apparentent plus à la voiture qu'à la moto. La conduite du véhicule est assurée à la fois par le pilote et par son passager – ce dernier déplaçant son poids en fonction du tracé. En fait, il s'agit d'une collaboration à trois : la machine, le pilote et le passager.

Le quadruple champion du monde Steve Webster et son passager Gavin Simmons.

Terry Vinnicombe et son équipier John Flaxman volant vers la victoire au side-car TT des 750 cm³.

Batterie sans système de rechange

Barre de maintien du passager

Pneus à section carrée

Le rouge et le blanc sont les couleurs du sponsor Tom Kirby

Le véhicule est entièrement caréné, de façon à améliorer sa pénétration dans l'air. Le passager est à plat ventre dans les longues lignes droites.

Le side-car de compétition Kirby BSA 1968

Alors qu'en Grand Prix la cylindrée est limitée à 500 cm³, la réglementation britannique est plus souple. Ce « basset » BSA de 650 cm³ a remporté la catégorie au side-car TT 1968.

Le carénage cache la roue AV et la suspension

Bulle du passager, transparente

Vu de dessus, le basset laisse voir la selle et les gouttières du pilote, ainsi que la plate-forme du passager.

LE SIDE-CROSS

La plupart des sports motocyclistes comportent une catégorie side-car, mais les rencontres de side-car-cross sont parmi les plus exigeantes sur le plan physique.

Dans un virage, la position du passager diffère selon que le side-car est monté à droite ou à gauche. Le passager déplace toujours son poids vers l'intérieur du virage (ci-contre et en haut).

LE SAVIEZ-VOUS ?

Avec une plus grande surface de pneu en contact au sol, les side-cars virent souvent plus vite que les motos solo, mais leur rapport poids/puissance moins favorable fait qu'ils accélèrent plus lentement. Les side-cars sont plus rapides que les motos sur certaines pistes.

CARACTÉRISTIQUES

La Basset Kirby BSA

- MOTEUR Twin BSA face à la route standard
- ALÉSAGE x COURSE 75 mm x 74 mm
- CYLINDRÉE 654 cm³
- PUISSANCE 62 ch à 7 000 tr/mn
- CARBURATION Deux Amal GP2 (à cuve séparée)
- ALLUMAGE Lucas 12 V à deux bobines
- TRANSMISSION Par chaîne, boîte à quatre rapports
- EMBRAYAGE Multidisque
- CADRE Double berceau renforcé, en acier
- SUSPENSION Fourche à parallélogramme de type Earles, AR : bras oscillant à amortisseurs Girling
- FREINS Hydrauliques ; simple disque à l'AV, tambour à l'AR
- POIDS 195 kg
- VITESSE MAX. 185 km/h
- DATE DE CONSTRUCTION 1968

Anatomie d'une moto

DU CYCLOMOTEUR A LA MACHINE de Grand Prix, les motos sont très diversifiées. Elles n'en ont pas moins en commun de posséder deux roues et un moteur. De la plus grosse à la plus petite, toutes sont construites de la même manière : autour d'un moteur à piston vient s'adapter une partie cycle. A l'issue d'un siècle d'existence, la moto est restée fondamentalement identique à elle-même.

Les Moteurs Quatre Temps

LE PRINCIPE DE CES MOTEURS est resté le même depuis leur invention. Le carburant et l'air pénètrent dans un cylindre hermétiquement clos, où le mélange gazeux est comprimé par le piston et mis à feu. L'explosion entraîne une dilatation des gaz qui repoussent le piston. Un vilebrequin transforme ce mouvement rectiligne en mouvement rotatif. Le cycle comporte quatre phases : admission, compression, explosion et échappement.

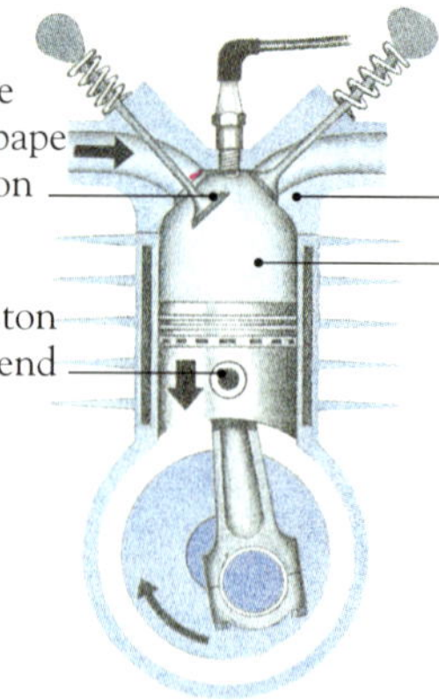

1. L'admission

Moteur Velocette culbuté
A partir d'un moteur quatre temps simple et efficace, les constructeurs ont cherché à obtenir plus de puissance. Il fallait pour cela accélérer la vitesse de rotation et les échanges gazeux, réduire le poids des composants. Il en est résulté des moteurs en alliage léger, multicylindres, multisoupapes et à arbre à cames en tête (ACT).

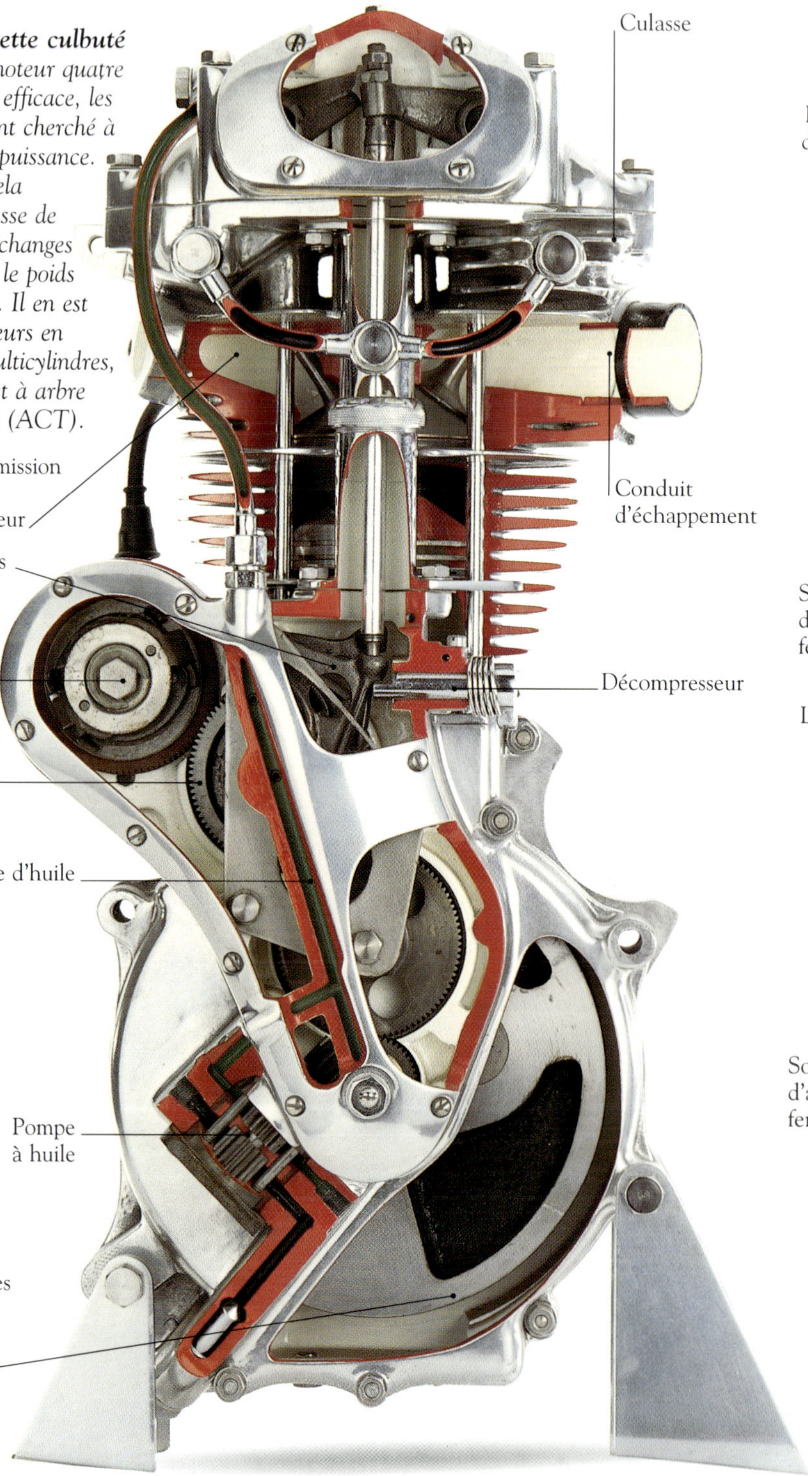

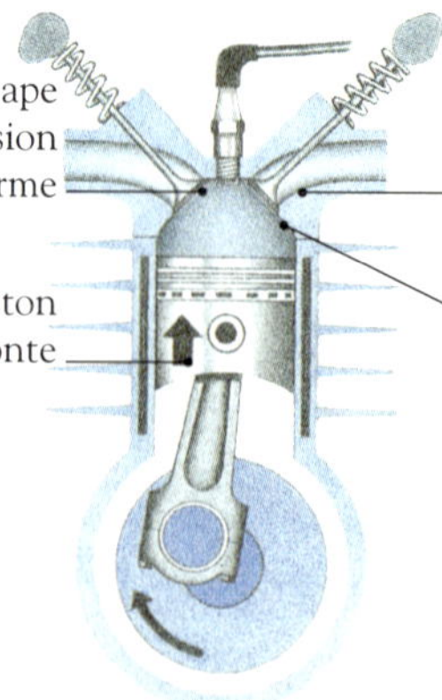

2. La compression

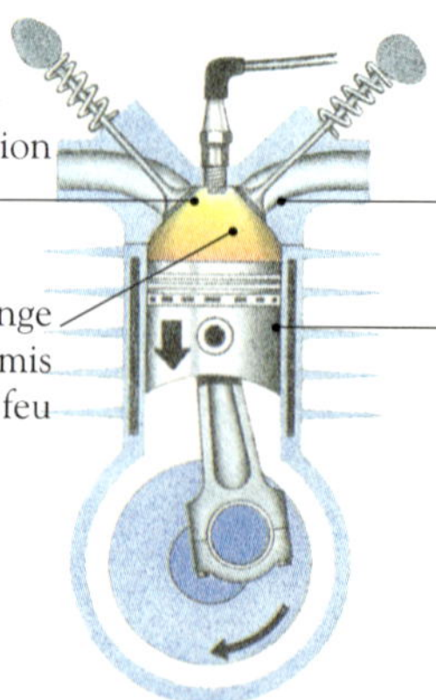

3. L'explosion

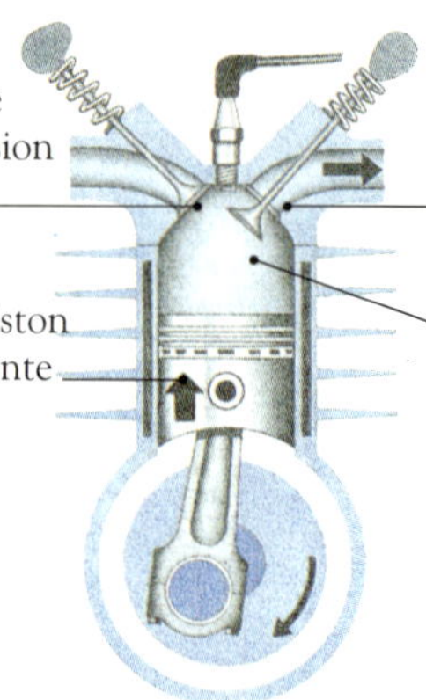

4. L'échappement

L'arbre à cames

Il commande la « respiration » du moteur. Chaque soupape doit s'ouvrir tous les deux tours de moteur ; il faut donc que l'arbre à cames (relié au vilebrequin et entraîné par courroie, chaîne ou engrenages) tourne moitié moins vite que le moteur (voir croquis). Le moment et le degré auxquels s'ouvrent (et se ferment) les soupapes conditionnent le rendement du moteur. Les moteurs modernes possèdent des arbres à cames d'admission et d'échappement distincts montés sur la culasse, qui permettent un régime plus élevé. Ci-contre, l'arbre à cames d'admission de la Yamaha FZR 1000.

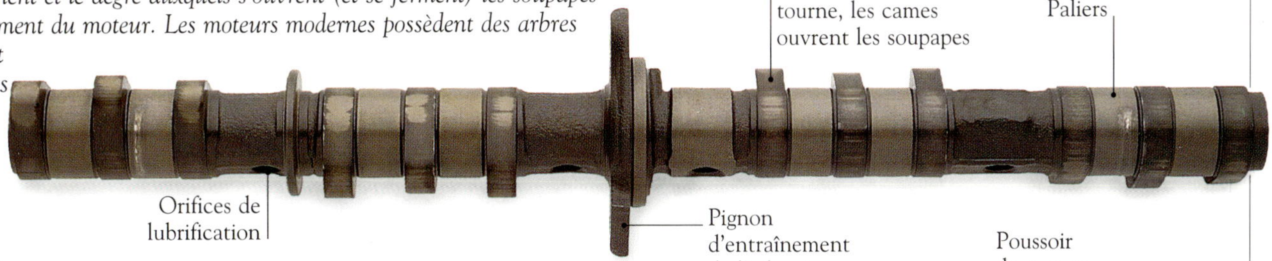

La culasse

Sur les moteurs modernes, les deux grosses soupapes sont remplacées par plusieurs petites, de façon à optimiser l'admission de gaz pour un poids réduit. La combustion a lieu dans la culasse, ce qui en fait le point le plus chaud du moteur. Le système de lubrification et de refroidissement doit donc être très efficace. Les moteurs modernes sont refroidis par eau, ce qui permet des tolérances plus étroites et donne des moteurs moins bruyants.

Les soupapes

Excepté sur les moteurs Ducati à commande desmodromique des soupapes (pp. 92-95), les soupapes sont fermées par un ressort. A 10 000 tr/mn, elles doivent s'ouvrir et se fermer 5 000 fois par minute. Le jeu entre les cames et les soupapes doit être très finement réglé.

Ci-dessous, la culasse côté piston.

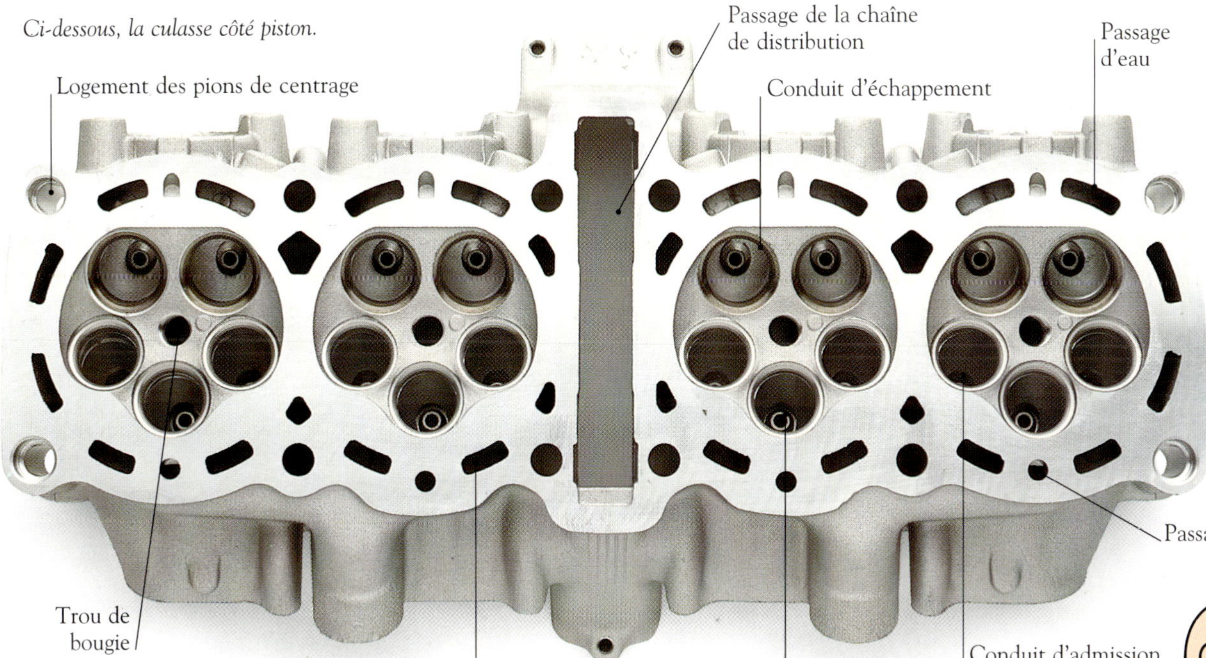

Le piston

La légèreté et les qualités thermiques de l'alliage d'aluminium en font un matériau idéal pour les pistons. Des segments assurent une bonne étanchéité entre le piston et les parois du cylindre. Ces anneaux de métal dur sont insérés dans des gorges qui ceinturent le piston, empêchant les déperditions de compression et les fuites d'huile.

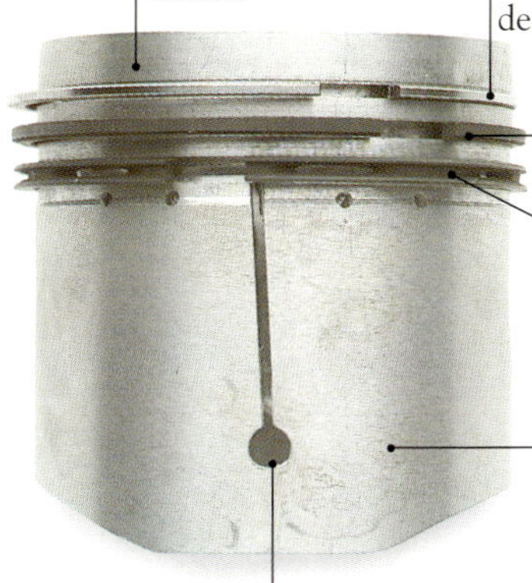

Ce croquis *met en évidence les liaisons entre les principaux composants d'un moteur à arbre à cames en tête. Les poulies d'entraînement de l'arbre à cames doivent le faire tourner deux fois moins vite que le vilebrequin.*

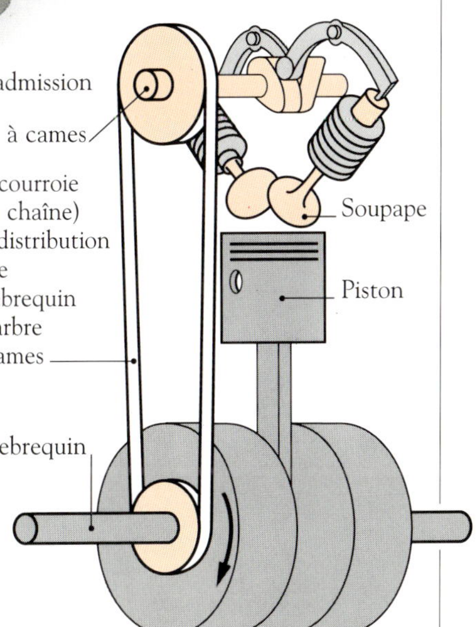

Les Moteurs Deux Temps

DANS SA FORME ÉLÉMENTAIRE, un moteur deux temps ne possède que trois parties mobiles : le vilebrequin, la bielle et le piston, ce qui le rend peu coûteux. Du fait que son cycle thermodynamique complet est décrit pendant deux courses du piston, il est d'un bon rendement. Le carter moteur, qui participe au processus de combustion, ne peut contenir de lubrifiant : les parties mobiles sont donc graissées par de l'huile mélangée à l'essence, dont les résidus brûlés font du deux-temps un moteur moins propre et plus nauséabond que le quatre-temps.

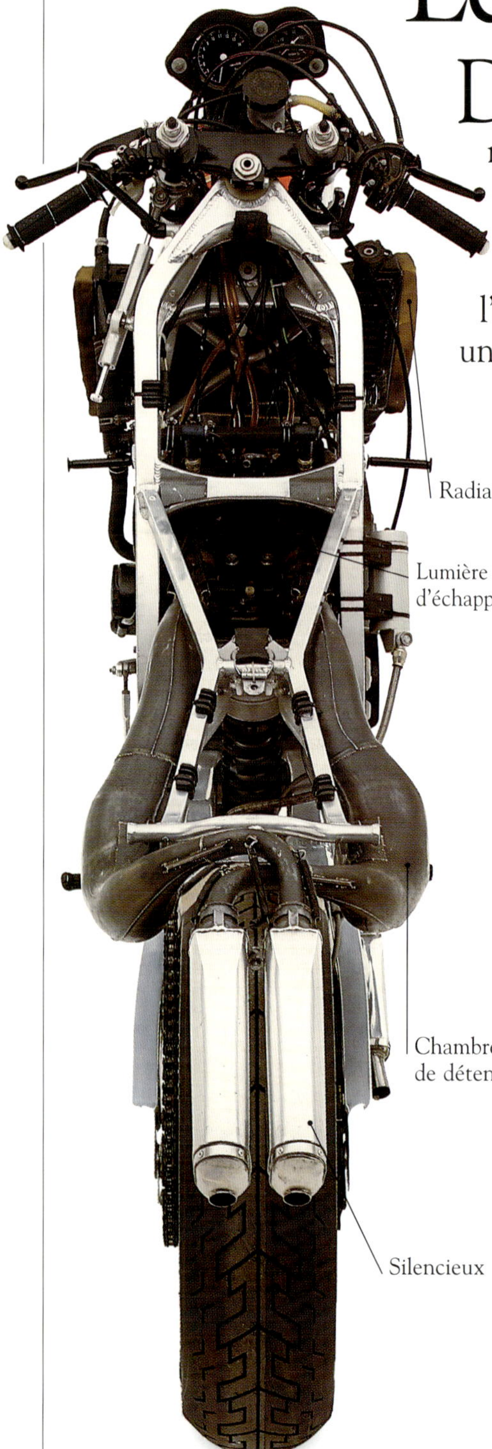

Le cycle du moteur deux temps
Bien que construit simplement, un deux-temps possède un fonctionnement complexe. Le piston d'un moteur deux temps joue trois rôles différents, et il est important de distinguer les fonctions respectives de ses diverses parties (haut, bas, côtés). Il contrôle la circulation des gaz, de sorte que, dans sa forme élémentaire, le deux-temps n'a pas de soupape mécanique, mais de simples lumières, ouvertes ou fermées suivant la position du piston. On montre ici un ancien modèle de moteur à trois transferts, mais le principe est le même sur les modèles modernes. Les transferts sont pratiqués dans l'épaisseur du cylindre, d'où son usure rapide.

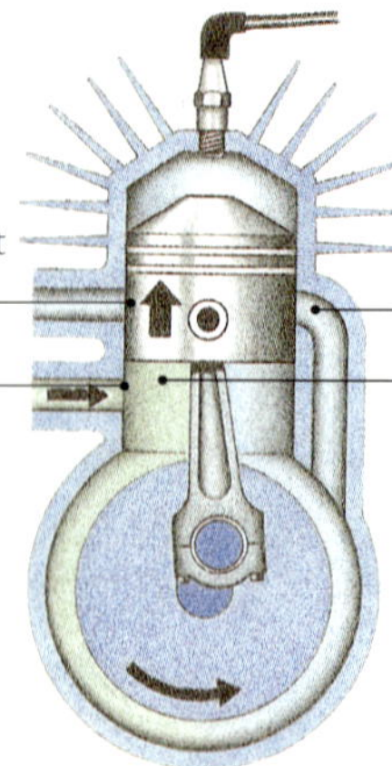

1. Le mélange air/essence est aspiré dans le carter par la remontée du piston.

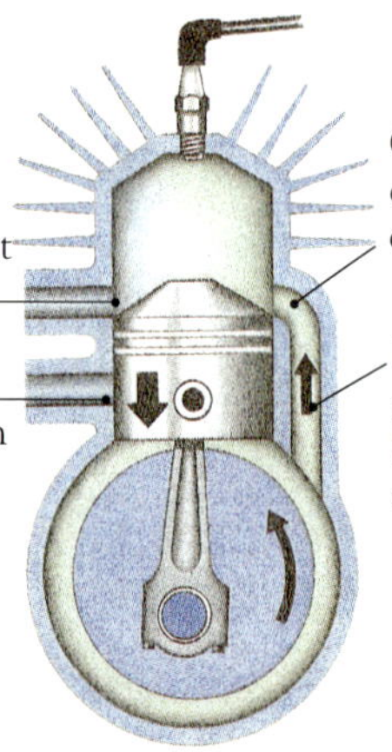

2. Le piston redescend. Le mélange est poussé dans la chambre de combustion.

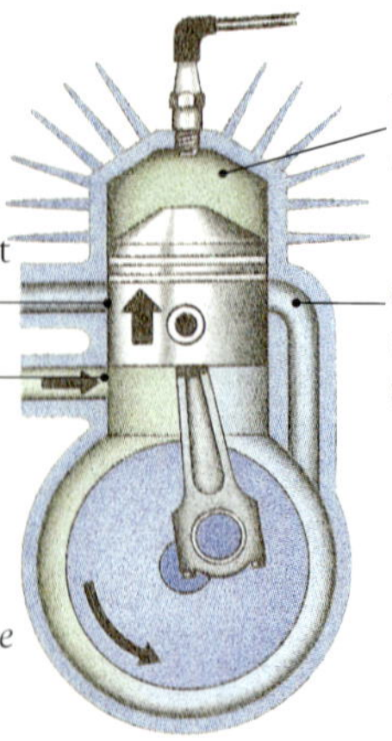

3. En remontant, le piston comprime la charge.

Priorité à l'échappement
Le réglage d'un moteur deux temps confine à l'ésotérisme. Pour obtenir un maximum de puissance, on fait appel à d'étranges tubulures d'échappement, appelées chambres de détente. Les moteurs quatre temps requièrent déjà un échappement de longueur précise, mais l'échappement est encore plus déterminant sur les deux-temps : la moindre variation de la forme et du volume du tuyau peut avoir des conséquences énormes sur les performances du moteur.

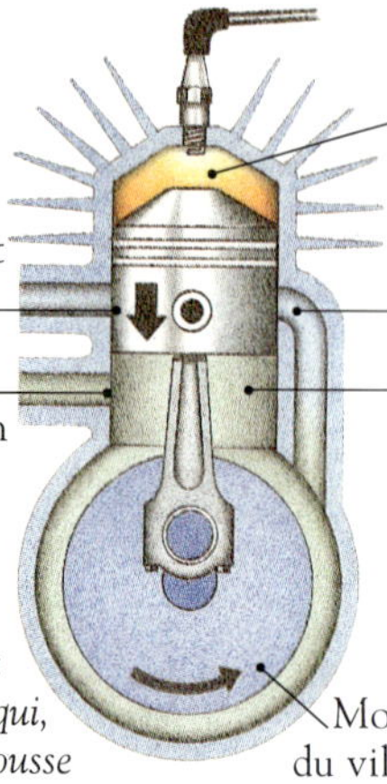

4. La bougie met à feu la charge, qui, en détonant, repousse le piston vers le bas.

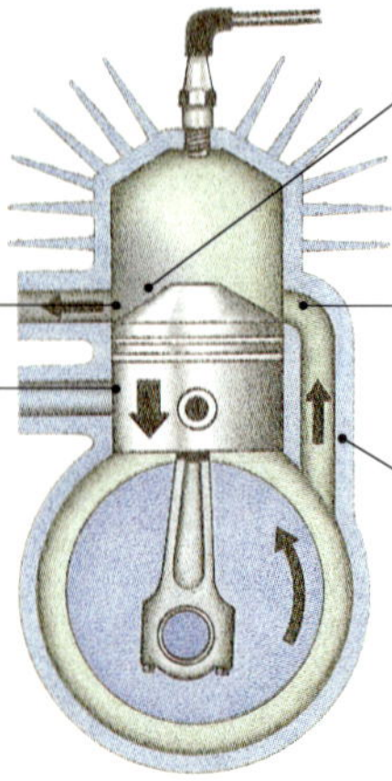

5. Une nouvelle charge, poussée vers le haut par le piston, expulse les gaz brûlés, et un nouveau cycle commence.

Le deux-temps standard

Avec une mise à feu à chaque tour, le deux-temps chauffe plus que le quatre-temps. Un deux-temps refroidi par air possède donc une grande surface d'ailettes. Les engins de hautes performances adoptent généralement le refroidissement par eau, qui assure une température constante.

Admission a Clapet

Prolonger le temps d'ouverture de la lumière d'admission assure un remplissage maximal du carter, mais il peut s'ensuivre un retour des gaz dans le carburateur. Les clapets d'admission à sens unique, tels que celui-ci, évitent cet inconvénient : ils laissent le mélange pénétrer dans le moteur, mais pas en ressortir.

Les moteurs à disque rotatif

En général, l'admission des deux-temps est commandée par le piston ; sur certains modèles, la distribution s'opère par disque rotatif, contrôlé par le vilebrequin – le carburateur étant monté directement sur le côté du carter moteur.

Disque rotatif.

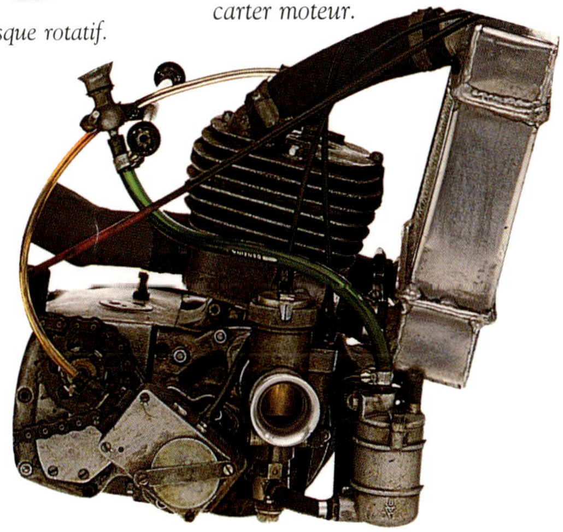

Les moteurs à valve rotative d'échappement

Ces valves permettent de modifier le diagramme d'ouverture et de fermeture d'échappement en fonction de l'accélération. La plupart sont électroniques, contrôlées en conjonction avec l'avance à l'allumage.

Le Moteur Rotatif Wankel

Inventé dans les années 50 par Felix Wankel, il présente théoriquement l'avantage de la légèreté, d'un haut rendement et de faibles vibrations. Il se compose d'un rotor à trois faces qui tourne à l'intérieur d'une chambre excentrique, de manière que les quatre temps aient lieu en même temps, sans les départs-arrêts dévoreurs d'énergie des pistons à mouvement alternatif. Jamais, pourtant, le potentiel du moteur n'a été véritablement exploité, sinon par Norton.

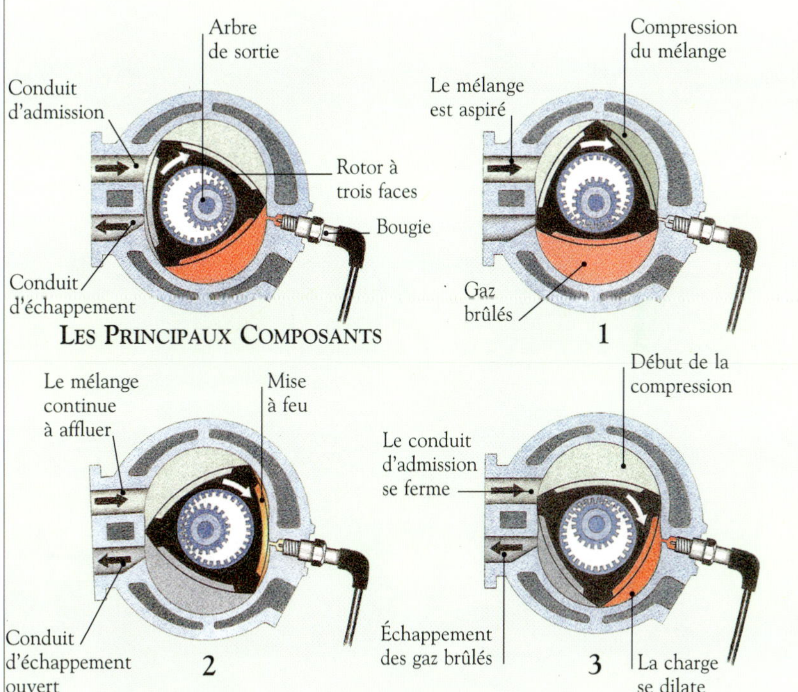

La Norton NRS588 de Course a Moteur Rotatif

Les Norton à moteur rotatif se sont illustrées dans le championnat britannique. Steve Hislop a également remporté le Senior TT 1992 sur ce type de machine.

Carburation et Allumage

DANS UN MOTEUR A COMBUSTION interne, la charge explosive est un mélange vaporisé d'essence et d'air. Les proportions du mélange conditionnent le bon rendement du moteur à chaque régime. Le carburateur a pour fonction de contrôler le dosage et la quantité de mélange admis dans les cylindres. Le dispositif d'allumage contrôle l'avance à l'allumage de l'étincelle qui met à feu le mélange gazeux : plus le moteur tourne vite, plus l'étincelle doit se produire tôt.

INJECTION DE L'ESSENCE

L'injection de l'essence réalise un mélange et une combustion plus efficaces du carburant, d'où un meilleur rendement, une économie et une pollution moindre. L'injection est maintenant électronique. Certaine motos sont aujourd'hui dotées de ce système.

Le carburateur

Les carburateurs fonctionnent suivant l'« effet Venturi » (voir croquis de droite) : sous l'action des pistons, l'air est aspiré dans le carburateur – pour l'essentiel un conduit, appelé venturi, du nom du physicien. L'air passe au-dessus d'un petit orifice situé au fond du conduit. Cette ouverture est reliée à une réserve d'essence qui est aspirée et vaporisée par ce courant d'air. Une aiguille conique règle le débit de l'essence.

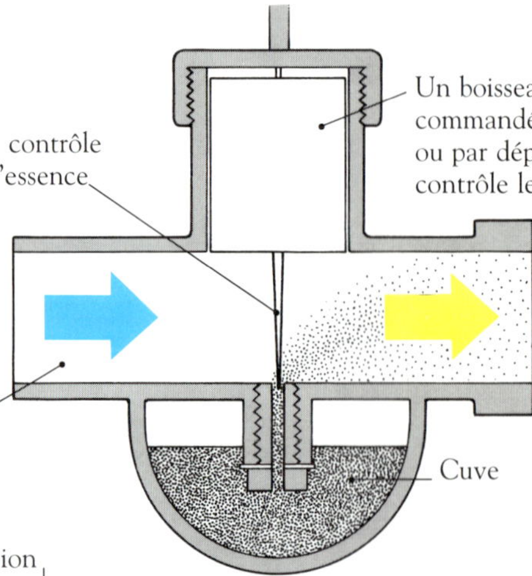

Carburateur Venturi.

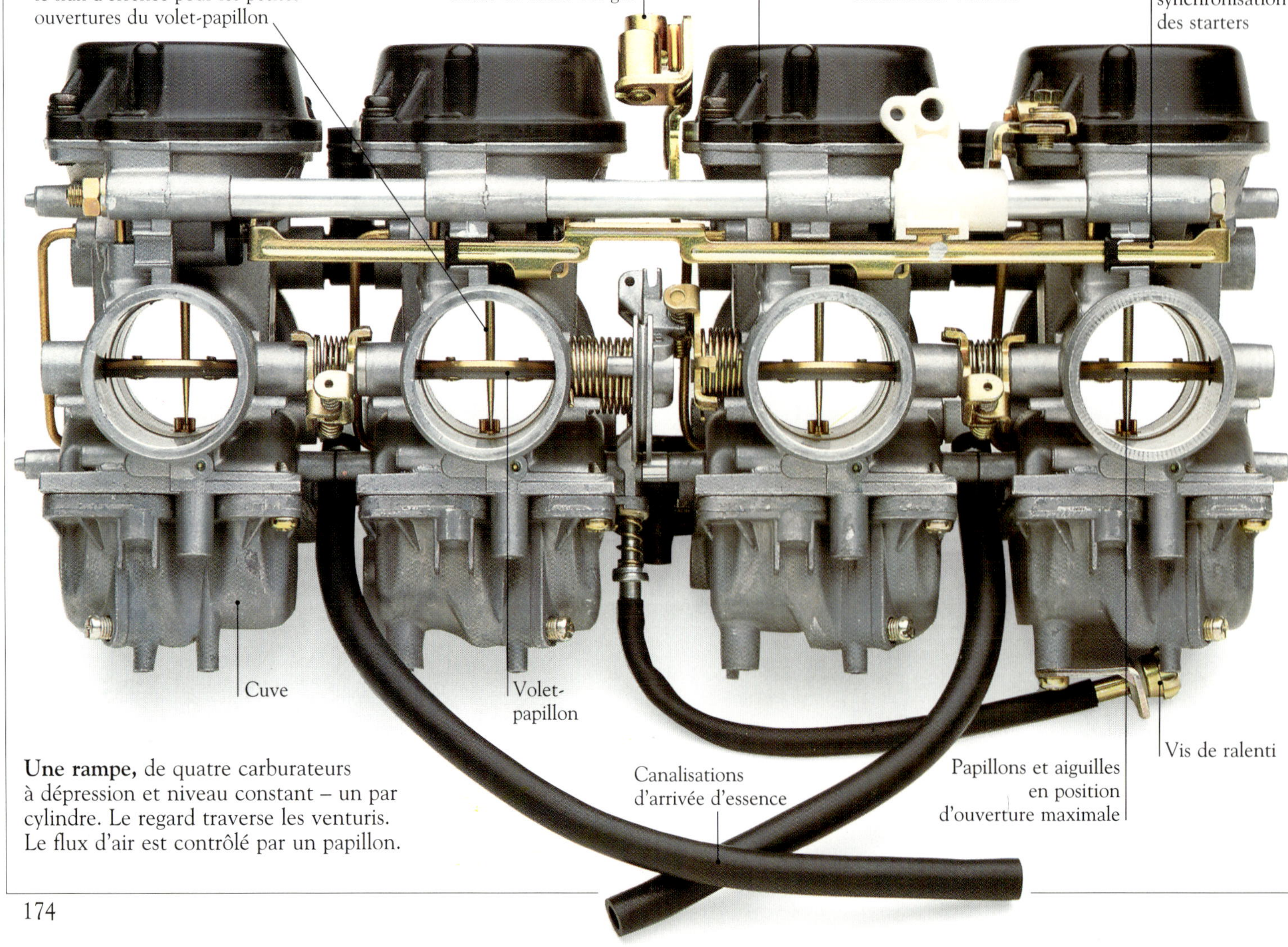

Une rampe, de quatre carburateurs à dépression et niveau constant – un par cylindre. Le regard traverse les venturis. Le flux d'air est contrôlé par un papillon.

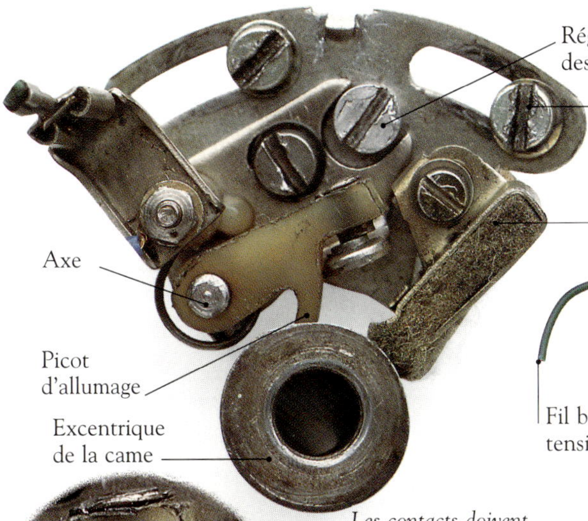

Les contacts doivent être propres et bien ajustés, de façon à assurer un bon réglage de l'allumage.

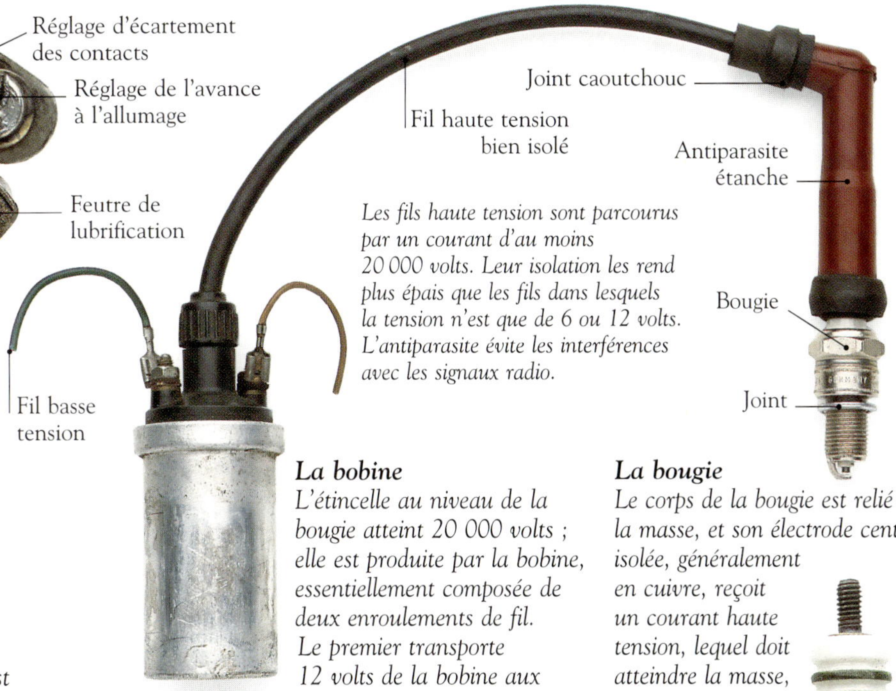

Les fils haute tension sont parcourus par un courant d'au moins 20 000 volts. Leur isolation les rend plus épais que les fils dans lesquels la tension n'est que de 6 ou 12 volts. L'antiparasite évite les interférences avec les signaux radio.

Le rupteur

Le rupteur (ci-dessus) est commandé par la came qui ouvre les contacts à un moment donné de la course des pistons. Cette ouverture provoque dans la bobine l'émission d'une étincelle à haut voltage, transmise à la bougie par un fil haute tension. Un condensateur est installé sur le circuit basse tension, pour éviter que l'étincelle ne se produise entre les contacts du rupteur en position ouverte.

La bobine

L'étincelle au niveau de la bougie atteint 20 000 volts ; elle est produite par la bobine, essentiellement composée de deux enroulements de fil. Le premier transporte 12 volts de la bobine aux contacts ; lorsque ceux-ci s'ouvrent, le courant est brusquement interrompu, ce qui provoque dans le second enroulement un courant induit haute tension. Ce second enroulement est relié à la bougie ; le courant haute tension franchit l'écartement entre les deux électrodes de la bougie sous forme d'une étincelle qui fait détoner le mélange.

La bougie

Le corps de la bougie est relié à la masse, et son électrode centrale isolée, généralement en cuivre, reçoit un courant haute tension, lequel doit atteindre la masse, de façon à fermer le circuit. Cela provoque une étincelle entre l'électrode de masse et l'électrode centrale.

La Fonction des Divers Composants

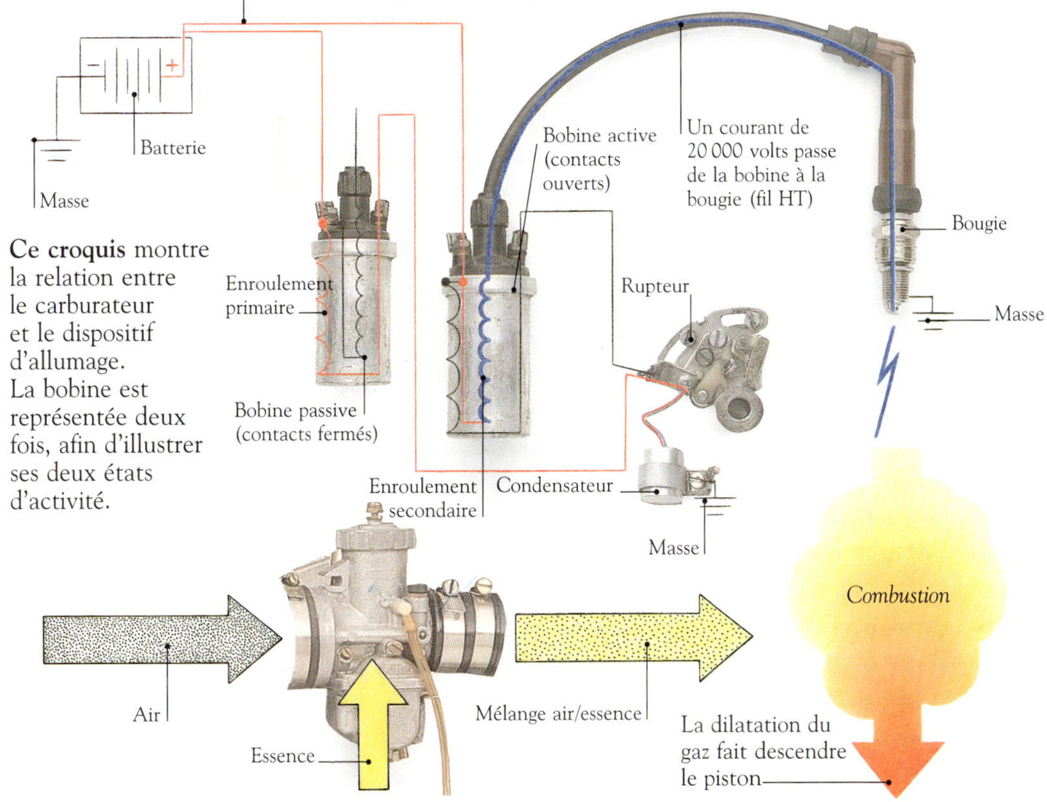

Ce croquis montre la relation entre le carburateur et le dispositif d'allumage. La bobine est représentée deux fois, afin d'illustrer ses deux états d'activité.

L'allumage électronique

Un rupteur doit être régulièrement nettoyé, révisé ou remplacé, sous peine de réduire le rendement du moteur. Le dispositif d'allumage électronique (ci-dessus), qui s'appuie sur les propriétés des semi-conducteurs, remplace les contacts par des capteurs commandés par des signaux magnétiques.

La Transmission

LA PUISSANCE DU MOTEUR passe à la roue arrière par la transmission. Le dispositif se compose généralement d'un embrayage, d'une boîte de vitesses et d'une chaîne. La boîte de vitesses permet d'exploiter toutes les plages d'utilisation du moteur sans que celui-ci s'emballe ou cale. L'embrayage est une sorte d'interrupteur mécanique, qui établit ou interrompt le contact entre moteur et boîte lors des changements de vitesse ou à l'arrêt. Sur les premières motos, la transmission finale comportait essentiellement une courroie reliant le pignon de sortie du moteur à la couronne de roue arrière. L'absence d'embrayage faisait caler le moteur à chaque fois qu'on s'arrêtait, et le manque d'une boîte de vitesses limitait l'usage de la machine.

Sur les motos modernes, les commandes sont normalisées. Le changement de vitesse est au pied gauche, l'embrayage à la main gauche. Dans le passé, le changement de vitesse était au pied droit sur les motos anglaises, françaises et italiennes, à main sur les machines américaines jusqu'aux années 50. La Henderson ci-dessus possède deux leviers de vitesse, dont un pour la marche arrière (une option appréciée des conducteurs de side-car).

L'embrayage en bain d'huile

La plupart des motos sont dotées d'un embrayage multidisque en bain d'huile. Il se compose d'une noix intérieure reliée à la boîte et d'un tambour extérieur relié au moteur. Ces deux tambours tournent dans l'huile, indépendamment l'un de l'autre, autour d'un même axe. Deux types de disques les relient. Les disques garnis sont solidaires du tambour extérieur, les disques lisses de la noix d'embrayage. Les disques sont comprimés par des ressorts solidaires du plateau de pression. En débrayant, on supprime cette compression et on rend les tambours indépendants.

Embrayage et transmission primaire transfèrent la puissance du moteur à la boîte de vitesses. Ci-dessus, un embrayage entraîné par pignon.

L'EMBRAYAGE A SEC

Les coureurs font terriblement souffrir leur embrayage afin de prendre l'avantage au départ, mais, une fois qu'ils roulent, ils ne l'utilisent plus que pour rétrograder. Les machines de course, telle cette Yamaha, sont dotées d'un embrayage multidisque à sec, qui fonctionne sans huile.

Un embrayage à sec (ci-dessus) échappe aux déperditions de puissance inhérentes à l'embrayage en bain d'huile. Les disques en sont plus accessibles, ce qui permet de les changer facilement en course. Autre avantage : le matériau des disques ne salit pas l'huile.

La boîte de vitesses

La plupart des motos modernes sont dotées de boîtes à prise constante. Chaque rapport est réalisé par un couple de pignons – un fixe et un fou. Le pignon fixe tourne à la vitesse de l'arbre, le pignon fou à celle que lui impose son partenaire. Engager un rapport, c'est verrouiller un pignon fixe à un pignon fou, par l'intermédiaire de logements ou de crabots latéraux. Les pignons sont actionnés par des fourchettes contrôlées par un tambour de sélection relié au sélecteur.

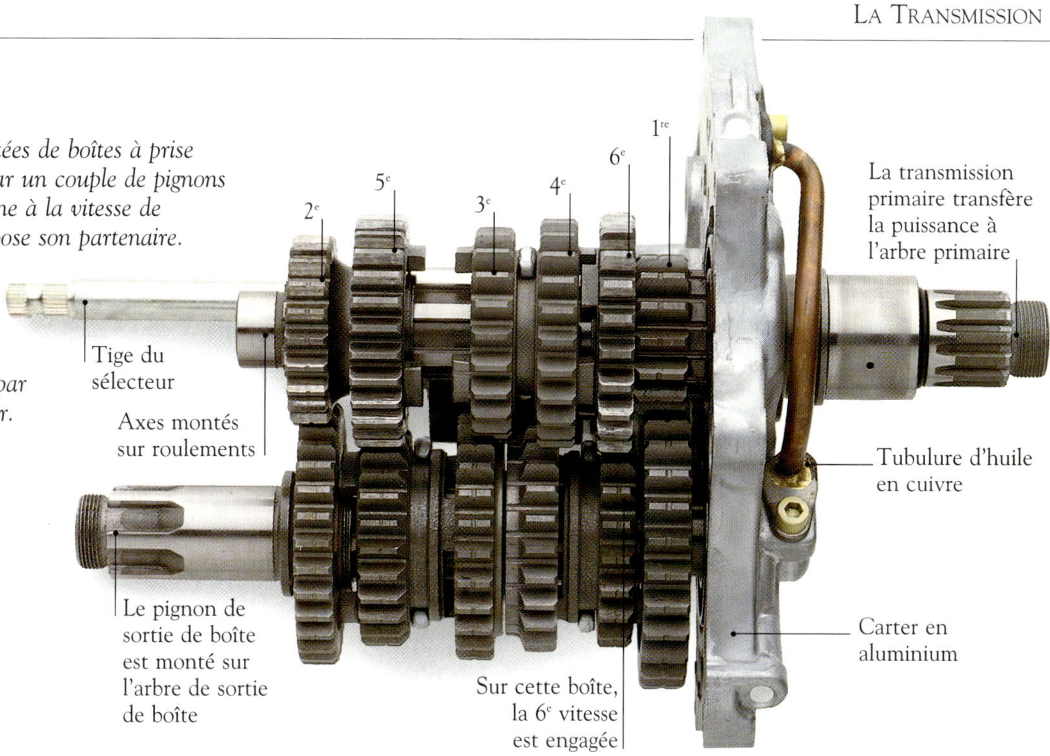

Le Saviez-Vous ?

Les constructeurs Honda et Moto Guzzi ont produit, sans grand succès, des motos à boîte semi-automatique. La firme suédoise Husqvarna a construit une moto de cross à boîte automatique, qui n'a pas eu plus de succès.

Les chaînes

Sur les motos, la transmission secondaire par chaîne est le système le plus couramment adopté. Elle est moins chère, offre un meilleur rendement, et affecte moins la tenue de route que la transmission par arbre. En revanche, elle exige plus d'entretien.

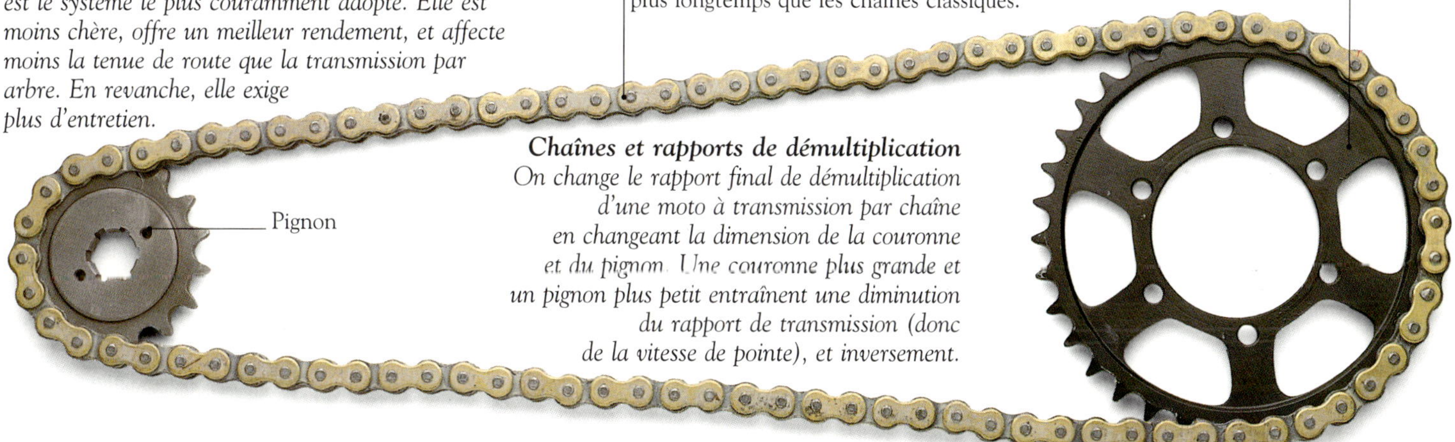

Chaînes et rapports de démultiplication

On change le rapport final de démultiplication d'une moto à transmission par chaîne en changeant la dimension de la couronne et du pignon. Une couronne plus grande et un pignon plus petit entraînent une diminution du rapport de transmission (donc de la vitesse de pointe), et inversement.

La Quadrant de 1904

Cette machine qui rappelle encore beaucoup une bicyclette est dotée d'une transmission par chaîne entre le moteur et la roue arrière, et par arbre à partir du pédalier.

Transmission par arbre

La transmission par arbre est propre, silencieuse, réclame peu d'entretien. En revanche, le couple conique a tendance à repousser la roue vers le bas et à faire se cabrer la moto. La transmission finale d'un engin à moteur transversal nécessite deux renvois d'angle à 90°, qui occasionnent des déperditions de puissance.

Les Châssis

Un siècle de développement technologique n'a pas gommé toute filiation de la moto avec la bicyclette, dont elle est née. Les puissants engins actuels mettent en évidence les limites des cadres issus de ceux des bicyclettes, obligeant les designers à trouver de nouveaux concepts, de nouveaux matériaux. Le cadre tout entier influe sur la tenue de route d'une moto. Le châssis a pour tâche de maintenir la distance qui sépare les roues, laquelle doit être aussi constante que possible pour une tenue de route optimale. Une grande rigidité, un centre de gravité bas et un poids réduit sont trois autres vertus essentielles d'un cadre.

Le cadre de base
Les matériaux et la ligne peuvent varier, mais, dans leur majorité, les motos ont la même ossature. Les modes peuvent aussi influer sur le design : ainsi, la Honda VF750 de 1985 (ci-dessous) a un cadre en tubes de section carrée, ce qui n'offre pas beaucoup d'intérêt et est tombé depuis en désuétude. Sur une moto, les efforts les plus importants s'exercent sur la colonne de direction et le bras oscillant.

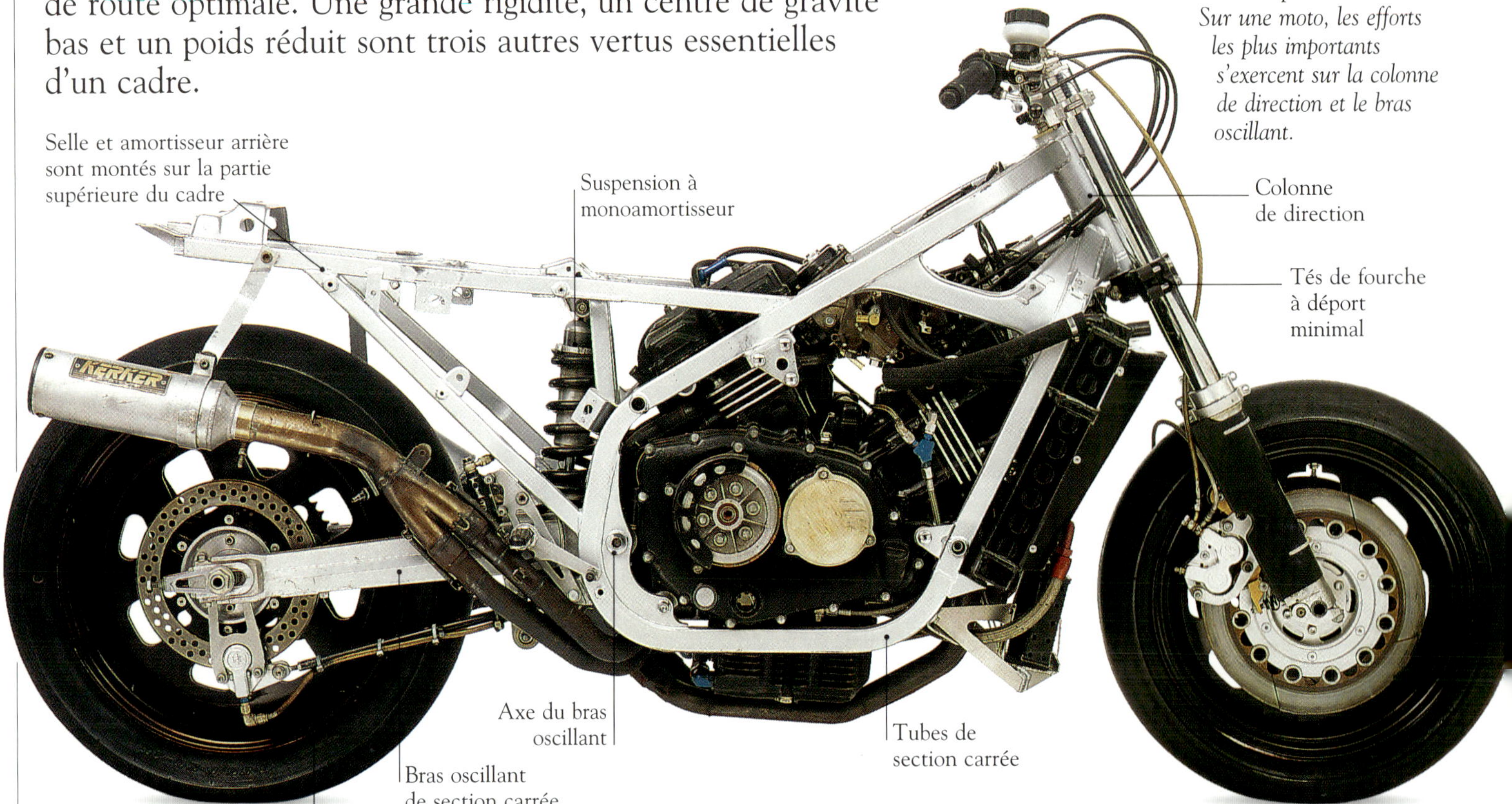

Voici deux Honda VF750 : ci-dessus, sans carrosserie, ci-dessous, avec.

La Honda VF750
Outre qu'il maintient la distance entre les roues, le cadre sert de structure de fixation pour nombre de composants. Carénage, garde-boue, réservoir d'essence et selle peuvent être facilement démontés pour donner accès aux parties essentielles : moteur, boîte, etc. Ces derniers sont boulonnés solidement au cadre, augmentant sa rigidité.

La géométrie d'une moto

Les dimensions et la géométrie d'une moto influent sur sa maniabilité et sa tenue de route. La stabilité et la facilité à tourner dépendent beaucoup des rapports entre l'empattement, l'inclinaison de la fourche et la chasse de la moto. On réduit la chasse en réduisant l'angle d'inclinaison de la fourche ou en réduisant son déport, ce qui se traduit par une moindre stabilité en ligne droite, mais par une direction plus vive. On obtient le même résultat en réduisant l'empattement.

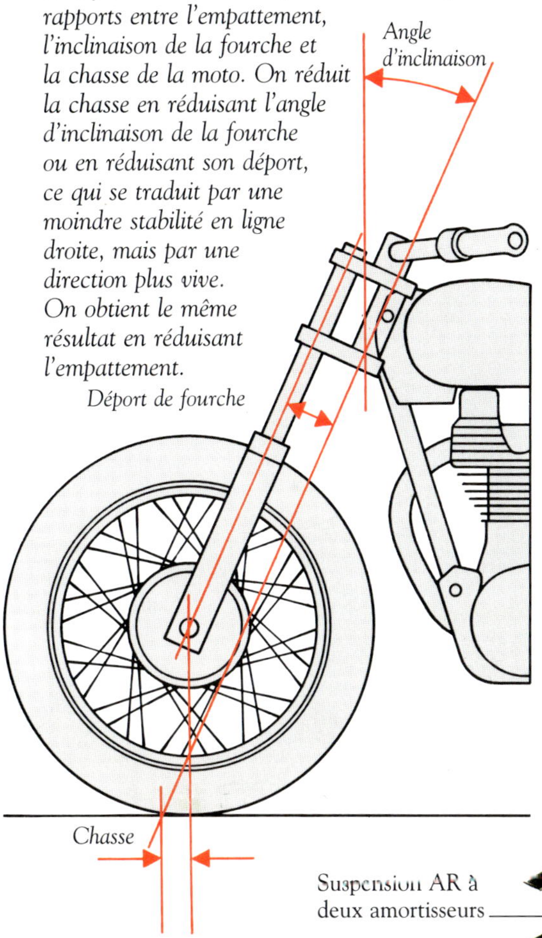

Le Heysercycle

L'aérodynamique des motos laisse généralement à désirer. L'engin ci-dessous a été construit en 1983, dans le but louable de battre le record de consommation minimale. Grâce à sa carrosserie profilée, le Heysercycle a traversé les États-Unis à la moyenne de 74,3 km/h, en n'utilisant que 68 litres de carburant.

Le Heysercycle s'inspirait d'un monocylindre quatre temps Yamaha. Lors de l'établissement du record, son réservoir de carburant était scellé.

Le cadre « Featherbed » Norton

Ce cadre sorti en 1950 était très en avance sur son temps. Il instaurait de nouvelles normes en matière de maniabilité et de confort du conducteur. Même les cadres tubulaires des années 90 lui sont redevables. Son surnom de « lit de plumes » dit assez le confort qu'il offrait.

La Yamaha FZR1000

Cette moto typique de son époque s'organise autour d'un cadre double poutre enserrant le moteur. Cette structure extrêmement rigide a un centre de gravité bas, et facilite l'accès du moteur. Les cadres de ce type sont en tôle d'acier emboutie ou en alliage léger.

La Suspension

La suspension remplit deux fonctions. Elle isole la structure principale de la moto des irrégularités du terrain, ce qui améliore le confort du conducteur, et empêche que les vibrations ne désintègrent la machine. Elle maintient également la roue en contact avec le sol : une roue en l'air devient incapable de freiner, de braquer ou de transmettre la motricité. Des ressorts séparent la masse principale suspendue des roues et auxiliaires (parties non suspendues). Les amortisseurs absorbent une partie de l'énergie des ressorts et empêchent la moto de rebondir de manière incontrôlable. Ils s'opposent à la compression brusque puis à la détente brutale (coups de raquette) des ressorts.

L'ensemble ressort/amortisseur

Sur les motos, la suspension se compose généralement d'un ressort hélicoïdal et d'un amortisseur hydraulique (en bas à gauche). A l'avant, la suspension est incorporée dans une fourche télescopique ; à l'arrière, elle forme un ou deux éléments distincts. Les deux systèmes travaillent de la même manière : la vitesse de compression du ressort est contrôlée par le passage d'huile à travers des orifices situés à l'intérieur de l'amortisseur. En influant sur la viscosité de l'huile ou sur la taille des trous, on fait varier l'amortissement. La suspension transforme l'énergie cinétique en énergie calorifique ; trop sollicitée, son huile peut surchauffer et ne plus jouer son rôle.

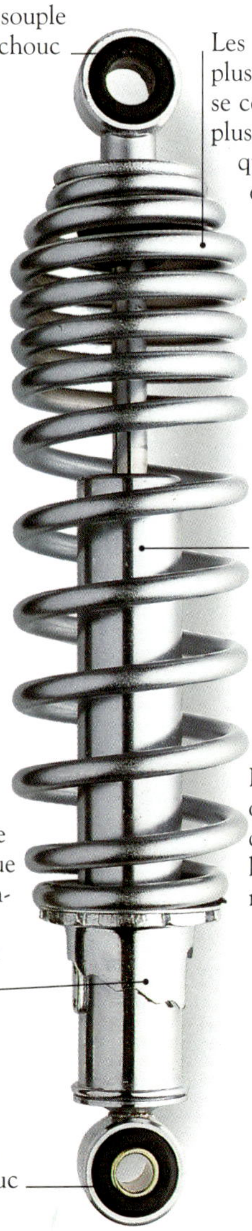

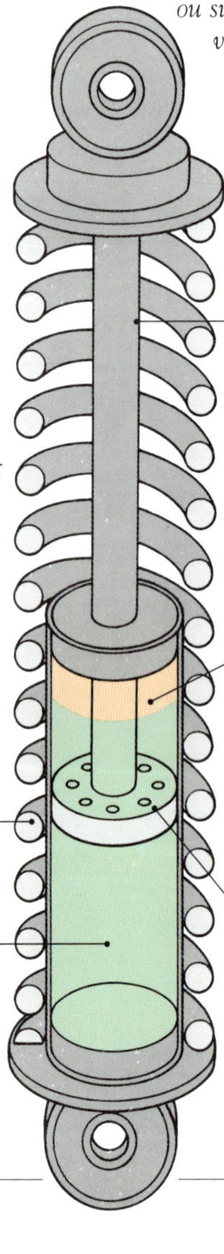

La Suspension Arrière

Il s'agit presque toujours d'un bras oscillant (en réalité une fourche oscillante), inséré sur le cadre, derrière la boîte de vitesses. La position et la configuration géométrique de l'amortisseur déterminent le type de suspension.

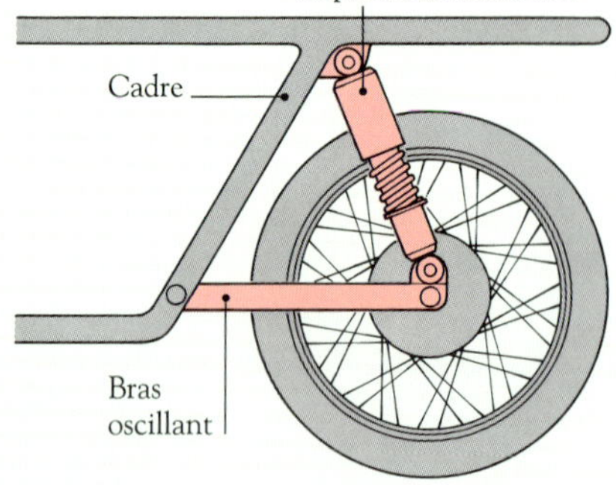

1. Suspension Conventionnelle
En deux éléments, disposés de part et d'autre de la roue. Cette configuration simple, fiable et peu coûteuse convient aux routières placées dans des conditions normales.

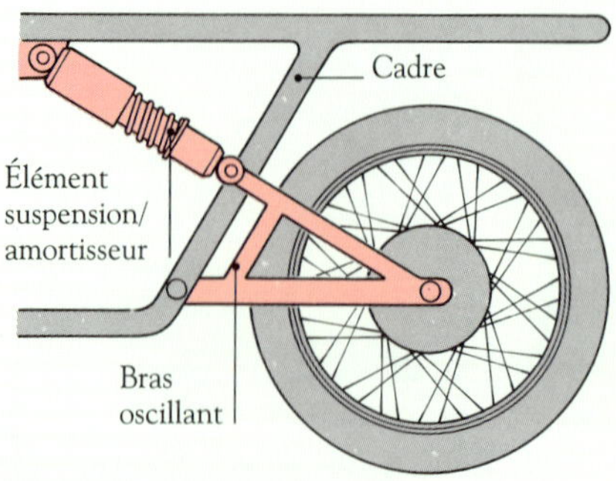

2. Suspension Cantilever
L'amortisseur est déplacé vers le centre de la machine et permet un plus grand débattement ; d'où son adoption sur les motos de tout-terrain. Le dispositif autorise également un allégement de la partie arrière du cadre.

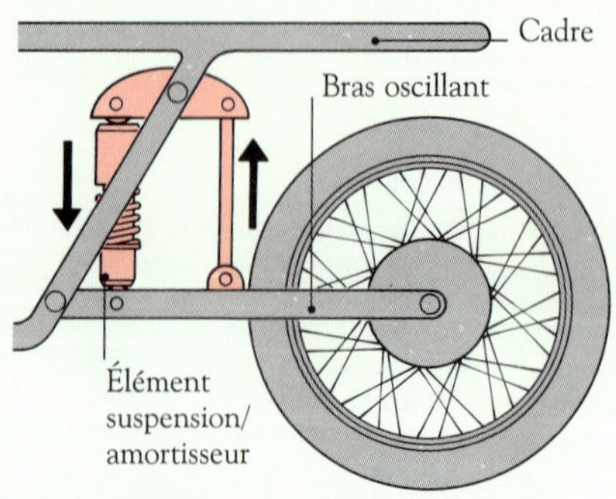

3. Suspension a Flexibilité Variable
Adopté sur la plupart des motos de compétition, ce type de configuration est le plus performant. Son principe de base repose sur le fait qu'un bras de levier variable durcit progressivement la suspension au fur et à mesure qu'elle est comprimée.

La fourche télescopique

La suspension avant assume un rôle difficile. Sur un châssis conventionnel, tout le poids est réparti, au freinage, sur la fourche, qui se comprime. La suspension se trouve alors très sollicitée, et la géométrie du châssis soumise à de fortes contraintes. Sur un châssis conventionnel, des problèmes de stabilité et de contrôle du véhicule peuvent alors se poser. Aujourd'hui, la fourche télescopique fait la quasi-unanimité, ce qui n'a pas toujours été le cas et ne durera probablement pas, étant donné les limites du dispositif (voir plus bas la *direction par moyeu directionnel Bimota*).

La Suzuki RGV Grand Prix (ci-dessous)

Les constructeurs ont récemment imaginé d'inverser les éléments de fourche : dans une fourche inversée, le tube de plus gros diamètre est fixé aux tés, celui de plus petit diamètre à la roue. La fourche s'en trouve rigidifiée, et ses réactions au freinage plus contrôlables.

La Yamaha YZ250 de motocross (ci-dessous)

La fourche télescopique n'a guère changé depuis son invention. Les bras de fourche se composent d'un fourreau et d'un tube, contenant ressort et amortisseur. La Yamaha ci-dessous (voir aussi pp. 128-129) possède une fourche télescopique classique, allongée pour l'usage en motocross. Ce fut la première moto japonaise de série à posséder une suspension arrière cantilever, avec un long élément de suspension inséré sous le réservoir, de façon à disposer d'un plus grand débattement et à augmenter la garde au sol, indispensables en tout-terrain.

La direction par moyeu directionnel Bimota (ci-dessous)

Une autre approche des problèmes de suspension avant consiste à séparer freinage et direction. Dans la direction par moyeu directionnel, les forces engendrées par le freinage s'appliquent vers l'arrière et non plus vers le haut, de sorte que la suspension n'est plus comprimée. Les ressorts avant n'ont plus à résister aux charges de freinage ; ils peuvent être plus souples, donc plus efficaces sur les cahots. Le concept n'est pas neuf, mais Bimota – suivi depuis par Yamaha et BMW – fut le premier constructeur à installer ce dispositif sur les motos de série.

Roues, Freins et Pneus

Wayne Gardner (ci-dessus) utilise des pneus spéciaux pour la pluie au Grand Prix d'Angleterre.

LES PNEUMATIQUES SONT LE POINT DE CONTACT entre la moto et la route ; les dispositifs de freinage sophistiqués et les puissances élevées n'ont de sens que si le pneu adhère correctement au sol. Le pneu arrière d'une 500 cm^3 de Grand Prix doit transmettre quelque 170 ch par l'intermédiaire d'une surface de la taille de la main. Les progrès effectués dans la technologie des moteurs se sont répercutés, par nécessité, sur les systèmes de freinage. Testés en compétition, de nombreux modèles de freins et de pneumatiques ont ensuite été adaptés sur les motos de série.

Les freins sur fausse jante ont équipé quelques-unes des premières motos, parmi lesquelles la BSA Model E. A l'époque, de nombreux dispositifs existaient, tous aussi bizarres et inefficaces que celui-ci.

Le frein avant standard, qui équipait par exemple la Triumph Trident, est un frein à tambour double came. Les freins à tambour ont rendu des services pendant cinquante ans avant d'être détrônés par les freins à disque.

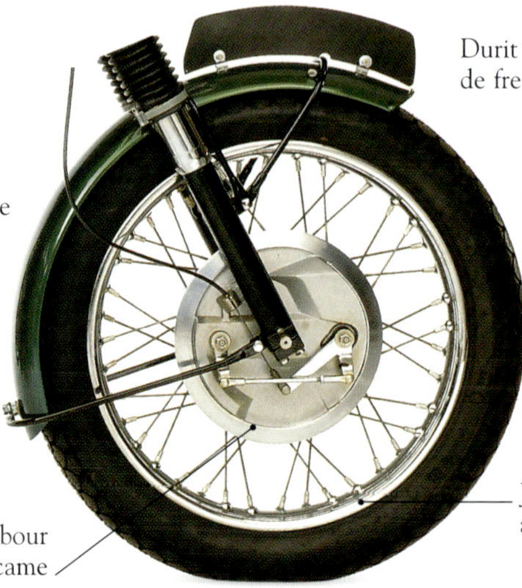

Le frein à disque type, monté ici sur une Kawasaki ZX750 de course. Les grosses machines telles que celle-ci sont couramment dotées de deux disques avant et d'un étrier à double piston.

Sans chambre à carcasse radiale : pneu AR de moto sportive.

Sans chambre sport : pneu AV, à carcasse radiale.

Pneu AR mixte, route et tout-terrain.

Pneu de trial, à crampons et très peu gonflé.

Les freins à tambour

Ce dispositif simple se compose essentiellement de deux mâchoires semi-circulaires qui frottent contre un tambour solidaire de la roue. Un levier, actionné par le câble de frein, fait tourner une came, qui applique contre le tambour les mâchoires garnies d'un corps à haut coefficient de frottement (Ferodo), qui s'use en friction. Une jambe de force empêche le frein en fonctionnement de tourner sur lui-même.

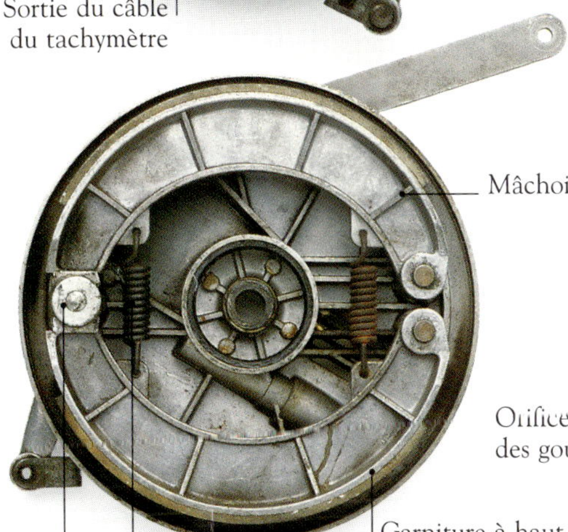

Les freins à disque

En 1968, Honda fut le premier constructeur à installer un frein à disque en série sur ses CB750 (pp. 114-115). Le système standard fait appel à deux plaquettes installées à l'intérieur d'un étrier qui enserre un disque. Le disque est solidaire de la roue ; les plaquettes, poussées par un ou des pistons hydrauliques, pincent le disque. Le dispositif présente, sur le frein à tambour, l'avantage d'une efficacité constante (quelle que soit la vitesse), d'un entretien moins exigeant et plus simple.

A droite, les diverses parties d'un frein à disque. Le liquide de frein étant incompressible, le freinage est régulier et performant.

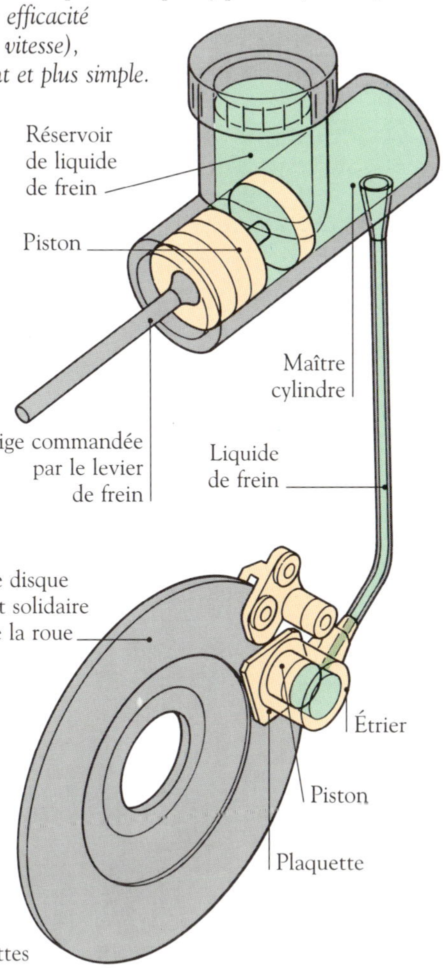

Les plaquettes de frein à disque sont des formes d'acier tapissées d'un matériau à haut coefficient de frottement, autrefois à base d'amiante. Elles sont actionnées par des pistons (croquis de droite).

Standard : usage courant pour motos légères.

Course intermédiaire : gomme tendre et sculptures, pour usage par temps variable.

Course, pluie : des rainures chassent l'eau vers l'extérieur.

Course, lisse : aucune sculpture pour un contact maximal par temps sec.

Électricité et Instrumentation

L'ALLUMAGE ÉLECTRIQUE EST INHÉRENT au principe du moteur à explosion, mais aujourd'hui l'électricité est également mise à contribution pour alimenter un nombre croissant de composants et d'accessoires. Au départ, le dispositif d'allumage tirait son énergie de rustiques batteries ; vers 1905, le phare à acétylène céda la place à l'éclairage électrique. Depuis lors, les dispositifs électriques sont devenus plus fiables, mais aussi plus complexes. L'invention des puces électroniques a inauguré une nouvelle ère de perfectionnements technologiques qui concernent toute machine, et les motos en bénéficient bien naturellement.

L'éclairage

Dans la plupart des pays, la législation exige que les motos soient équipées de feux de signalisation. Avant les années 60 et l'arrivée des machines japonaises, l'éclairage était réduit au minimum. Cette moto est équipée d'une double optique de phare. Certains modèles de tourisme disposent d'accessoires électriques aussi divers que radio-cassette, compresseur ou poignées chauffantes.

Le faisceau

La moto doit abriter de nombreux composants dans un espace réduit. C'est ainsi que le faisceau, gainé de plastique pour des raisons de sécurité et d'imperméabilité, compte des dizaines de mètres de fil électrique aux couleurs codées. Un revêtement de caoutchouc est ajouté là où cela est nécessaire. En effet, un feu provoqué par un court-circuit ou un branchement défaillant peut détruire le faisceau en quelques secondes.

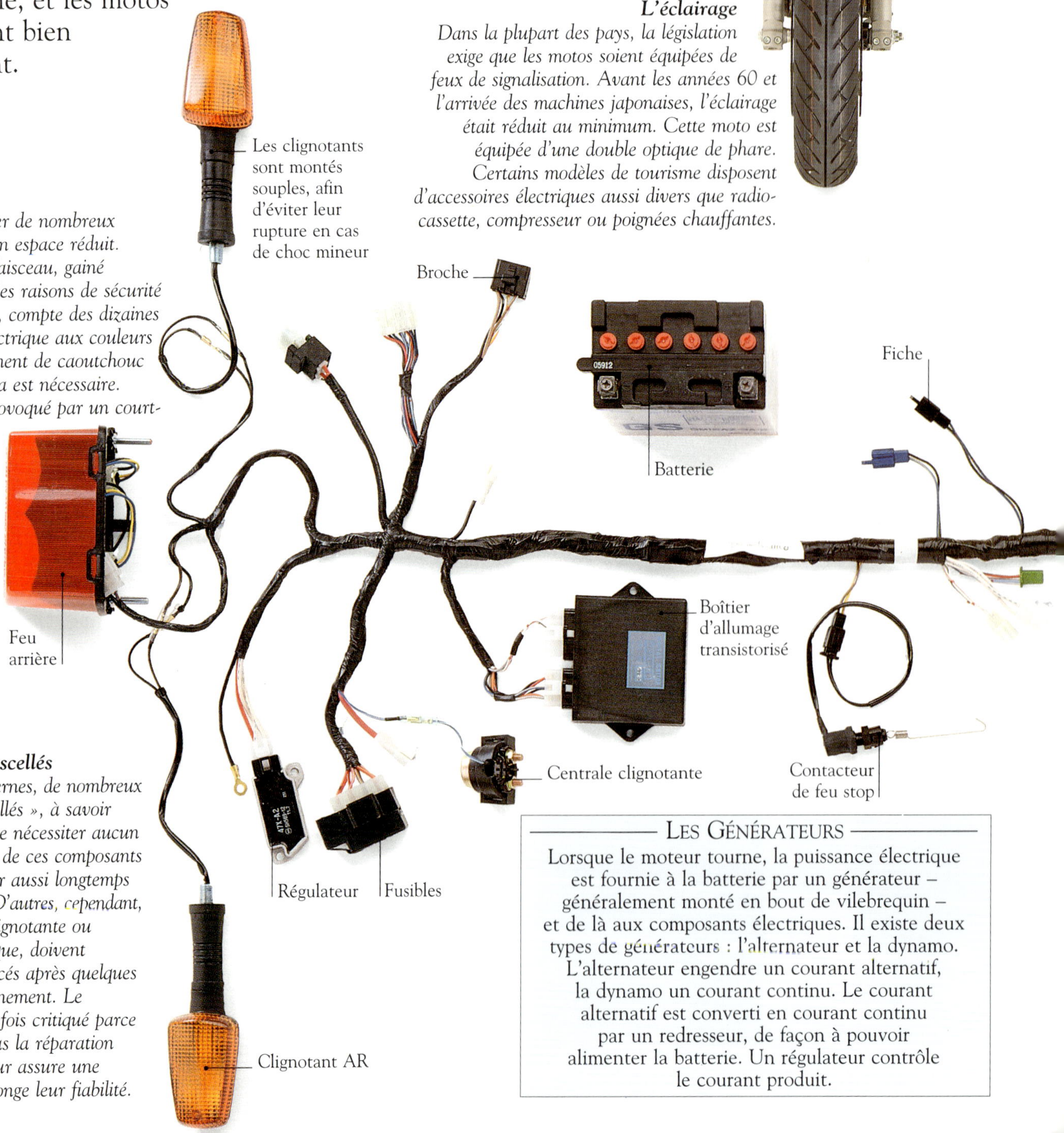

Des composants scellés

Sur les motos modernes, de nombreux éléments sont « scellés », à savoir qu'ils sont censés ne nécessiter aucun entretien. Certains de ces composants peuvent fonctionner aussi longtemps que la mécanique. D'autres, cependant, tels que centrale clignotante ou allumage électronique, doivent parfois être remplacés après quelques années de fonctionnement. Le scellement, quelquefois critiqué parce que n'autorisant pas la réparation des composants, leur assure une étanchéité qui prolonge leur fiabilité.

LES GÉNÉRATEURS

Lorsque le moteur tourne, la puissance électrique est fournie à la batterie par un générateur – généralement monté en bout de vilebrequin – et de là aux composants électriques. Il existe deux types de générateurs : l'alternateur et la dynamo. L'alternateur engendre un courant alternatif, la dynamo un courant continu. Le courant alternatif est converti en courant continu par un redresseur, de façon à pouvoir alimenter la batterie. Un régulateur contrôle le courant produit.

Cadrans et voyants

Le conducteur de moto est informé de sa vitesse, de la distance parcourue, du régime du moteur et de la température de l'eau. Il est ainsi averti d'une éventuelle surchauffe et peut éviter les serrages. Des voyants donnent l'alerte en cas de chute de la pression de l'huile ou de panne de générateur.

Le tachymètre et les deux totalisateurs sont réunis dans un seul élément entraîné par câble.

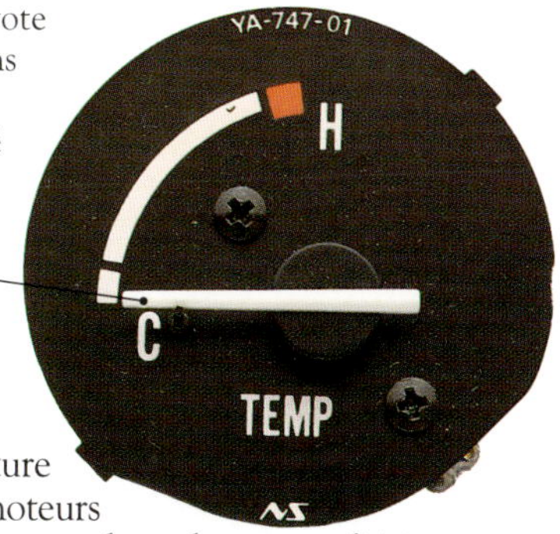

Une jauge électrique de température équipe les moteurs refroidis par eau ; le cadran est relié à un capteur thermo-électrique placé dans le circuit de refroidissement. Un courant – fonction de la température de l'eau – est transmis au cadran.

Autrefois mécaniques, les compte-tours utilisent aujourd'hui le signal électrique interrompu du circuit basse tension de la bobine (voir p. 175). L'information est convertie en signal magnétique lu par le compteur.

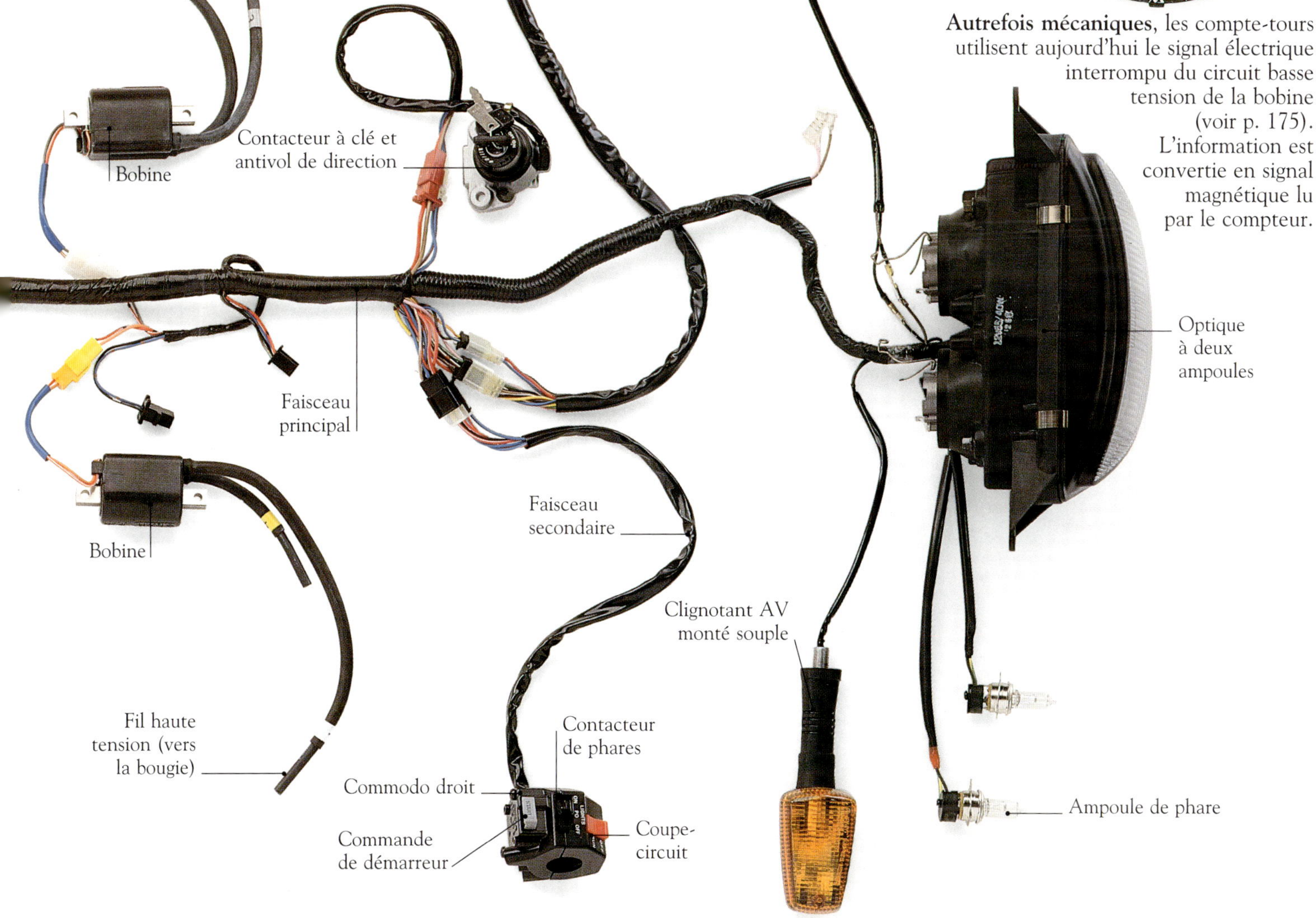

Les Vêtements du Motard

LE MOTARD DOIT PORTER des vêtements spécifiques, ne serait-ce que pour se protéger des intempéries. Les premiers motocyclistes s'inventaient des tenues empruntées au cyclisme et à l'équitation. De toute façon, les moteurs tombaient en panne sous la pluie... Aujourd'hui, les machines roulent plus vite et les vêtements de moto ont, eux aussi, évolué. Les casques doivent pouvoir résister à des chocs très violents, les yeux bénéficier du rempart d'une visière ou de lunettes. Le motard porte également de solides bottes de cuir, qui diffèrent en fonction du sport pratiqué (vitesse, motocross, etc.) Les gants doivent maintenir les mains au chaud sans bloquer les mouvements des doigts.

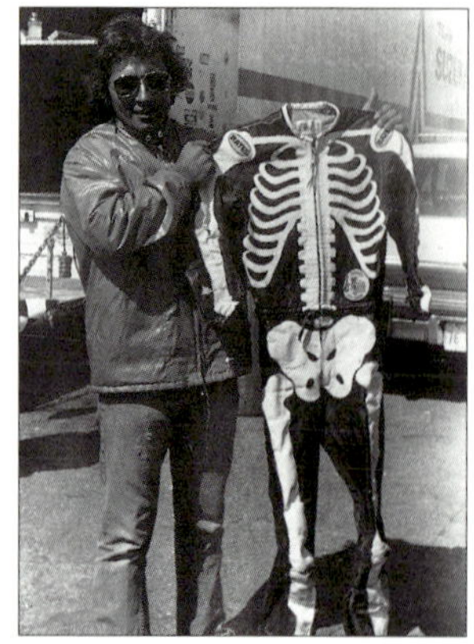

Le pilote américain Dave Aldana a fait sensation, dans les années 70, en arborant cette combinaison décorée d'un squelette. Il en possédait une autre reproduisant la tenue de Superman.

Le col doit maintenir le cou au chaud et au sec

Veste en tissu synthétique renforcé
Les vêtements imperméables ordinaires sont insuffisants en cas d'accident. Les tenues modernes peuvent être rembourrées aux endroits exposés, comme les épaules et les coudes. Ce vêtement est en Gore-tex – une fibre synthétique qui laisse s'évaporer la transpiration mais est imperméable à la pluie.

Les renforts de coude en mousse dense sont insérés dans une poche pratiquée dans la veste

Les gants d'hiver doivent avoir de solides qualités thermiques. Une mince feuille de métal conserve la chaleur sans alourdir excessivement le gant

Casque « jet » à visière amovible

Nombre de motards restent fidèles au casque « jet », en dépit du fait qu'il protège moins bien le visage en cas d'accident. Il est plus agréable par temps chaud. Les yeux sont protégés par des lunettes ou un écran.

Le verre des lunettes ne se raye pas ; il est feuilleté, pour des raisons de sécurité

Les fermetures à glissière sont protégées du vent et de la pluie par un large rabat

Les genouillères sont incorporées au pantalon

Les bottes de moto de tous les jours doivent être robustes et confortables, protéger le tibia et les chevilles. Les pilotes de compétition choisissent des bottes moins durables mais plus légères, qui permettent une meilleure sensibilité aux commandes.

Premières tentatives de protection de la tête.

Lorsque la fibre de verre et les plastiques n'existaient pas encore, les casques étaient faits de toile, de liège et de cuir. Ils ne protégeaient pas les côtés de la tête.

Des Genouillères de Course

Carl Fogarty (à gauche) au TT, faisant une démonstration de virage avec genouillères de course. Lorsqu'ils sont usés, les galets sont remplacés.

Les coureurs frôlent la piste du genou dans les virages ; on a inventé un type de genouillère adapté à cette technique, dont les coureurs tirent des renseignements concernant leur vitesse et leur angle d'attaque, et qui peut également leur éviter une glissade.

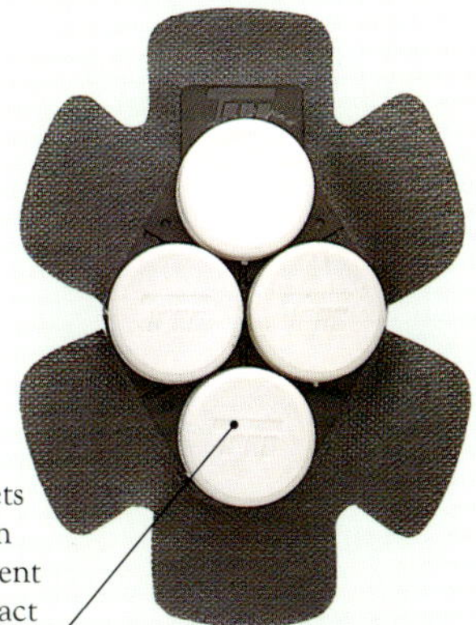

Les galets de nylon dur s'usent au contact de la piste

Le cuir reste la meilleure protection du motard. Les tenues sont rembourrées de mousse aux épaules, aux coudes, dans le dos et aux genoux.

Les amateurs de tourisme préfèrent généralement le deux-pièces à la combinaison intégrale. Blouson et pantalon peuvent être reliés par un Zip

Les gants à paume cloutée glissent au contact de la chaussée, sans se déchirer

Certaines parties sont remplacées par un matériau élastique qui donne de l'aisance aux genoux, aux coudes et dans le dos

Visière antirayures interchangeable

Le blouson de cuir noir était l'uniforme des Rockers (un mouvement de jeunes des années 50). De plus, le fait que James Dean et Marlon Brando l'aient porté dans certains films contribua à donner au blouson noir une connotation particulière de marginalité.

Les casques intégraux

Se composent d'une coque en fibre de verre ou en plastique et d'une doublure qui absorbe l'énergie. La doublure doit être remplacée en cas d'accident – le fait d'avoir été comprimée lui ôtant ses propriétés.

Autrefois symbole d'une certaine révolte, le blouson de cuir du motard est aujourd'hui universellement adopté. Les motards avaient choisi le cuir, qui est solide, protège du vent et des chutes, et épouse étroitement le corps. Il reste très apprécié.

Glossaire

A l'intérieur des articles, les mots en italique désignent des entrées qui figurent elles-mêmes dans ce glossaire.

A Huile Perdue Désigne un ancien dispositif de lubrification dépourvu de circuit de recyclage de l'huile.

A Plat Désigne une configuration de moteur dans laquelle deux cylindres sont opposés à 180°.

A Roue Poussée Désigne un type de suspension avant rudimentaire, composé d'un triangle articulé inséré en bas de fourche, et d'un ressort – l'articulation de suspension se situant derrière l'axe de la roue.

A Roue Tirée Désigne un type de suspension avant, composé d'un triangle articulé, inséré en bas de fourche, et d'un ressort – l'articulation de suspension se situant à l'avant de l'axe de la roue.

Alésage Diamètre du cylindre exprimé en millimètres.

Arbre a Cames en Tête (ACT) Arbre à cames situé dans la culasse et qui attaque directement les soupapes.

Avance a l'Allumage Réglage de l'allumage qui permet d'enflammer le mélange air-carburant au moment optimal selon le régime moteur.

Berceau Cadre de motocyclette qui place le moteur entre deux tubes. Voir aussi *cadre ouvert* et *élément porteur*.

Bloc-Moteur Configuration qui réunit dans un même carter le moteur et la boîte de vitesses.

Bracelets Surnom donné aux étroits guidons de sport ou de compétition fixés directement sur les tubes de fourche.

Cadre Ouvert Cadre dépourvu de tube inférieur : le moteur est alors porteur ; il participe à la rigidité d'ensemble.

Cames Excroissances portées par un arbre en rotation, qui soulèvent les poussoirs des soupapes – ou les attaquent directement *(arbre à cames en tête)* – ou encore actionnent un tambour de frein, qui est alors dit simple ou double came, selon le cas.

Capteur Composant qui transmet les données touchant au moteur à des cadrans ou des voyants lumineux.

Carburateur Dispositif qui permet de transformer le carburant en vapeur et de réaliser le mélange air/carburant qui alimente le moteur.

Carénage Coque profilée qui améliore l'aérodynamique et accroît le confort du pilote.

Commandes Reculées Repose-pied, pédale de frein et de sélecteur de vitesse placés très en arrière pour favoriser un pilotage en position couchée.

Compresseur Dispositif qui comprime le mélange air/carburant avant son admission dans le cylindre. Augmente sensiblement la puissance.

Cornet Pièce du *carburateur* en forme de trompe, qui alimente ce dernier en air.

Course Mesure du débattement du piston, généralement exprimée en millimètres.

Cuve Réservoir de carburant du *carburateur,* dans lequel le débit de carburant est contrôlé par un flotteur doté d'un pointeau.

Diode Zener Diode redresseuse de courant électrique.

Distributeur Dispositif qui équipe certains moteurs multicylindres et qui distribue les étincelles à haute tension aux cylindres concernés.

Distribution Ensemble des éléments d'un moteur qui règlent l'admission et l'échappement.

DOHC Initiales anglaises pour double arbre à cames en tête.

Élément Porteur Composant (en général, le moteur) qui participe à la rigidité d'une structure (généralement le cadre).

Épine Dorsale Cadre dont l'élément principal relie la colonne de direction à l'axe du bras oscillant – le moteur étant suspendu entre les deux.

Escargot de Tension (de chaîne) *Came* de forme hélicoïdale montée sur l'axe de la roue et qui règle la tension de la chaîne.

FIM Initiales de la Fédération internationale motocycliste, l'organe dirigeant du sport motocycliste international.

Fourche a Parallélogramme Type de suspension avant très en vogue sur les premières motos et réalisée, comme son nom l'indique, par un parallélogramme déformable.

Fourche Earles Fourche *à roue poussée* dessinée par Ernie Earles, qui équipait autrefois les BMW.

Lumière Dans un moteur deux temps, orifice de passage du carburant ou des gaz d'échappement dans le cylindre.

Mégaphone Pot d'échappement de forme conique.

Pipe d'Admission Tubulure de liaison entre le *carburateur* et le cylindre.

Point Mort Bas (PMB) Position la plus basse du piston dans sa course à l'intérieur du cylindre.

Point Mort Haut (PMH) Position la plus haute du piston dans sa course à l'intérieur du cylindre.

Poussoir Pièce de liaison *came*-culbuteur dans un moteur culbuté.

Rupteur Également appelé « vis platinées », dispositif qui ouvre et ferme le circuit à basse tension pour créer à la bougie l'étincelle nécessaire à l'allumage.

Serrage Incident fréquent sur les moteurs deux temps : le piston, mal refroidi ou mal lubrifié, est bloqué dans le cylindre par la dilatation.

Silencieux Dispositif monté en fin d'échappement et destiné à abaisser la pression des gaz – et par là même le bruit – avant leur expulsion dans l'atmosphère.

Soupape Automatique Soupape d'admission qui n'est pas commandée mécaniquement, mais par l'effet de dépression causé par la descente du piston dans le cylindre.

Soupapes en Tête Configuration des soupapes qui sont montées dans la culasse au-dessus de la chambre de combustion et actionnées par des culbuteurs. On parle aussi de moteur culbuté.

Soupapes Latérales Configuration dans laquelle les soupapes sont montées sur le côté du moteur, généralement dans le bloc.

Soupapes Opposées Configuration du moteur dans laquelle la soupape d'admission est placée directement au-dessus de la soupape d'échappement (latérale).

Suspension Coulissante Type de suspension des années 50, dans laquelle le moyeu arrière était monté sur des amortisseurs télescopiques solidaires du cadre.

Talons (pneus a) Ancien type de pneus réclamant une jante spécifique.

Transmission Primaire Dispositif qui transmet la puissance du moteur à l'embrayage et à la boîte de vitesses.

TT Initiales de Tourist Trophy – célèbre ensemble de compétitions qui se déroulent dans l'île de Man, en Grande-Bretagne.

Vilebrequin Pièce mécanique en forme de manivelle, qui transforme le mouvement alternatif du piston en mouvement rotatif, par l'intermédiaire de la bielle.

V-Twin Bicylindre en V, en anglais. Il existe également des V4 et des V6.

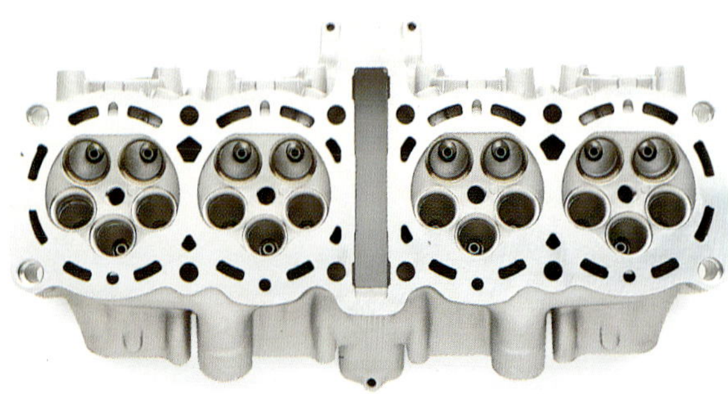

Index

Pour chaque marque, les motos sont classées par ordre chronologique de production.

Remerciements

L'auteur tient à remercier, pour leur aimable collaboration à la réalisation de cet ouvrage : le Motorcycle Heritage Museum de Westerville, Ohio, le National Motorcycle Museum de Birmingham, le National Motor Museum de Beaulieu, Hants, le Sammy Miller Museum de New Milton, Hants, et le Deutsches Zweirad-Museum NSU-Museum de Neckarsulm, Allemagne, ainsi que tous les enthousiastes – sociétés ou privés – qui ont entretenu, restauré et préservé les motos représentées dans cet ouvrage.

Mike Arden, Howard Atkin, George Beale, Leon Blackman, Jim Carlton, Chequered Flag Motocross, Ken Chieffo, Chris Childs, Dr William Cleveland, Peter Collins, John Comerford, Frank Degenero, Al et Pat Doerman, Billy Doyle, Duckhams Oils, Al Fair, Simon Fenning, Surrey Harley-Davidson, Robert Fergus, Galleria Bimota, Tim Geddes, Richard Gerholt, Perry Gotschal, Wilf Green Motorcycles, Russ Harris, Honda de America Marysville Ohio, Honda R-U, Dennis Howard, Husky Sport R-U, Dave Jones, Peter Jones, Doug Kane, John Lawes, Mike Leach, Don Leason, Kit Lewis, Callaghan, Lewis Leathers, Londres, Bruce Lindsay, Valentine Lindsay, Lucky Strike/Suzuki, Jim McCabe, Cyril Malem, Marlboro Team Roberts, Mark Medarski, Michelin Tyres, Mitsui Yamaha, Pat Morris, Motor Cycle City, Jeff Murphy, Ronald et Lorraine Myers, Mike Olney, Dr John Patt, Tony Penachio, Bruce Penhall, Paul Pierce, Hayden Racknall, Larry Reece, Roger Reiman, Renham Motorcycles, Ed Schmidt, Francis Sheehan, Phil Somerfield, Marion Sosnowski, Frank Stevens, John Surtees, James Sutter, Dennis Trollope, Merrill Vanderslice, Les Williams, Richard Winger, Mort Wood, Charles Wright, John Wynne, Ed Youngblood.

Merci également, pour avoir découvert les propriétaires de motos rarissimes, aux personnes et organismes suivants : Vintage Motorcycle Club, Moto Guzzi Club, Vintage Japanese Motorcycle Club, le Club italien des propriétaires de motos, Steve de Motodd, Benji Straw de Weevee, Stuart Lanning du Magazine *Scootering*. De nombreuses personnes m'ont apporté de précieuses informations, qu'elles soient ici remerciées pour leur contribution à cet ouvrage, et notamment Mark Graham, Marcus Allard, Peter Watson, Shed, Phil Heath, Chris Dabbs, Terry Snelling, Adam Duckworth, John Watson-Miller, Prosper Keating, David Lancaster, Jim Rogers de l'American Motorcycle Heritage Foundation, Steve Jones et Francis.

L'éditeur tient à remercier :
Katie John et Stephanie Jackson ; Peter Miles et Tim Streater ; Hugh Ackermann et W.R. Richards du National Motorcycle Museum, Birmingham ; Paul Board et Annice Collett du National Motor Museum, Beaulieu ; Eric Brockway ; Brian Woolley d'EMAP, Peterborough ; Phil Heath du Vintage Motor Cycle Club, Seaham, Co. Durham ; Rob Munro-Hall et Kate Anderson du Motor Cycle News, Kettering ; Martin Jones, du Triumph Owners Club ; Sammy Miller ; Friedhelm Raatz du Deutsches Zweirad-Museum NSU-Museum Neckarsulm, Allemagne ; Jim Rogers du Motorcycle Heritage Museum, Westerville, Ohio ; Jan Smit ; Edward Bunting ; Simon Murrell et Paula Burgess ; Nicolas Hall et Simon Hinchliffe ; Jane Mason et Jonathan Buckley ; Julia Ruxton ; Pat Coward.

Crédits illustrations
(h=haut b=bas c=centre g=gauche d=droite)
The American Motorcyclist Magazine, Westerville, Ohio : pages de gauche ; 22hg ; 22hd ; 22bg ; 23hd ; 23cg ; 28hg ; 28hd ; 28c ; 30hg ; 34hd ; 37bc ; 50hg ; 98hd ; 130hg ; 131hd ; 139cd ; 145hg ; 148hg ; 157cg ; 162hg ; 163hd.
Deutsches Zweirad-Museum NSU-Museum, Neckarsulm : 59hg
EMAP Archives, Peterborough : 8bd ; 38hd ; 44hd ; 44bg ; 45hc ; 48hg ; 49hg ; 52hd ; 58hd ; 65 sous cg ; 65cd ; 66hd ; 69hg ; 70hg ; 73hg ; 78cd ; 80cd ; 81cd ; 83hg ; 92hd ; 97c ; 102cd ; 102b ; 112cd ; 140bg ; 147hd ; 153hc ; 159cd : Martyn Barnwell : 36c.
Mary Evans Picture Library, Londres : 50hd ; 68hg.
Patrick Gosling, Londres : 145hd ; 145cd ; 149cd.
Harley-Davidson, Inc., Milwaukee : 18hd ; 20cd ; 24hg.
Michel Hilderal : 136bg ; 136bc.
Honda (R-U), Londres : 112hg.
Hulton Deutsch : 12hd ; 29c ; 29bd ; 36cg ; 51bc ; 64hg.
Kobal Collection, Londres : 75bd.
Stephen Lovell-Davis : 151hc.
Lucky Strike/Suzuki, Edenbridge : 146hd.
Michel Lepage : 137hg ; 137hd.
Magnum Photos/Chris Steele-Perkins : 99c. 159hg ; 159hc ; 163hc ; 163cd ; 163bd ; 164hg ; 165cg ; 187hc.
Moto Guzzi, GBM S.p.A., Mandello del Lario, Italie : 100hg.
Motor Cycle News, Kettering : 61bg ; 76hg ; 90hd ; 94hg ; 106hg ; 115c ; 119bc ; 119bd ; 121hd ; 123hg ; 140cd ; 141c ; 144hd ; 151cd ; 154hd ; 155hc ; 156hg ; 156cg ; 157hg ; 157c ; 157cd ; 160hd ; 166hd ; 166cd ; 167hd ; 167cd ; 182hd ; 186hd.
National Motor Museum, Beaulieu : 8bg ; 10hc ; 10hd ; 11hg ; 11hcd ; 11hd ; 13bg ; 51c ; 76cd ; 79hd ; 87hg ; 124hd ; 136hg ; 138bg ; 147hc ; 152hd ; 153hg ; 153hd ; 164cd.
Popperfoto : 187cd.
Rescue Photography : 78cg.
Science Museum Photo Library, Londres : 8hd ; 9hd.
SP Tyres UK Ltd : 11hc.
Sporting Pictures UK : 159hd ; 161hg ; 161cg.
John Surtees, Edenbridge : 104hd.
Oli Tennent, Londres : 149hd.
Triumph Motorcycles, Hinckley : 76bd.
R. & M. Walker, Cambridge : 90hg ; 91hg ; 97bc ; 97bd.
World's Motorcycle News Agency : 137c ; 140cg.